Uecker
Geschichte der altnordischen Literatur

Heiko Uecker

Geschichte der altnordischen Literatur

Philipp Reclam jun. Stuttgart

Universal-Bibliothek Nr. 17647
Alle Rechte vorbehalten
© 2004 Philipp Reclam jun. GmbH & Co., Stuttgart
Gesamtherstellung: Reclam, Ditzingen. Printed in Germany 2004
RECLAM und UNIVERSAL-BIBLIOTHEK sind eingetragene Marken
der Philipp Reclam jun. GmbH & Co., Stuttgart
ISBN 3-15-017647-6

www.reclam.de

Inhalt

Vorbemerkung

Der folgenden Darstellung der altnordischen Literatur liegen zwei Überzeugungen zugrunde: Zum ersten die Anschauung, dass die gesamte altnordische Literatur ein Teil der europäischen Literatur ist, der sie viel zu verdanken hat: Schrift, Christentum, Gelehrsamkeit, Bildungswesen sind kontinentaler und englisch-irischer Import. Zweitens die Überzeugung, dass man es, insbesondere in der isländischen Literatur, mit der Herausbildung und Konstruktion einer nationalen, kulturellen Identität zu tun hat. Die isländische Literatur nimmt in der mittelalterlichen Literatur einen besonderen Platz ein. Sie ist im europäischen Zusammenhang unik und einzigartig: Skalden- und Edda-Dichtung sowie die in Prosa geschriebenen Isländersagas bilden einen genuinen Beitrag zur Weltliteratur. Es ist und bleibt erstaunlich, dass gerade in Island eine so reiche, geradezu überbordende Literatur blühte, die wie kaum irgendwo sonst an der Schnittstelle zwischen Anregungen von außen und Bewahrung des Eigenen anzusiedeln ist. Vielleicht hängt dieser Reichtum damit zusammen, dass es in Island nur eine bescheidene materielle Kultur gab. Der ästhetische Drang entlud sich fulminant im Wortkunstwerk. Die anderen nordischen Länder haben dem nichts Gleichwertiges an die Seite zu stellen.

Geschichtliches

Es muss einleitend in gebotener Kürze auf die Geschichte Nordeuropas eingegangen werden, denn vieles in der altnordischen Literatur nimmt direkt Bezug auf die Vergangenheit. Das trifft in allergrößtem Maße auf die isländische Literatur zu, denn dies ist ja die eigentliche Domäne der isländischen Kultur vom Mittelalter an und durch die folgenden Jahrhunderte hindurch: das Wortkunstwerk und seine schriftliche Fixierung. Hierin übertrifft Island die nordischen Verwandten um ein Vielfaches und dies nicht nur im relativen, sondern auch im absoluten Umfang. Verwandt waren sie schon, die Isländer, die Norweger, die Dänen, die Schweden, doch frühzeitig trennten sich ihre Wege. Seit dem 9. Jahrhundert entstehen allmählich die kontinentalskandinavischen Reiche, anfänglich in undeutlichen Grenzen und noch ohne eine von allen Angehörigen akzeptierte zentrale Königsmacht, die aber spätestens im 13. Jahrhundert in allen drei Reichen endgültig etabliert ist. Parallel mit den Reichseinigungen geht die Christianisierung einher. Es soll im Folgenden mehr auf die Geschichte Norwegens und Islands hingewiesen werden, da hier – und besonders in Island – der reichste literarische Schatz zu heben ist.

Kurz nach 800 erkennt man in Dänemark einen ersten König, Godfred, der gegen Karl den Großen stritt, indes weiß man nicht, wie groß das dänische Herrschaftsgebiet war. Die Königsmacht konsolidiert sich nach und nach und aus der Mitte des 10. Jahrhunderts erfahren wir, dass König Harald Blauzahn Dänemark und Norwegen geeinigt habe, doch kann es sich hierbei nicht um ganz Norwegen, sondern wohl nur um einige Gebiete um den Oslofjord gehandelt haben. In Norwegen hatte sich schon Ende des 9. Jahrhunderts der Kleinkönig Harald daran gemacht, ganz Norwegen zu vereinen. Er wollte sich nicht

eher Nägel und Haare schneiden lassen, bevor das Werk
der Einigung vollbracht sei, weshalb er den wohl zutref-
fenden Namen Harald Strubbelkopf trug, der nach der
Reichseinigung durch Harald Haarschön ersetzt wurde.
Die Zeit seiner Regierung fällt etwa in die Jahre 870–930.
Auch bei ihm wissen wir nicht, wie die Grenzen seines
Reiches verliefen. In den Jahren 995–1000 versucht König
Olaf Tryggvason erneut, das Reich zu festigen, insbesondere gegen dänische Ansprüche, und das Christentum ein-
zuführen. Doch im Kampf gegen Dänemark verliert er im
Jahr 1000 Reich und Leben, und der dänische König Sven
Gabelbart erlangt die Herrschaft über Norwegen (oder
wenigstens über einige Teile). Aus dieser Zeit ist auch ein
erster schwedischer König nachweisbar, Olof Skötko-
nung, etwa 994–1022, der die beiden Großgebiete der Sve-
ar (das heutige Mittelschweden) und der Götar (das heutige Väster- und Östergötland) zu einem Herrschaftsgebiet
vereinte. Die heute schwedischen Provinzen Blekinge,
Halland und Skåne gehörten bis in das 17. Jahrhundert
hinein zu Dänemark, die Provinzen Bohuslän, Jämtland
und Härjedalen dagegen unterstanden dem norwegischen
König. In allen drei Ländern sehen wir die nationale
Reichseinigung um 1000 vollzogen, wenn auch die zentrale Königsmacht noch als recht schwach angesehen werden
muss. Die partikularen Interessen der unterschiedlichen
Gebiete, aus denen die Reiche geschmiedet wurden, waren
nicht so leicht zu überwinden. Sie werden auch im Prozess der Christianisierung deutlich: Die Gebiete, die sich
am längsten und am nachdrücklichsten der neuen Religion
widersetzten – und das waren das norwegische Tröndelag
und das schwedische Uppsala –, bekämpften am heftigsten
die nationale Einigung. Dort waren die konservativen
Kräfte am Werk, die die neuen Zeichen der Zeit nicht erkannt hatten oder nicht erkennen wollten, schließlich
drohte dadurch auch ein Machtverlust für die regionalen
Fürsten. In Norwegen taucht um 1015 König Olaf Ha-

raldsson auf, der Norwegen im Kampf gegen die Dänen und ihren König Knut (den Großen) erneut einigen und christianisieren will. Doch Knut und seine norwegischen Verbündeten, die kein Zentralkönigtum wollen, vertreiben ihn 1028. Olaf kehrt zurück, und in dem Versuch, das Land wieder unter seine Herrschaft zu bekommen, fällt er 1030 in der Schlacht von Stiklastaðir in der Nähe von Trondheim. Bald darauf wird er zum Heiligen kanonisiert und als *rex perpetuus Norvegiae* zum Nationalheiligen des Landes promoviert. Das 11. Jahrhundert ist in allen Reichen geprägt von der Konsolidierung von Staat und Kirche und von der Gründung von Klöstern und Kathedralschulen an den neu errichteten Bischofssitzen, was für die Durchdringung der alten Gesellschaft mit neuer Lehre von größter Bedeutung werden sollte. 1104 wird durch das neu errichtete Erzbistum Lund der Norden als eigene Kirchenprovinz aus der Abhängigkeit von Hamburg-Bremen ausgegliedert, 1152 wird das Erzbistum Nidaros/Trondheim etabliert, das für Norwegen und die atlantischen Inseln zuständig ist. 1164 wird das Erzbistum Uppsala eingerichtet.

Das 12. Jahrhundert ist die Zeit innerer Streitigkeiten, eine verworrene Zeit. Neue Ideen waren aus dem Süden gekommen: der König als Alleinherrscher, wo früher ein Stammeskönig oder -fürst mit beschränkter Macht einem lose zusammengebundenen Verband von Bauernaristokraten eher symbolisch vorstand, und der König von Gottes Gnaden, der Gesetze geben und Strafen exekutieren lassen konnte, was früher auf den Thingversammlungen freier Bauern beschlossen wurde. Diese neue Auffassung war attraktiv für Kronprätendenten, und da es noch keine festen Regeln für die Thronnachfolge gab und nicht immer genau feststand, wer der rechtens Erstgeborene war, strebten viele Königssöhne das hohe Amt an, das ihnen eine große Machtfülle versprach. Dänemark gelingt es als erstem Reich, unter Waldemar I. (1157–1182) die Stabilität wieder herzustellen, Norwegen erreicht dies erst im 13. Jahrhundert unter Hákon Hákonarson (1217–1263), Schweden folgt erst unter den Folkungern Mitte des 13. Jahrhunderts. Die Königsmacht ist überall gefestigt, die gegenseitigen Grenzen sind gezogen und werden respektiert. Heiraten, Verteidigungsbündnisse und politische Verträge sorgen für eine enge Verbindung der skandinavischen Reiche. Im 13. Jahrhundert macht sich ein weiterer Einfluss aus dem Süden geltend: Die in der Hanse zusammengeschlossenen deutschen Städte errichteten auch in Skandinavien Dependancen, so etwa in Bergen, in Stockholm, in Visby, und dominieren den dänischen Außenhandel. Dies verhindert die Herausbildung eines städtischen Bürgertums, das den König gegen die Interessen des Adels und der Geistlichkeit hätte unterstützen können. Die etablierten Reiche richten ihre Herrschaft ganz nach den Gebräuchen europäischer Königshöfe aus; so befördert beispielsweise der norwegische König Hákon den Import ausländischer Literatur ins Land, indem an seinem Hof französische und deutsche Stoffe übersetzt werden. Unter anderem dadurch vollzieht er die Integration des Landes in die europäische Kultur.

Durch Erbfall geht Norwegen 1319 eine Art Personalunion mit Schweden ein und durch weiteren Erbfall sowie politische Unzufriedenheit in Schweden über den deutschstämmigen König Albrecht kommt es Ende des 14. Jahrhunderts zum Zusammenschluss der nordischen Reiche in der Kalmarer Union von 1397, der indessen kein langes Leben beschieden ist. Die Gegensätze innerhalb dieses großen Gebietes vom Nordkap bis zur Schlei, von Grönland bis Finnland waren zu erheblich, die Interessen zu unterschiedlich, als dass man sie auf Dauer unter einer Krone hätte vereinigen können. Dieser versuchte Zusammenschluss beruhte nicht auf gegenseitiger Zuneigung, sondern war mehr von äußerem Druck diktiert. Von nordischem Zusammengehörigkeitsgefühl kann da kaum die

Rede sein, wenngleich ein schwedisches Gesetz (*Äldre Västgötalagen*) und das Recht des isländischen Freistaates (*Grágás*) die Gleichbehandlung der Nordleute vorsehen, während für andere Ausländer strengere Regeln gelten. Nationale Töne kann man vernehmen, wenn in der Saga über den norwegischen König Olaf Tryggvason anlässlich seiner letzten Schlacht erzählt wird:

Als nun König Olaf sah, wie die Heerhaufen sich zusammenscharten und die Banner vor den Schiffsbefehlshabern aufgepflanzt wurden, da frug er: »Wer ist der Führer des Geschwaders, das uns gegenübersteht?« Man sagte ihm, das wäre dort der König Svend Gabelbart mit seinem Dänenheer. Der König erwiderte: »Vor diesen feigen Puppen fürchten wir uns nicht: in den Dänen ist kein Schneid – aber wer ist der Führer, der dem Bauern dort weiter rechts folgt?« Man sagte ihm, das sei König Olof mit dem Schwedenheer. Olaf Tryggvason erwiderte: »Besser wäre es für die Schweden, daheim zu bleiben und ihre Opferschalen zu lecken als unser Schiff unter Euren Waffen anzugreifen. Wem gehören aber die mächtigen Schiffe, die dort auf der Backbordseite der Dänen liegen?« »Dort«, antworteten sie, »liegt Jarl Erich Hakonsohn«. Da versetzte König Olaf: »Er dürfte glauben, triftigen Grund zu haben, wider uns zu ziehen; und von jener Schar haben wir erbitterten Kampf zu erwarten. Das sind Norweger wie wir selber.«

Eine hübsche Anekdote, fürwahr, aber wahrscheinlich gehört sie mehr dem Erzähler dieser Saga, dem Isländer Snorri Sturluson aus dem 13. Jahrhundert, als dass sie wirklich auf Olaf Tryggvason zurückgeht.

Island ist in jeder Hinsicht ein Ausnahmefall und passt nicht recht ins nordische Bild. Die atlantische Insel wird

ab der zweiten Hälfte des 9. Jahrhunderts hauptsächlich
von Norwegern besiedelt. Die Isländer des 13. Jahrhunderts
derts wollen uns glauben machen, dies sei geschehen, da
sie die Reichseinigung Norwegens durch Harald Haarschön
schön aus Liebe zur Freiheit nicht ertragen wollten. Aber
es war möglicherweise nicht die Liebe zur Freiheit, die sie
zur Auswanderung veranlasste, sondern die Liebe zu alten
Privilegien, die in Gefahr waren, durch die Machtgelüste
des neuen Königs beschnitten zu werden. Die Zeichen der
Zeit, das Moderne, damals die neue Idee der Monarchie –
und das heißt ja nichts anderes als Alleinherrschaft –, hatten
ten sie nicht erkennen können oder wollen. Die nachträgliche
liche isländische Geschichtskonstruktion zeigt sich auch
daran, dass in Wirklichkeit nicht alle Ausgewanderten
direkt aus Norwegen eingewandert waren. Eine große
Zahl von Immigranten stammte von den britischen Inseln,
wohin sie schon vor den Bemühungen Haralds gelangt waren.
ren. Dies war sicherlich ein Teil der wikingerzeitlichen Expansion,
pansion, die Zeit, die man von etwa 800–1066 ansetzt. Die
vormaligen Norweger, jetzige Isländer, wollen ihren alten
Sitten und Gebräuchen in der neuen Heimat treu bleiben.
Die erste Zeit der Besiedelung 870–930 nennt man gerne
die Landnahmezeit, die Besiedler teilen das neue Land unter
ter sich auf, das »Buch von der Landnahme« (*Landnámabók*) teilt uns die Namen von rund 400 Siedlern mit, die
mit Familien und Gesinde auf die Insel kamen. Aus der
Zeit nach 930 dürfte es keine neuen Ankömmlinge in nennenswerter
nenswerter Zahl mehr gegeben haben. Möglicherweise belief
lief sich die Einwohnerzahl auf 20 000, sie kann bis zur
Mitte des 13. Jahrhunderts auf etwa 80 000 gestiegen sein.
Die Ausgewanderten brauchen eine Identität, die auf dem
Glauben an eine gemeinsame Geschichte beruht. Man
konstruiert sich eine Vergangenheit, man braucht eine Erinnerung
innerung an den gemeinsamen Ursprung, und die Isländer
bewältigen dies in ihrer wahrhaft imponierenden Literatur.
tur. Sie begannen zuerst, die Gesetze niederzuschreiben,

die das Zusammenleben regulierten, und das war notwendig, denn hier handelte es sich um eine neue Gesellschaft, die keinen König hatte. Danach schrieben sie ihre Geschichte auf, und dabei legen sie den Akzent auf die Vielfalt ihres Herkommens, im Gegensatz zu anderen Ursprungserzählungen, die die Vielfalt aus dem Einen ableiten. So ist ein mythischer Brutus der Stammvater der Briten (bei Geoffrey of Monmouth), so ist König Skjold der erste der Skjoldungenkönige (bei Sven Aggesøn) und so ist Dan der erste König der Dänen (bei Saxo). Das »Buch von der Landnahme« begründet sein Vorhaben auch im Epilog: Man habe all dies aufgeschrieben, um gegenüber Ausländern die eigene Abstammung zu dokumentieren. Und schließlich schreibt man ab dem 13. Jahrhundert auch die isländischen Familiengeschichten, die man – so betrachtet – auch als einen Ausdruck des Legitimierungszwanges verstehen kann. Kurzum: Die Isländer beschrieben ihren Status zuerst systematisch in den Gesetzen, dann historisch in *Íslendingabók* und *Landnámabók* und schließlich ideologisch in ihren *Íslendinga sögur*.

Um 920 wurde ein Isländer Ulfljótr nach Norwegen geschickt, um das in Westnorwegen gültige Recht des Gula-Bezirkes zu adaptieren, und 930 begann das faszinierende Experiment des Allthings, einer einmal im Jahr zusammentretenden Versammlung aus Vertretern der Oberschicht. Hier wurden Gesetze beschlossen und Urteile verkündet, doch im Gegensatz zu den skandinavischen Ländern gab es auf Island keine Exekutive, die Vollstreckung des Urteils war dem überlassen, der den Prozess gewonnen hatte. Hieraus beziehen die Islendingasagas reichstes Material. Daneben gab es kleinere regionale Thingversammlungen. Auf dem Allthing wurde ein Gesetzessprecher (*lögsögumaðr*) für drei Jahre gewählt. Seine Aufgabe war die Leitung des Allthings und vor allem die Rezitation der Gesetze, die auf diesem Wege mündlich tradiert wurden, bis sie 1117 aufgeschrieben wurden.

Erste Christianisierungsversuche fallen in die Zeit unmittelbar vor der Jahrtausendwende, ihnen ist jedoch kein großer Erfolg beschieden. Im Jahre 1000 wird auf dem Allthing ein sensationeller Beschluss gefasst: Das Christentum wird, da die pagane Partei und die christliche Parteiung auf ihren Standpunkten beharren und eine Drohung des norwegischen Königs Olaf Tryggvason vorliegt, auf Vorschlag des Gesetzessprechers Þorgeirr Þorkelsson als gemeinsame Religion eingeführt. Alle sollten getauft werden, der heidnische Glaube wurde offiziell verboten, allerdings sollten die alten Bräuche und Praktiken wie Opfer und Verzehr von Pferdefleisch, so sie denn heimlich geschähen, weiterhin erlaubt sein. Auch die Kindesaussetzung sollte weiterhin gestattet sein, dies wohl eher aus bevölkerungspolitischen Gründen.

Die weise Entscheidung ersparte den Isländern gewalttätige Auseinandersetzungen. Man war bei der Einführung des neuen Glaubens verträglicher gewesen, als dies im Reich Karls des Großen oder im Norwegen der beiden Olafe der Fall gewesen war. Das hängt vielleicht damit zusammen, dass der Einfluss der irischen Kirche, die eine sanfte Form der Missionierung vertrat, größer war als der der römischen Kirche, die von religiöser Toleranz nie viel gehalten hat. Der Übergang zum Christentum hatte sich friedlich vollzogen, die Besonderheit des isländischen Kirchenwesens lag in seiner relativen Selbstständigkeit, die Kirchen hatten wenig Besitz und die Pfarrer bildeten keine eigene Kaste, die von der Gesellschaft getrennt war. Ab etwa 1050 organisierte sich auch ein kirchlicher Apparat. Ísleifr Gizurarson (geb. 1006), der im westfälischen Herford studiert hatte, wurde 1055 zum ersten Bischof Islands gewählt und 1056 vom Bremer Erzbischof Adalbert konsekriert. Sein Sohn Gizurr – der Zölibat hat sich auf Island bis zur Reformation nicht durchsetzen können – folgte ihm 1082 im Amte nach (gest. 1118). Er führte 1096/97 noch vor Norwegen die Abgabe des Zehnten ein und schenkte seinen Hof Skálholt der Kirche, es wurde der erste Bischofssitz des Landes. Aufgrund der schwierigen geographischen Verhältnisse wurde bald ein zweiter Bischofssitz im nordisländischen Hólar gegründet, dessen erster Amtsinhaber der später heilig gesprochene Jón Ögmundarson wurde. Die an diesen beiden Orten entstehenden Schulen waren von Bedeutung für die Ausbildung von Priestern, für die Verbreitung des christlichen Einflusses und als erste Stätten der Gelehrsamkeit für die Produktion von Büchern. Daneben gab es weltliche Schulen, wenn diese auch nicht fest institutionalisiert waren, so etwa im Haukadalr. Hier hatte Teitr Ísleifsson Ende des 11. Jahrhunderts für eine gute Reputation gesorgt und der bekannteste Schüler war der Geschichtsschreiber Ari Þorgilsson (1067–1148). Die andere, nicht minder berühmte Schule war die von Oddi, die wohl um 1080 von Sæmundr Sigfússon (1056–1133) gegründet wurde, der in Frankreich studiert hatte. Als guter Lehrer wird dort sein Sohn Eyjólfr gerühmt, dessen Schüler der spätere Bischof Þorlákr Þórhallson war. Nicht zu vergessen als Orte der Gelehrsamkeit und der Buchproduktion sind natürlich die Klöster: So wird 1133 das erste Benediktinerkloster in Þingeyrar gegründet, dem 1155 das von Munkaþverá folgt, kurz darauf werden mehrere Augustinerklöster etabliert. Vielleicht hängt die Dominanz dieser Orden auf Island gegenüber den Dominikanern und Franziskanern mit der reichen Entfaltung der isländischen Schriftkultur zusammen. Die Konversion des Landes hatte keinen wesentlichen Einfluss auf die soziale und rechtliche Struktur der Gesellschaft, und die Kirche passte sich den einheimischen Verhältnissen an.

Mit dem Beginn des 13. Jahrhunderts ändern sich die ideologischen Vorzeichen. Die entstehende Aristokratie ohne Rangbezeichnungen, als die man die Oberschicht charakterisieren kann, richtet sich nach europäischem Vorbild aus. Man schafft sich eine eigene nationale Kultur,

indem man in der Literatur (andere, z.B. materielle
Reichtümer hatte das Land nicht zu bieten) auf die eigene
Vergangenheit zurückgreift und diese in der Isländersaga
beschwört. Gleichzeitig streben die Großen des Landes
nach mehr Macht und Reichtum, in der Mitte des
13. Jahrhunderts sind es schließlich nur mehr sechs Familien, die den Ton angeben. Nun machte sich das Fehlen
einer exekutiven Gewalt bemerkbar. Durch die Zwistig-
keiten und Kämpfe kann sich das Land nicht mehr im
Gleichgewicht halten. Man sucht Hilfe von außen, wendet sich an den norwegischen König Hákon Hákonarson
und verliert die Selbstständigkeit in den Jahren 1262/64,
in denen man sich vertraglich verpflichtet, ihn als Oberhaupt anzuerkennen und ihm den Treueeid zu schwören.
Durch die nächsten sieben Jahrhunderte hindurch wird
Island von Norwegen und Dänemark abhängig bleiben.
Für die Lebensbedingungen der Isländer war dies desas-
trös, aber die Produktion von Literatur hat es kaum beeinflusst – und von ihr soll auf den folgenden Seiten gehandelt werden.

Alles Erzählen hat überall und so auch im Norden seinen Ursprung im Mündlichen, das man in der isländischen
Literatur des Mittelalters noch so deutlich vernehmen zu
können glaubt. Eine beliebte Streitfrage früherer Generationen war die nach dem Anteil des Mündlichen am
Schriftlichen. Waren etwa die Isländersagas direkt von der
mündlichen Erzählung aufs Pergament gekommen, wie
die Anhänger der sog. Freiprosa-Theorie glaubten, oder
handelte es sich vielmehr um Literatur pur mit einem gewissen Maß an nachgemachter Mündlichkeit – so wollten
es die Befürworter der Buchprosa-Theorie? Es gibt keine
einzig richtigen Antworten, am besten geht man von den
geschriebenen, bewahrten Texten aus, denn die eventuellen mündlichen Vorformen sind ohnehin nur im seltenen
Fall rekonstruierbar.

Wissenschaft wird auch von Ideologie getragen, und eine Ideologie, die des Nationalismus, hat das Bemühen um die nordische Literatur geprägt, etwa dergestalt, dass man den Anteil des Einheimischen weitaus höher einschätzte, als man es heute zu tun geneigt ist, ja, dass man gar die Anknüpfung an die übrige Literatur des europäischen Mittelalters leugnete. Inzwischen haben sich die Zeichen geändert, und es wird immer deutlicher, dass man die nordische Literatur besser verstehen kann, wenn man sie vor dem Hintergrund dessen liest, was man die »Renaissance des 12. Jahrhunderts« nennt, die man auch als intellektuelle Revolution bezeichnet hat. Diese ist eine tief greifende, intellektuelle Erneuerungsbewegung, die im 12. Jahrhundert von Frankreich und Italien ausgeht und ein neues Denken auf den Gebieten der Philosophie, des Rechts, der Naturwissenschaften mit sich bringt. Als ein Ausdruck kann die Gründung von Universitäten gesehen werden, als ein anderer die Rezeption des Aristoteles, als ein weiterer die Rückbindung des Mittellateinischen an die klassischen Vorbilder, als vierter eine neue Art der Geschichtsschreibung, wie sie etwa Wipo und Otto von Freising mit ihren typologischen Modellen praktizieren, als fünfter die Ablösung der Romanik durch die Gotik. Ein wesentliches Element dieser europäischen Kulturströmung ist dabei die Verschriftlichung, die nun an Fahrt gewaltig aufnimmt. Diesen Prozess kann man auch im Norden nachweisen und belegen. Im 12. Jahrhundert beginnen in Island die schriftlichen Aufzeichnungen, die Belege hierfür sollen kurz durchgemustert werden.

Am Anfang stehen sicherlich lateinische Schriften. Der »Geschichte des heiligen Bischofs Jón Ögmundarson« (*Jóns saga helga*) kann man entnehmen, dass dieser als erster Bischof des nordisländischen Hólar (1106) eine Schule errichtet, an der er die Pfäfflein (*prestlingar*) in *grammatica* und Christentumskunde unterweisen lässt. Als Lehrer hat er übrigens einen Schweden engagiert, und

auch Jóns vertrauter Freund Ríkinni, ein Franzose, trägt
zur Ausbreitung kontinentaler Kultur bei, er soll Gesang
und Verseschmieden unterrichten. Zu einer solchen Schule gehört natürlich auch ein *scriptorium*, und so wird in
der *Jóns saga* mehrfach vom Bücherschreiben geschrieben. Die Saga entstammt dem 13. Jahrhundert, doch gibt
es keinen begründeten Zweifel an dem, was sie über Jóns
Bischofszeit (1106–1121) mitteilt, so dass die Kunst des
Schreibens schon zu Anfang des 12. Jahrhunderts auf Island angenommen werden muss. Es wird sich hierbei
noch um lateinisch-christliches Lehrgut gehandelt haben,
denn nach weltlicher Literatur stand ihm sein frommer
Sinn nicht – so verbot er einem Schüler die Lektüre des
Ovid.

Der Historiker Ari Þorgilsson, der im ersten Drittel des
12. Jahrhunderts seinen *Libellus Islandorum*, also sein
»Buch von den Isländern« (*Íslendingabók*) schreibt, be-
nennt seine Quellen. Dies sind hauptsächlich *ættartölur*
(Familienregister) und *konunga ævi* (Königsbiographien).
Über deren Aussehen und Inhalt freilich kann man sich
kein rechtes Bild machen. Dazu erwähnt er noch mündliche Berichte ihm zuverlässig erscheinender Gewährsleute.

Der Verfasser des »Ersten Grammatischen Traktates«,
der aus der Mitte des 12. Jahrhunderts stammen dürfte,
schreibt: »Ich habe für uns Isländer ein Alphabet geschrieben, damit es leichter werde, zu lesen und zu schreiben,
wie es nun auch in diesem Lande üblich geworden ist, und
zwar Gesetze und Genealogien oder heilige Übersetzungen (*helgar þýðingar*) und dann auch noch die kluge Kunde (*spaklig fræði*), die Ari Þorgilsson mit verständigem
Witz in die Bücher gesetzt hat«. Von mehreren Büchern
Aris wissen wir nichts, wir kennen nur seine *Íslendingabók*. Wenn es andere gegeben hat, sind sie wahrscheinlich
deshalb nicht überliefert, weil sie in andere historische
Werke Eingang gefunden haben – es kam auf die Sache,
nicht so sehr auf den Autor an.

Der norwegische Mönch Theodoricus lobt in seiner *Historia de antiquitate regum Norwagensium* (Ende des 12. Jahrhunderts) die Isländer, die in ihren alten Liedern die Erinnerung pflegten. Da es keine *natio* gebe, die so ungebildet sei, dass sie nicht irgendwelche *monumenta* an die nachfolgenden Generationen weitergebe, habe es sich der Verfasser zum Ziel gemacht, die Erinnerung, die *memoria* an frühere Generationen, an die Nachwelt weiterzureichen. Er habe das Gehörte und das Vorgetragene (*relatio*) einer *narratio* anvertraut, er habe das mündlich Berichtete niedergeschrieben (*conscripsimus*). Deutlich wird hier, wie auch bei Ari, der Prozess der Verschriftlichung. Damit sind die beiden Quellen benannt: das mündlich berichtete Einheimische und der Anstoß durch die europäische Buchkultur von außen. Dass Theodoricus durch Digressionen nach Art der alten Chronographen nicht nur Nützliches bringt, sondern den Leser auch delektieren will (*ad delectandum animum lectoris*), zeigt, dass er mit der europäischen Tradition vertraut ist. Er zitiert ja auch Boethius (eine der großen Autoritäten des Mittelalters), Hugo von St. Viktor und Sigebert von Gembloux.

Um Erinnerung geht es auch in der »Hungerweckerin« (*Hungrvaka*), die kurz nach 1200 entstand. Ihr uns unbekannter Verfasser will in Erinnerung halten, was ihm u. a. von dem kundigen Gizurr Halldórsson und anderen erzählt worden ist. Das »Büchlein« ist für die bestimmt, die von der Herkunft und dem Leben bedeutender Männer, und das sind für ihn vor allem die Bischöfe, etwas mehr wissen wollen. ›Mehr als was?‹, möchte man fragen. Mehr als nur mündliche Erzählungen? Sind diese vielleicht drauf und dran, aus der Erinnerung zu verschwinden? Mit seiner Schrift will er auch junge Männer lehren, sich mit unserer Sprache vertraut zu machen (*teygja til þess unga menn at kynnjast várt mál*), diese jungen Männer sollen auch verstehen, was in norröner (d. h. in der für Norwegen und Island noch weitgehend identischen) Sprache ge-

schrieben ist (*er á norrænu er ritat*), und das sind Gesetze,
Sagas und geschichtliche Werke (*lög eða sögur eða mann-
fræði*). Um welche Art von Sagas handelt es sich hier, die
schon geschrieben sind? Und auch hier wieder soll das
Angenehme mit dem Nützlichen verbunden sein (*afnýta
ok skemta sér*).

Etwa eine Generation später, also um 1230, legt der gelehrte Snorri Sturluson in seiner Geschichte der norwegischen Könige gleich zweimal Rechenschaft über seine
Quellen ab, einmal im Vorwort zu der selbstständigen Saga
von Olaf dem Heiligen, die das Kernstück der *Heimskring-
gla* wird, zum anderen im Prolog zu dem Gesamtwerk
Heimskringla. Dabei bezieht er sich auf Ari, der als Erster
in norröner Sprache ein geschichtliches Werk vorgelegt
habe. Und weiter: Seit der Besiedlung Islands habe man
vieles in Erzählungen tradiert, aber er, Snorri, vertraue
doch mehr auf Überlieferung in gebundener Form, also
auf die Skaldengedichte, die gegen eine Veränderung des
Wortlautes weit resistenter seien als die mündlichen Erzählungen, die der eine so, der andere so verstehe. Es seien
seit der Besiedlung des Landes 240 Jahre vergangen, bevor
man begann, Sagas aufzuschreiben (*áðr men tœki hér
sögur at rita*). Mit dieser Zeitangabe gelangt man etwa in
die Mitte des 12. Jahrhunderts als dem Beginn der schriftlichen Fixierung – und geschrieben und abgeschrieben wurde auf Island bis in das ausgehende 19. Jahrhundert. Die
ärmlichen Verhältnisse ließen vor dem Ende des 16. Jahrhunderts keine einheimischen Druckereien zu, und die
neuen *prentsmiðjur* (d.h. Druckschmieden, also Druckereien) dienten zu Anfang vorwiegend der Verbreitung religiöser Erbauungsliteratur. Aus der regen, aus der Not ge-
borenen Abschreibetätigkeit in 700 Jahren resultieren rund
20 000 erhaltene Handschriften.

Das Sammelwerk *Sturlunga saga* (»Geschichte der
Sturlungen«) aus der zweiten Hälfte des 13. Jahrhunderts,
eine Zusammenstellung auch zeitlich verschiedener Sagas

zur isländischen Geschichte, hat einen kleinen Einschub »Über das Sagaschreiben« (*Um söguritun*). Darin heißt es nach einer Handschrift, dass »die meisten Geschichten, die sich hier auf Island zugetragen haben, aufgeschrieben wurden, bevor Bischof Brandr Sæmundarson starb«, das hieße vor 1200. Eine weitere Handschrift hat einen nur geringfügig anderen Text: »Die meisten Geschichten, die sich hier auf Island zugetragen haben, bevor Bischof Brandr Sæmundarson starb, wurden aufgeschrieben«. Wir können diesen Belegen kaum mehr entnehmen, als dass eben um 1200 Sagas verschriftlicht vorlagen. Ob es sich dabei um Isländersagas gehandelt hat, wissen wir nicht.

Religiöse Literatur

Homilien

Ein wesentlicher Bestandteil des Gottesdienstes wurde nach und nach die Predigt, die sich ab dem 12. Jahrhundert auch im volkssprachlichen Gewande immer mehr durchsetzte. Sie diente der erbaulichen Unterweisung durch die Erklärung und Interpretation, gelegentlich auch der bloßen Nacherzählung ausgewählter Stellen aus den Evangelien. Diese literarische Gattung ist nur im Westnordischen gut belegt, und einige Homilien, also Predigten, gehören zum ältesten Bestand des handschriftlich Überlieferten. Die wohl älteste erhaltene isländische Handschrift (AM 237 fol.) von etwa 1150 enthält zugleich die bemerkenswerteste Predigt: den lateinisch sog. *In dedicatione templi sermo.* Hier wird ein bekanntes Muster, das die kirchliche Gemeinschaft mit einem Kirchenbau gleichsetzt, dergestalt norrönisiert, dass anstelle der kontinentalen Steinkirchen hier die typisch nordische Stabkirche aus Holz als allegorisches Bild verwendet wird.

Die Predigten sind hauptsächlich in zwei Homiliarien (Predigtsammlungen) überliefert, dem isländischen Homilienbuch mit 52 Predigten, das wegen seiner Aufbewahrung in Stockholm auch das »Stockholmer Homilienbuch« genannt wird, und dem norwegischen Homilienbuch mit 34 Predigten. Beide stammen wohl aus der Zeit vor bzw. um 1200, wobei sie anscheinend älteres Material integrieren. Elf Predigten finden sich in beiden Büchern. Zum größten Teil gehen diese Homilien auf lateinische Vorlagen zurück, wenn dies auch noch nicht in allen Fällen geklärt ist. Eine besondere Rolle als Lieferant hat Papst Gregor der Große (etwa 540–604) mit seinen Homilien gespielt. Seine Beliebtheit geht auch daraus hervor, dass im 13. Jahrhundert in Island eine *Gregorius saga* auf der Grundlage einer lateinischen Quelle geschrieben wurde. Dass das norwegische Homilienbuch Stoff zum Nationalheiligen, König Olaf dem Heiligen, enthält, zeigt, wie selbstständig die Predigtliteratur schon geworden war, auch wenn einiges aus lateinischen Olafsviten übernommen wurde. Die Selbstständigkeit zeigt sich dort, wo sich ein Vergleich anstellen lässt, an den flüssigen Übersetzungen, die die lateinischen Vorlagen ganz dem nordischen Sprachduktus anpassen. Diese Souveränität der Übersetzungen zeugt von dem hohen sprachlichen Bewusstsein, das den Norden schon zu Beginn der schriftlichen Überlieferung auszeichnet.

Hagiographische Literatur

Ein gewaltiges Korpus der mittelalterlichen Literatur Skandinaviens nimmt die hagiogaphische Literatur ein. Sie gehört, neben der historiographischen, der grammatischen und der Homilien-Literatur, zu den Anfängen der Schriftkultur. Dies lässt sich besonders gut an der isländischen Überlieferung zeigen. Die ältesten Fragmente von Heiligengeschichten datieren um 1150, lange Zeit bevor die Isländersaga ins Licht der Überlieferung tritt. Über 100 Heiligen sind mehr oder weniger ausführliche Biographien gewidmet. Diese Gattung war äußerst produktiv und ist bis in die Reformationszeit bedient worden. Die Lebendigkeit der Gattung zeigt sich nicht nur am Umfang, sondern auch daran, dass einige Erzählungen mehrfach übersetzt wurden, wobei sie teils stilistische Veränderungen erlebten, teils neue Quellen einarbeiten. Den größten Teil bilden natürlich die allgemein verehrten Heiligen, der Norden schöpfte dabei aus vielfältigsten Quellen, von denen uns noch nicht alle bekannt sind. Natürlich spielte die *Legenda aurea* eine große Rolle, aber schon bevor sie Ende des 13. Jahrhunderts niedergeschrieben wur-

de, gab es Heiligenerzählungen, die in den Norden transportiert wurden. Daneben gibt es auch Erzählungen von
einheimischen Heiligen, die hier unter der historiographischen Literatur aufgeführt werden. Von ihrem ganzen Stilgestus her stehen sie jedoch der Geschichtsschreibung näher als der Hagiographie, schließlich waren die Bischöfe
wie Jón, Guðmundr, Þorlákr für viele Isländer noch lebendige Vergangenheit. Aus dieser Gattung können im
Folgenden nur einige Beispiele vorgestellt werden.

»Geschichte der Maria« (Maríu saga)

Zu den beliebtesten Figuren der Heiligenerzählungen gehört natürlich die Gottesmutter Maria, die unter den Heiligen einen besonderen Rang einnimmt, und auch deshalb
ist sie in der isländischen religiösen Literatur die am aus-
führlichsten beschriebene Heilige. An der sich seit dem
11. Jahrhundert gewaltig ausbreitenden Marienverehrung
hat also der Norden teil. Kontinentale Marienleben und
Berichte von Marias Wundern gelangten nach Skandinavien, es gibt eine ungewöhnlich reiche Literatur über Maria und die von ihr bewirkten Mirakel. Herausgegeben
wurden sie in neuerer Zeit unter dem Titel *Maríu saga*,
und diese bislang einzige Ausgabe umfasst 1200 Seiten.
Die Saga ist in zwei Fassungen in Handschriften des
14. Jahrhunderts überliefert, beide sind nach demselben
Muster gebaut: Prolog (dessen Länge unterschiedlich ist),
Lebensgeschichte Marias, Prolog zu den Wundererzählungen, den *miracula* (in beiden Fassungen gleich), Sammlung
von Mirakeln (unterschiedliche Anzahl von Wundererzählungen). Die Geschlossenheit dieser Sammlungen ist
nur eine scheinbare, von der eigentlichen Textgeschichte
wissen wir bislang nur wenig. Es gibt Gründe anzunehmen, dass die frühesten Mariengeschichten und -legenden
um 1200 ins Isländische übertragen wurden. Das älteste

handschriftliche Fragment stammt aus der Zeit 1225–1250.
Der größte Teil der Mirakel ist kontinentalen Ursprungs,
allerdings sind noch nicht alle Quellen bekannt. Wir wissen auch nicht, ob diese oder jene unbekannte lateinische
Mirakelsammlung in toto übersetzt wurde oder ob man
mit langsamem Anschwellen des Wunder-Korpus rechnen
muss. Viele Wundererzählungen sind mehrfach übersetzt
und bearbeitet worden. Das ist (neben dem großen Umfang von über 200 berichteten Wundern) nicht nur ein
Zeugnis für die verbreitete marianische Gläubigkeit; die
Mehrfachübersetzung bietet auch vorzügliche Gelegenheit
zur Untersuchung verschiedener Stilarten. Ein Beispiel
möge dies verdeutlichen (die folgenden Übersetzungen
versuchen, die Stilgebärde des Originals beizubehalten).
Die Legende von Theophilos berichtet, dass dieser einen
Pakt mit dem Leibhaftigen schließen will, um sein früheres Ansehen wiederzugewinnen.

> [Da war] ein Hebräer, zauberkundig und ein Diener
> des Teufels. Eines Nachts begab sich Theophilos
> heimlich zu ihm, und die Tür war verschlossen, als er
> dorthin kam. Er schlug an die Tür und verlangte Einlass, und die Tür wurde geöffnet, und er wurde hereingeführt, und da sah ihn der Hebräer mit Ungemach (*ógleði*) an und sprach: »Weshalb kamst Du
> hierher?« Theophilos fiel ihm zu Füßen und sprach:
> »[...] und will ich Dich bitten, dass du mir einen Rat
> geben möchtest, dass ich dasselbe Ansehen wie früher
> erreiche.«   (1225–1250)

> [...] bis er sich zu einem Juden begab, der in der Stadt
> zauberkundig war. Und als er dorthin kam, da bat er
> den Juden und bot ihm Geld, dass er ihm einen Rat
> erteilte, dass er dasselbe Ansehen erreiche, das er früher gehabt hatte.   (Um 1325)

Dort in der Stadt war ein Jude, der sein ganzes Leben lang den Willen des Teufels ausführte, Tag und Nacht in seinem Dienst weilend, und manchen zog er mit Betrug und teuflischer List mit sich ins Grab des Todes. Dieses ungöttlichen Juden Wohnung sucht Theophilus des Nachts auf Veranlassung des Bösen auf und klopft an die Tür. Der Jude kommt heraus und grüßt Theophilum und bittet ihn herein und fragt nach seinem Begehren. Theophilus fiel ihm zu Füßen und sprach [...].

(Anfang 14. Jahrhundert)

Und bei solchem Nachdenken fällt ihm ein, dass in eben dieser Stadt ein Hebräer war. Dieser Hebräus war voller giftiger Bosheit wie der schlimmste Ungläubige und hatte mit List und Ränken seiner Falschheit viele in der Hölle ewiger Verdammung ertränkt. Und diesen Meister der Hinterlist wollte er aufsuchen. Denn mit dem Stachel eitler Ehre ist er nun so aufgerührt, dass er von Gier nach der Ehre früheren Ansehens brennt, eines Nachts armselig und überwunden zur Wohnung dieses großen Feindes Gottes gehend. Und wie er zur Wohnungstür kommt, schlägt er an die Tür und fordert Einlass und hereingekommen wird er sofort vom Hebräer erkannt. Der Hebräer sieht sofort, dass er viel Kummer zwischen den Rippen hat, ihn mit sich in die Wohnung führend so sprechend [...].

(Anfang 15. Jahrhundert)

In dieser Stadt war ein sehr zauberkundiger Hebräer, der früher viele Menschen hintergangen hatte, sie mit seinem Zauber in die Grube ewiger Verdammung ertränkend. Theophilus, entzündet von falscher Tugend (*dyrd*), begibt sich zum Juden, brennend vor Gier nach weltlicher Ehre, und bittet, in seine Wohnung zu kommen. Wie der gottlose Jude ihn sehr traurig

sieht, so zu ihm sagend: »Weshalb kamst du zu mir?«
Theophilus fällt ihm zu Füßen und sagt: [...].

(18. Jahrhundert, Abschrift einer älteren Handschrift)

Man wird hier mehr von Bearbeitungen als von reinen
Übersetzungen reden müssen, vielleicht kann man auch
von ›offenen‹ Texten sprechen, jedenfalls ist das Verhältnis
zum Ausgangstext recht locker.

Mitunter kann die Preisung Marias fast den Charakter
eines Synonymenlexikons annehmen. So heißt es etwa im
Prolog einer Fassung über sie (und das Folgende ist nur
eine Auswahl): »Königin der Tugend«, »die teuerste Köni-
gin des Himmels und der Erde, Gebärerin des gütigen
Gottes, die mildeste Maid Maria«, »Maid und Blume aller
Maiden, ehrhafter Edelstein und Königin aller Königin-
nen, Hafen und Hilfe der Gefangenen, hervorragender
Olivenbaum und Mutter aller Barmherzigkeit, Hilfe der
Elenden, gesegneter Mild-Brunnen, Überfluss allen Gutes,
Tür des Himmels und Erfüllung der Freuden, Führer der
Vaterlosen, Häuptling des Himmels und Anführer der
Demütigen« ...

In die Sammlung von Wundern sind auch einige isländische Mirakelerzählungen aufgenommen. Zwar sind die
Handschriften isländischer Provenienz, aber es ist nicht
vorstellbar, dass es in Norwegen keine Marienerzählungen
gegeben habe. In einer Handschrift heißt es auch, dass
König Hákon Magnússon, gest. 1319, die Übersetzung ins
Norwegische veranlasst habe.

Einige der Marien-Mirakel, wie man sie in der *Maríu
saga* findet, sind auch Gegenstand religiöser Dichtung geworden, wie im *Maríugrátr* oder in der *Maríudrápa*.
Dazu gibt es eine reiche isländische Mariendichtung im
späten Mittelalter, die die der anderen nordischen Länder
an Umfang und Qualität weit überragt. An Marien-Mirakel ist die dänische Literatur anscheinend nur wenig interessiert, während die schwedische Literatur eine Lebens-

geschichte Mariens kennt, in einer Handschrift von 1385 aus Vadstena über fünf Dutzend Mirakel zusammenstellt und auch in den »Seelentrost« Marienwunder einfließen lässt.

Legenden

Zur Christianisierungsarbeit, d. h. zur Implementierung der neuen Glaubensdoktrin, diente in hervorragender Weise unter anderem die europäische Erzählgattung der Legende und des Heiligenlebens, die man indes kaum voneinander unterscheiden kann. Diese Gattung, die die lateinische Biographik mit christlichem Erzählstoff verbindet, reicht bis in das fünfte Jahrhundert zurück. Am Anfang stand wohl die später so weit verbreitete Geschichte des heiligen Martin von Sulpicius Severus (um 400). Jeder Heilige bekam auf diese Weise nach und nach seine Geschichte, die – idealtypisch – jeweils nach dem Muster *vita, passio, translatio, miracula* gearbeitet ist. Schließlich wurden auch große Legendensammlungen angelegt, deren bekannteste die *Legenda aurea* des Jakobus de Voragine (gest. 1298) sind. Diese diente so mancher volkssprachlicher Version als Vorbild. Doch nicht nur die Heiligen, auch die Apostel erhielten ihre ausführlichen Geschichten, denn die Andeutungen des Neuen Testamentes, besonders der Apostelgeschichte, waren doch recht dürftig, und der Wunsch, mehr über sie zu erfahren, führte zu den sog. Apostelapokryphen, die in Europa weit verbreitet waren.

Frühzeitig, d. h. seit der Mitte des 12. Jahrhunderts, übersetzt auch der Norden einzelne Heiligengeschichten, die zur ältesten Schicht der isländischen Literatur gehören. Eine umfangreiche Legendensammlung, das sog. altschwedische Legendarium, entsteht um 1300 in Schweden, Mitte des 14. Jahrhunderts wird in Island die *Skarðsbók* geschrieben, eine Sammlung von elf Apostelgeschichten, und am Ende des Mittelalters, Anfang des 16. Jahrhunderts, wird die in neuerer Zeit sog. *Reykjahólarbók* mit 25 Legenden zusammengestellt. Originalhandschriften der frühen Übersetzungen sind nicht erhalten, sondern nur spätere Abschriften, so dass man bei der zeitlichen Einordnung eine gewisse Vorsicht wird walten lassen müssen. Dies gilt auch für die Quellen und Vorlagen, die noch nicht für alle Legenden ausgemacht sind. Bemerkenswert ist, dass mehrere Heiligensagas mehrfach ins Isländische übersetzt wurden, wodurch frühere Übersetzungen allerdings nicht obsolet wurden. Island nimmt hier ebenfalls eine Sonderstellung ein, denn Heiligenerzählungen werden nach der Reformation weiterhin abgeschrieben, und das heißt eben auch: gelesen.

Zu den frühen Übersetzungen gehören die »Geschichte des Apostels Matthäus« (*Matheus saga postola*) aus der ersten Hälfte des 12. Jahrhunderts, deren verschiedene Versionen nicht ganz identisch sind. Die lateinische Vorlage ist noch nicht erkannt, denn der isländische Text ist nicht direkt nach den bisher bekannten lateinischen Quellen übersetzt. Es ist ein sehr lesbarer Text, der sich dem lateinischen Stil gegenüber sehr selbstständig verhält. Dies gilt auch für die »Geschichte des Apostels Andreas« (*Andreas saga postola*), von der fünf Versionen bzw. Bearbeitungen bis in das 15. Jahrhundert erhalten sind. Sie hat übrigens einige Andreas-Gedichte im 14./15. Jahrhundert generiert. Diese frühen Übersetzungen zeigen, dass die isländische Literatursprache schon im 12. Jahrhundert ein hohes Niveau erreicht hat.

Schwierig zu beurteilen ist das Verhältnis von Gedicht und Prosatext im Falle der *Placidus drápa* und der *Placídus saga*. Das Preisgedicht, die *drápa*, dürfte aus der ersten Hälfte des 12. Jahrhunderts stammen und den Stoff aus einer Version bezogen haben, die der *Placídus saga* sehr nahe stand. Man wird die Saga wohl in die zweite Hälfte des 12. Jahrhunderts setzen dürfen. Diese Legende des rö-

mischen Soldaten Placidus, der unter dem Namen Eusta-
cius getauft wird und unter Kaiser Hadrian der Märtyrertod erlitten haben soll, war im Mittelalter sehr bekannt
und verbreitet. Aus dem Westnordischen sind vier Versionen überliefert, das altschwedische Legendarium hat ebenfalls diese Geschichte aufgenommen. Auch hier kennen
wir die Vorlage nicht, denn die *vita Eustacii* liegt natürlich
in verschiedenen Fassungen vor. Es handelt sich hier um
gute Übersetzungen, die sich von der lateinischen Syntax
frei gemacht haben.

Interessant ist die »Geschichte von Clemens« (*Clemens
saga*), deren Protagonist Papst Clemens I., der dritte
Nachfolger Petri, ist. Dieser Heilige wurde auch im Norden außerordentlich beliebt. Seine Saga dürfte um 1200
aus verschiedenen Quellen übersetzt worden sein. Dort,
wo man den isländischen Text mit dem lateinischen vergleichen kann, zeigt sich, dass jener manchmal etwas hinzugefügt hat. Bemerkenswert ist, wie der Übersetzer mit
den lateinischen Götternamen umgeht: Die lateinischen
Gottheiten ersetzt er mit einheimischen paganen Göttern.
Für Jupiter nimmt er Thor (»»unser vertrauter Freund
und der stärkste Ase‹, wie die Heiden sagen«), für Her-
kules Odin, den er »einen Teufel und unreinen Geist«
nennt, und für Venus Freyja, die eine Hure sei. In der
Saga folgt die Aufzählung von weiteren elf Göttern
und Göttinnen (Freyr, Heimdall, Loki, Hoenir, Baldr,
Týr, Njörðr, Ullr, Frigg, Gefjon, Sif). Doch die Zuordnung zu den römischen Göttern ist undeutlich, da in der
Vorlage, der *vita Clementis*, nur sechs römische Gottheiten genannt werden.

Aus dem 13. Jahrhundert stammen zwei »Geschichten
von Johannes dem Täufer« (*Jóns saga baptista*), deren eine
(wohl die ältere) die Geschichte eng an die Bibel angelehnt
kurz und knapp erzählt und deren andere den zehnfachen
Umfang aufweist. Letztere kompiliert Bibel, mittelalterliche Enzyklopädie und die Schriften der Kirchenväter.

In einem der Saga vorangestellten Brief zählt der Übersetzer Grímr Holmsteinsson (gest. 1298) seine Gewährsmänner auf: Gregor der Große, Augustinus, Ambrosius, Hieronymus, Eusebius, Beda Venerabilis, Bernhard von Clairvaux, Petrus Comestor, Vincentius von Beauvais. Der Täufer wird gepriesen als »Schule der Tugenden und Lehre des menschlichen Lebens, Opfer der Heiligkeit, Spiegel des reinen Lebens, Lob der Untadeligkeit, Vorbild an Keuschheit, Pfad der Bußfertigkeit, Rettung aus Lastern, Unterweisung in Lebensführung«. Herodes dagegen ist der »Mörder seiner Untertanen, der Räuber der Vornehmen, der Verwüster seiner Gefolgsleute, der Verfolger der Hausgenossen, der Verderber der Menschen, der Töter der eigenen Söhne, der Mörder der Ausländer, Verwandtentöter der eigenen Angehörigen«. Über Johannes gibt es auch Predigten in den beiden Homilienbüchern vom Ende des 12. Jahrhunderts.

Natürlich wurde auch die Geschichte des beliebten und heiligen Bischofs Martin (*Martinus saga biskups*) von Sulpicius Severus ins Nordische übertragen, sie liegt in drei isländischen Rezensionen und im altschwedischen Legendarium vor. Und sehr beliebt war der heilige Nikolaus (*Nikulás saga*). Neben zwei älteren Versionen aus dem 13. Jahrhundert steht die Bearbeitung von Bergr Sokkason, von der über ein Dutzend Handschriften erhalten sind. Sie ist mehrfach übersetzt worden, wie dies aus dem Prolog seiner Übersetzung hervorgeht. So gibt er als seine Quelle den Erzdiakon Johannes Barensis (d.h. dessen *Vita S. Nicolai* von etwa 880) an und fügt hinzu, er habe eine vollständigere Version übersetzt, als »man sie in alten Büchern geschrieben findet«. Als Lohn für seine Arbeit erbittet Bergr, dass man zu Beginn der Lektüre zum Frieden und Heil seiner Seele ein *Ave Maria* bete.

Vielleicht Anfang des 13. Jahrhunderts entstand die »Bestattung Duggals« (*Duggals leiðsla*). Sie ist das deutlichste Beispiel dafür, dass die europäische Visionsdich-

tung, die in Europa im 12. und 13. Jahrhundert ihren
Höhepunkt erreichte und in Dantes *Divina comedia* kul-
minierte, ebenfalls in den Norden gelangte. Sie ist die
Übersetzung der *Visio Tnugdali* (oder *Tundali*), die die
visionäre Reise eines irischen Ritters durch die jenseiti-
ge Welt (Fegefeuer, Hölle und Himmel) erzählt. Hierher
gehört auch die trümmerhaft überlieferte norwegische
Volksballade »Das Traumlied« (*Draumkvædet*), das von
der Reise des Träumers Olav Åsteson ins Jenseits berichtet. Diese Ballade ist nur in stark zersungener Form in
Niederschriften aus der Mitte des 19. Jahrhunderts erhalten, doch gibt es gute Gründe, sie in das Mittelalter zu
versetzen.

Aus der Mitte des 13. Jahrhunderts ist eine norwegische
Version der »Geschichte von Barlaam und Josaphat« (*Barlaams saga ok Josaphats*) überliefert, einer Geschichte, die
im Mittelalter ungewöhnlich populär war. Sie handelt von
der Christianisierung des indischen Königssohns Josaphat
durch den Mönch Barlaam. Geschickt wird in die Erzählung viel didaktisches Material in Dialogform eingepackt,
womit die Geschichte der Erbauung und der Unterweisung dienen konnte.

Nicht nur kontinentale Heilige wurden verehrt, sondern auch englische. Der 1173 kanonisierte, ermordete Bischof Thomas Becket wurde im Norden sehr bekannt: Ab
der Mitte des 13. Jahrhunderts gibt es vier Sagas über ihn
(*Thomas saga erkibiskups*). Ebenso wird das Leben Edwards des Bekenners (1003–1066) in einer Saga geschildert
(*Játvarðar saga helga*). Waren diese beiden Heiligen den
Märtyrertod gestorben, was der Grund für ihre Beliebtheit wurde, hatte es der heilige Dunstanus (um 909–988)
schwerer, populär zu werden, denn er musste nicht den
Märtyrertod sterben. Über diesen Erzbischof von Canter-
bury, der auch als Künstler und Handwerker, als Ratgeber
und Rechtsgelehrter bekannt ist, gab es immerhin fünf lateinische *vitae*. Die isländische Saga *Dunstanus saga*

stammt von Árni Laurentiusson (geb. 1304), über dessen Vater Laurentius es eine eigene Bischofssaga gibt. Árni war im Kloster Þingeyrar tätig, wo auch der Zeitgenosse Bergr Sokkason Heiligenleben übersetzte. Er mischt seine Quellen, hat eine *vita S. Dunstani* zugrunde gelegt und diese mit weiterem Material angereichert, wie dies auch im Sagaanfang explizit gesagt wird. Sein Stil ist eher schwerfällig, wie dies für die geistliche Prosa nach 1300 charakteristisch zu sein scheint.

Ab 1300 findet man in Skandinavien auch umfangreiche Legendensammlungen. Dies beginnt mit dem altschwedischen Legendarium, das chronologisch angelegt ist und von der ersten Zeit des Christentums bis in die Mitte des 13. Jahrhunderts reicht, von Maria und Johannes dem Täufer bis hin zu den Heiligen Dominikus, Franziskus und Elisabeth von Ungarn. Einheimische Heilige wie Sigfrid, Olav, Erik und Magnus sind nur beiläufig erwähnt. Auch kürzere historische Notizen zu Päpsten (bis Innozenz IV., gest. 1254) und Kaisern (bis zu Friedrich II., gest. 1250) sind eingeschoben. Der größte Teil geht auf die *Legenda aurea* zurück, die hie und da mit anderen Quellen versetzt wird. Aus dem ersten Viertel des 14. Jahrhunderts stammt die große isländische Sammlung mit elf Apostelgeschichten, dem *Codex Scardensis* (*Skarðsbók*). Eine letzte Blüte erreicht die Legendensammlung in der ersten Hälfte des 16. Jahrhunderts, als im isländischen Reykjahólar 25 Legenden zusammengestellt werden. Sie ist im großen Ganzen eine Übersetzung des niederdeutschen *Passionael*, das wiederum eine Übersetzung der *Legenda aurea* ist. Auch hier sind in geringerem Umfang andere Quellen, u. a. ältere Heiligensagas, eingeflossen. Der Stil dieser Sammlung wird als eigentümlich eingeschätzt, er unterscheidet sich von anderen Quellen, vor allem durch eine eigenartige Syntax und einen eigenartigen Wortschatz.

Nach einer niederdeutschen Vorlage, dem *St. Annen*

Büchlein, ist dann die letzte Heiligensaga entstanden, die
»Geschichte der Heiligen Anna« (*Saga heilagrar Önnu*).
Sie hat Aufnahme in die *Reykjahólarbók* gefunden. Der
Höhepunkt der Annen-Verehrung fällt in das 15. und
16. Jahrhundert. Wie viele andere Heiligensagas wurde sie
in der nachreformatorischen Zeit weiterhin abgeschrieben,
und das heißt ja: gelesen, freilich gelegentlich mit protes-
tantischen Marginalnotizen versehen wie »dies ist ein großes Lügenbuch«. Zum Ende des Mittelalters hin wird
nicht mehr nur aus dem Lateinischen übersetzt, sondern
in gleicher Weise aus den Volkssprachen, wie gerade die
letzten Beispiele zeigen. Aber nicht nur aus dem Niederdeutschen wurde übertragen, auch aus dem Englischen
wurden die sog. *Æventýri* in den Norden transportiert.

Bibelübersetzungen

Als Ganzes ist die Bibel erst im späten Mittelalter in die
Volkssprachen übersetzt worden, freilich gab es schon im
frühen Mittelalter Übersetzungen von Teilen der Bibel.
Nicht anders ist dies im Norden. Indes legt die überaus
große Zahl von biblischen Zitaten in der altnordischen religiösen Literatur den Schluss nahe, dass wohl schon zu
Beginn des 12. Jahrhunderts einiges aus den geschichtlichen Büchern des Alten Testamentes, des Psalters, der
Evangelien und der Apostelgeschichte übersetzt vorlag.
Sind diese Übesetzungen nur erschlossen, so ist eine kom-
pilationsähnliche Bibelarbeit unter dem erst später ge-
bräuchlichen Titel *Stjórn* (»Herrschaft«) erhalten. Sie wurde kurz nach 1300 nach Aufforderung durch den norwegischen König Hákon Magnússon (1299–1319) verfasst,
der – so der Prolog – schon früher eine Sammlung von
Heiligengeschichten veranlasst hatte. Das Werk – so das
Vorwort weiter – sollte den Hofleuten, die des Lateinischen nicht kundig waren, zur Freude und zur Erbau-

ung vorgelesen werden. Der erste Teil enthält die Übersetzung Genesis bis Exodus 18, die reichlich mit übersetzten Kommentaren aus Petrus Comestor (*Historia Scholastica*), Vincentius Bellovacensis (*Speculum historiale*), Isidor (*Etymologiae*), Honorius Augustodunensis (*Imago mundi*), Augustinus (*Commentarii in Genesim*) und anderen Autoritäten angereichert ist. Der anschließende Teil enthält dann die weitere Geschichte des jüdischen Volkes bis zur Exilierung (also bis einschließlich 2. Kön.). Der Text in seiner vorliegenden Form aus der Zeit um 1300 mag eine Mischung aus teilweiser Bearbeitung einer älteren Version und einer erstmaligen Übersetzung noch nicht translatierter Passagen sein. Der Bearbeiter und/oder Übersetzer, »er, der [den Text] *norrænaði* [norrönisierte]« (Prolog), tat dies nicht nur dadurch, dass er das Lateinische einfach in seine Muttersprache transponierte, sondern auch dadurch, dass er dabei viele für das Nordische typische Wörter verwendete: *víkingr* (Seeräuber), *niðingr* (Neiding), *óðal* (Landeigentum des Odalsbauern), *góðr félagi* (guter Geselle), *útisetumaðr* (Mann, der in der Nacht draußen seine Zauberei betreibt), *draugr* (Gespenst, Wiedergänger), *heimfararleyfi* (Urlaub zur Heimfahrt).

Diese Bibelarbeit scheint zwei Bedürfnisse bedient zu haben: Einmal sollte sie die biblisch-religiöse Botschaft vermitteln, andererseits wurde sie in einer Handschrift des 15. Jahrhunderts vor die *Rómverja saga*, die *Alexanders saga* und die *Gyðinga saga* gesetzt, so dass sie hier eher die Rolle eines historischen Werkes einnahm. Aber vielleicht ist diese Doppelheit erst eine neuzeitliche Anschauung. Aus dem 14. Jahrhundert ist eine altschwedische Pentateuchparaphrase erhalten, also eine kommentierte Übersetzung der fünf Bücher Mose. Nordische Vollbibeln gibt es erst aus der nachreformatorischen Zeit: 1541 die schwedische Gustaf-Vasa-Bibel, 1550 die dänische *Christian IIIs-Bibel*, 1584 die isländische Guðbrandsbiblía.

Der Psalter ist im Mittelalter nicht nur im religiösen

Kult von Bedeutung, er dient auch als Schulbuch. Viele Psalter-Zitate legen die Existenz einer frühen Übersetzung nahe, erhalten ist jedoch nur eine spätmittelalterliche (fragmentarische) Fassung, die – wohl aus dem späten 15. Jahrhundert stammend – eindeutig für schulische Zwecke angefertigt worden war.

Birgittas Revelationen

Der genannten Visionsliteratur stehen nahe die Offenbarungen (*revelationes*) der später heiligen Birgitta. Sie stammte aus angesehenem Haus (unter der Leitung ihres Vaters wurde das schwedische Landschaftsrecht von Uppland fertig gestellt) und war 27 Jahre standesgemäß verheiratet. Nach dem Tod ihres Mannes wurden ihr himmlische Offenbarungen zuteil, es sollten insgesamt 700 werden. 1349 begibt sie sich nach Rom, von wo sie nicht wieder nach Schweden reist. Hier ermahnt sie die Päpste, u. a. dazu, aus der Babylonischen Gefangenschaft in Avignon zurückzukehren. In ihren Offenbarungen sieht sie manchmal Bilder, die zu ihr sprechen, dann sind es Stimmen, an denen sie erkennt, ob Christus, Engel oder Heilige zu ihr sprechen. Hierdurch erfährt Birgitta Beschreibungen und Deutungen vom Leben Mariae oder Christi, erhält Ermahnungen oder allgemeine Betrachtungen. Ob sie allerdings auch den Schwefelgeschmack der eigenen Sünden in ihrem Munde gespürt hat, mag indes dahingestellt bleiben. Das Geschaute und Gehörte schrieb sie nieder oder ließ es von ihren Beichtvätern niederschreiben. Die Visionen werden bald ins Lateinische übersetzt (von den schwedischen Originalen ist nur beklagenswert Weniges erhalten) und über Europa verbreitet, denn Birgitta wollte eine neue Klosterregel stiften; die Anerkennung folgt in der Tat 1370. Nach ihrem Tod wird in Vadstena ein Doppelkloster für Mönche und Nonnen gegründet, das sich bald zu ei-

nem kulturellen Zentrum entwickelt – die Bibliothek soll
1400 Bände besessen haben.

Die von Birgitta erhobene Forderung nach geistiger Er-
neuerung geht vielleicht indirekt auf Joachim da Fiore zurück, der nach dem Zeitalter des Vaters, des Gesetzes und
dem des Sohnes – des Evangeliums also – das Zeitalter des
Geistes, das Dritte Reich, herankommen sah. Nach ihrem
Tod setzten schnell Kanonisierungsbestrebungen ein, und
bald, 1391, wurde sie heilig gesprochen. Zu diesem Prozess waren die Offenbarungen von dem spanischen Bischof Alfons von Jaen eigens zusammengestellt und redi-
giert worden, und zwar so, dass das, was den Prozess un-
günstig hätte beeinflussen können, weggelassen wurde. So
entstand die Sammlung der *Revelationes coelestes*, bestehend aus acht Büchern. Das fünfte (Buch der Fragen) ist
in Form eines Dialoges, und zwar in der rhetorischen
Form der *disputatio* zwischen einem ketzerischen Mönch
und Christi, gehalten. Neben den 16 Fragen gibt es noch
13 Offenbarungen. Das siebente Buch enthält u. a. den
Bericht über ihre Pilgerreise ins Heilige Land, auf der sie
Bischof Alfons begleitete. Das achte Buch ist so etwas wie
ein Königsspiegel, es enthält Botschaften und Ermahnungen an Könige und Fürsten. Außerhalb dieses zur Heiligsprechung dienenden Korpus gibt es noch vier Bücher *Revelationes extravagantes*. Diese Texte wurden wieder ins
Altschwedische übersetzt, zum ersten Mal zum Druck befördert wurden sie 1492 in Lübeck.

Europäische Mystikerinnen wie Hildegard von Bingen,
Mechthild von Magdeburg oder gar Christina von Stom-
meln, deren Biograph Petrus von Dacien Schwede war,
dürfte sie nicht gekannt haben, sehr wohl vertraut dagegen
war ihr Heinrich Seuses *Büchlein von der ewigen Weisheit*. Eine andere, äußerst wichtige Quelle ihres Schreibens
(oder Schreibenlassens) war die Bibel, insbesondere die
Propheten, das Hohe Lied und wohl auch die Offenba-
rung des Johannes, und die Bilder ihrer Visionen holte sie

sich oft aus ihrem Alltag. In dieser realistischen Schreib-
weise ist sie unter ihren Mitmystikerinnen recht singulär,
so lässt sie den Leibhaftigen einmal ausbrechen: »Der Teufel rief, was ist das für eine verdammte Sau, die einen solchen Bauch hat, in den so viel Wasser gegossen ist, dass sie
in ihrem Inneren vollständig mit Tränen angefüllt ist, sie
sei von mir und der ganzen Heerschar der Hölle ver-
dammt.« Und da der Gottseibeiuns nun einmal die Phan-
tasie in besonderer Weise beschäftigt, man vergleiche nur
die bildende Kunst, sei noch ein Beispiel angefügt: »Mein
Feind [ein Abt, der gegen Vorschriften verstoßen hat] hat
drei Teufel in sich: Der erste sitzt in seinen Geschlechts-
werkzeugen, der andere in seinem Herzen, der dritte in
seinem Mund. Der erste ist wie ein Seemann, der Wasser
in den Kielraum eindringen lässt, der zweite ist wie eine
Made im Apfel, der dritte ist wie ein Bogenschütze, der
aus dem Fenster kuckt und auf Nichtsahnende schießt.«
Aus ihrer eigenen Erfahrung lässt sie Maria zu ihr sprechen: »Ich will dir sagen, was ich mit der Seele tat, als sie
den Körper verließ. Ich tat wie eine Frau, die einer anderen beisteht, wenn sie gebären soll. Sie hilft dem Kind,
dass es nicht im Blut ertrinkt oder in dem engen Raum,
aus dem es geboren wird, erstickt.«

Seelentrost

Nach 1400 wurde das umfangreiche niederdeutsche Werk
De seelen trost, das in der Mitte des 14. Jahrhunderts entstand, ins Schwedische übersetzt und erhielt den Titel *Sjæ-
linna trøst*. Der Seele Gesundung und Trost liege in der
Heiligen Schrift und nicht in den weltlichen Büchern, wie
denen von den Kämpen Perceval, Tristram oder Diderik
von Bern. Der *Seelentrost* ist eine religiöse Erbauungs-
schrift und enthält neben der Einleitung und einer abschließenden Zusammenfassung eine Auslegung der Zehn

Gebote. Diese Exegese bedient sich aus allen denkbaren Quellen: der Bibel natürlich und der Legenden, apokrypher Evangelien und bekannter Sprichwörter, historischer Werke und Enzyklopädien. Diese Mischung war schon für die niederdeutsche Vorlage kennzeichnend, in der lateinischen Einleitung werden die Quellen benannt. Da heißt es auch, dass der erste Teil von den Zehn Geboten, der zweite von den sieben Sakramenten handeln werde. Dieser zweite Teil ist nicht in die schwedische Übersetzung aufgenommen.

Ein Beispiel möge das exegetische Verfahren des »Seelentrostes« erläutern: Nach der allgemein gehaltenen Erklärung des fünften Gebotes folgen Beispiele für Morde und Totschläge aus der Bibel (etwa Kain, Pharao, Holofernes, Abimelech, Joab, Pontius Pilatus, Herodes Antipas usw.), aus der römischen Geschichte (Nero, Vespasian) und aus Erzählungen, beispielsweise von einem Sohn, der seinen Vater verflucht.

Der Übersetzer hat sich im großen Ganzen an seine Vorlage gehalten, hie und da hat er altschwedische und lateinische Quellen eigenständig einmontiert. Stilistisch gilt er als selbstständig und bedeutend.

Gelehrsamkeit

Elucidarius

Zu den populärsten Büchern des Mittelalters, die in Form von Volksbüchern bis in die Neuzeit gelesen wurden, gehört der *Elucidarius*. In diesem wird in einem Dialog zwischen einem fragenden Discipulus und einem respondierenden Magister theologisches Weltwissen, angenehm und leicht verständlich aufbereitet, dargeboten. In drei Kapiteln (*libri*) wird *de divinibus rebus* (also von Gottes Taten bis hin zur Erlösung des Menschen), *de rebus ecclesiasticis* (wie der Mensch in der Welt lebt und wie er durch Christus und die Sakramente gerettet werden kann) und *de futura vita* (vor allem von den Qualen ewiger Höllenpein und den anhaltenden Freuden des Paradieses) gehandelt. Dieser Dialog ist von Honorius Augustodunensis (etwa 1080–1150) wohl um 1100 geschrieben. Zu den frühesten volkssprachlichen Übersetzungen gehört die isländische Version aus der zweiten Hälfte des 12. Jahrhunderts, die nur fragmentarisch überliefert ist. Bezeichnend für den *Elucidarius* ist die Konkretisierung dessen, was in der Bibel eher unbestimmt bleibt. So erfährt man etwa, dass Adams und Evas Aufenthalt im Paradies lediglich sieben Stunden dauerte, ein wahrhaft kurzes Vergnügen. Oder es werden biblischen Vorgängen logische Erklärungen gegeben, wie beispielsweise die, dass Adam den Sohn Seth zeugte, nachdem und weil Abel von Kain erschlagen worden war und Christus nicht »vom Stamme Kains« abstammen wollte. Dabei scheint sich der Text auf Gen. 4,25 zu beziehen, an anderer Stelle (Gen. 5) scheint dagegen Seth Adams Erstgezeugter zu sein.

Die Beliebtheit des *Elucidarius* zeigt sich an der reichen lateinischen Überlieferung, an einer schwedischen Übersetzung aus dem 15. Jahrhundert, an einer Randnotiz einer isländischen Handschrift aus dem 17. Jahrhundert (»dies ist ein nützliches Buch«) und schließlich daran, dass es eine bis ins 19. Jahrhundert weit verbreitete deutsche Version gab (60 Handschriften, 90 Drucke), die Mitte des 14. Jahrhunderts ins Dänische übersetzt wurde. Diese Version wurde nach der Reformation entsprechend umgearbeitet und bis ins 19. Jahrhundert hinein mehrfach gedruckt.

Physiologus

Eine im Mittelalter weit verbreitete Schrift war der *Physiologus*, d.h. »der Naturkundige«. Dies ist eine auf das 3. Jahrhundert zurückgehende, ursprünglich griechisch verfasste Sammlung naturkundlichen Wissens über Tiere, Fabeltiere, Pflanzen und Steine. Den kurzen Kapiteln ist jeweils eine moralisch-erbauliche Deutung angehängt. Wohl alle Volkssprachen haben dieses Buch bearbeitend aus dem Lateinischen übersetzt, und so gibt es auch eine isländische Fassung aus der Zeit um 1200. Zwar ist sie nur als Fragment erhalten, Bedeutung kommt ihr u. a. deshalb zu, weil sie als erstes isländisches Buch illustriert ist. Doch sei gleich generalisierend hinzugefügt, dass die isländische Buchmalerei nur ein kärglicher Abglanz abendländischer Buchmalerei ist. Das didaktische Prinzip läuft nach dem Prinzip *vox, res, proprietas* und *significatio* und mag an folgendem Beispiel deutlich werden:

> Es gibt einen Vogel, der Taube heißt. Salomon sagt: die Taube liebt ihren Mann sehr und rein. Wenn er stirbt, dann will sie keinen anderen haben.
> Hört, gute Leute, wieviel Keuschheit es in einem kleinen Vogel gibt, und tut es diesem Vogel gleich.

Prosper

Zu den im Mittelalter gebräuchlichsten Schulbüchern gehörten der *liber sententiarum* und der *liber epigram-
matum*, in denen ihr Verfasser, der römische Theologe
Prosper Aquitanus (erste Hälfte des 5. Jahrhunderts), mo-
ralische und religiöse Sentenzen des Kirchenvaters Augustinus ins elegische Versmaß setzte. Sie wurden unter dem
Titel *Liber sancti Augustini qui dicitur Prosper* schon im
12. Jahrhundert in altnordische (vielleicht in altnorwegische) Prosa übersetzt und gehören damit zur ältesten
Schicht altnordischer Schriftkultur. Die Übersetzung der
lateinischen Verse in Prosa ist nicht ungeschickt:

> Æternus vere est solus deus omnicreator
> vita in se vivens permanet esse quod est.

Sie wird folgendermaßen wiedergegeben:

> Enn eini guð einn er at sönnu eilífr ok ódauðligr alls
> skapari, líf af sjálfum sér lífanda, hann einn hellsk.

Es ist ein besonderer Zug altnordischer Übersetzungslite-
ratur, dass gebundene Dichtung so häufig in Prosa aufge-
löst wird, wie man es nicht nur hier, sondern auch in
Übersetzungen französischer Ritterromanzen sehen kann.

Hugsvinnsmál

Der moralischen Unterweisung einerseits und der Vertie-
fung der Lateinkenntnisse andererseits dienten im Mittelalter die sog. *Disticha* (auch: *Dicta*) *Catonis* aus dem
3./4. Jahrhundert. Dies ist eine Sammlung von moralisie-
renden und didaktischen Sprüchen, die bald in nahezu alle
europäischen Volkssprachen übertragen wurden, wobei

natürlich der sprachdidaktische Impetus verloren ging –
übrig blieb die Moral. Die älteste isländische Version entstammt wohl dem 13. Jahrhundert (aus dem 17. Jahrhundert gibt es zwei weitere Übersetzungen), handschriftlich
ist sie in über vierzig Manuskripten bis in das 19. Jahrhundert überliefert. Sie trägt den Titel *Hugsvinnsmál* (»Reden
des Weisen«), wie in der abschließenden Strophe 149 gesagt wird. Die hier ausgebreiteten Lebensregeln finden
eine gewisse Parallele in den eddischen *Hávamál*, doch ist
ihr gegenseitiges Verhältnis unklar. Bemerkenswert ist die
literarische Vorgehensweise der Übersetzung: Die lateinischen Disticha werden im Isländischen durch das Versmaß
ljóðháttr wiedergegeben.

> Sperne repugnando tibi tu contrarius esse:
> conveniet nulli, qui secum dissidet ipse.
>
> (Dist. I,4)

> Ýmisgjarn   vertu aldri
>   sáttr vertu við sjálfan þik.
> seggja øngvum   verðr sá samhuga
>   ef hann er sundþykkr við sjálfan sik.
>
> (Str. 20)

> Wankelmütig   werde nie,
>   sei versöhnt mit dir selbst.
> Mit keinem   konveniert,
>   wer uneins ist mit sich selbst.

In der Wahl des typisch nordischen Versmaßes zeigt sich
die große Selbstständigkeit und das sprachliche Selbstbewusstsein des Übersetzers, der dem Original souverän gegenübertritt.

Snorris Edda

An mittelalterlichen, d. h. an mittellateinischen Poetiken, den *artes poeticae*, also Lehrbüchern der Dichtkunst, besteht kein Mangel. An Originalität werden sie jedoch von der altisländischen Poetik des Snorri Sturluson in den Schatten gestellt. Ihr vergleichbar sind wohl nur noch einige Poetiken des Irischen. »Dieses Buch heißt Edda«, so steht es im Codex Uppsaliensis von 1300, der ältesten Handschrift dieser Poetik. In neuerer Zeit wird sie auch Prosa-Edda oder *Snorra Edda* genannt, um sie von der Lieder-Edda zu unterscheiden, die allerdings im Mittelalter keinen Titel trug. Spektakulär ist diese Prosa-Edda einmal, weil sie nicht in Latein, sondern in einer Volkssprache verfasst ist, und zum anderen durch ihre Anlage. Sie enthält vier Teile:

Der Prolog (von dem nur gelegentlich behauptet wurde, er stamme nicht von Snorri selbst, sondern sei eine spätere Interpolation) vertritt die Auffassung von der »natürlichen Religion«: Alle heidnischen Religionen seien unvollkommene Repräsentationen des christlichen Glaubens. Diese Theorie der »natürlichen Religion« entspricht anscheinend dem, was in der Schule von Chartres gelehrt wurde. Dies verbindet Snorri mit euhemeristischen Gedankengängen: Diese nach Euhemeros benannte Anschauung sieht in den Göttern große und schlaue Menschen und Helden der Vorzeit, die nach und nach einen göttlichen Status beanspruchten und auch erhielten. Die Asen (so die Bezeichnung des nordischen Göttergeschlechtes) seien ursprünglich weltliche Herrscher in Asien gewesen:

> Es gab zwölf Königreiche und einen Oberkönig, und viele Länder gehörten zu jedem Reich. In der Stadt lebten zwölf mächtige Männer. Diese Fürsten übertrafen die anderen Menschen, die auf der Welt lebten, in allen menschlichen Tugenden.

Dort wuchs u. a. ein Tror auf, »den wir Thor nennen«. Nach diesem Muster geht der Namensvergleich weiter; Thrakien ist Thrudheim, Sibil ist Sif ... Odin tritt seine Reise von Tyrkland an, sie bringt ihn nach Sachsen, wo er seine Söhne »zum Schutz des Landes« einsetzt. Er selbst zieht weiter nach Schweden und später nach Norwegen; in beiden Ländern setzt er weitere Söhne als Herrscher ein. Die ursprünglichen Einwohner der nordischen Länder glaubten, dass die Asiaten/Asen für reiche Ernte und Frieden sorgten, denn sie waren »anders als andere Menschen, die sie bisher gesehen hatten, sowohl in ihrer äußeren Schönheit als auch an Verstand«.

In Schweden herrschte König Gylfi. Dieser ist die durchgehende Figur des zweiten Teiles, der »Täuschung Gylfis« (*Gylfaginning*). Gylfi wollte mehr über die Asen wissen und begab sich in Gestalt eines alten Mannes, der sich Gangleri nannte, nach Asgard, dem Sitz der Asen. Die indes besaßen die Sehergabe und spiegelten ihm bei seiner Ankunft eine »so hohe Halle vor, dass er kaum über sie sehen konnte«. In der Halle sitzen auf drei Hochsitzen drei Männer, die sich als »der Hohe«, »der Gleichhohe« und »der Dritte« bezeichnen. Im Dialog zwischen dem fragenden Gylfi/Gangleri und den antwortenden Göttern entfaltet Snorri die heidnische Mythologie. Gelegentlich werden in diese Unterweisung Zitate aus der Lieder-Edda eingeflochten, insbesondere aus den Gedichten »Der Seherin Gesicht« (*Völuspá*) und dem »Grimnir-Lied« (*Grimnismál*).

Der in der *Gylfaginning* ausgebreitete Stoff dient als Material für den dritten Teil »Die Sprache der Dichtkunst« (*Skáldskaparmál*). Dies ist eine Sammlung von etwa 300 Gedichtauszügen aus dem umfangreichen Korpus der Skaldendichtung und aus mythologischen Erzählungen, um Herkunft und Verwendung der Kenninge (vgl. dazu das Kap. »Skaldik«) zu erklären. In systematischer Aufzählung und Exemplifizierung werden dichterische Umschreibungen (Kenninge) aufgelistet für Dichtkunst (z.B. »Suttungs Met«, »Gabe Odins« usw.), Götter (z.B.: Thor = »Feind und Töter der Riesen und Riesinnen«, »Feind der Midgardschlange« usw.), Göttinnen (z.B. Freyja = »Eigentümerin des Brisingamens«, »Tochter Njörds« usw.), Himmel (z.B. »Ymirs Schädel«, »Land der Sonne«), Erde (z.B. »Ymirs Fleisch«, »Meer der Tiere« usw.), Meer (z.B. »Ymirs Blut«, »Land der Schiffe« usw.), Sonne (z.B. »Feuer des Himmels« usw.), Wind (z.B. »Bruder des Feuers«, »Brecher des Holzes« usw.), Feuer (z.B. »Bruder des Windes« usw.), Winter (z.B. »Töter der Schlangen« usw.), Sommer (z.B. »Rettung der Schlangen«, »Wachstum der Menschen« usw.), Mann (z.B. »Goldschenker«, »Eberesche der Waffen« usw.), Frau (z.B. »Weidenbaum des Goldes« usw.), Gold (z.B. »Feuer der Hand«, »Mehl Frodis« usw.), Schlacht (z.B. »Unwetter der Waffen« usw.), Waffen (z.B. Hiebwaffen = »Feuer der Wunden« usw.), Schiffe (z.B. »Elch des Meeres« usw.), Christus (z.B. »Schöpfer des Himmels und der Erde«, »Gebieter der Apostel« usw.), Könige (z.B. »Landgebieter«, »Anführer der Gefolgschaft« usw.). Nur gelegentlich greift Snorri in seinen Erklärungen auf den Stoff der Heldensage zurück, wohl aus dem Grund, dass diese Materie bekannter war als die mythologische Überlieferung, die er wenigstens für die Dichtung retten wollte. Der abrupte Schluss dieses Teils legt die Vermutung nahe, dass Snorri ihn nicht ganz zu Ende gebracht hat.

Der abschließende vierte Teil »Das Verzeichnis der Versarten« (*Háttatal*) ist gewissermaßen die praktische Anwendung des zuvor Dargestellten. Nach einer einleitenden Erklärung formaler Charakteristika der Skaldendichtung wie Alliteration und Reim folgt Snorris eigenes Gedicht, in dem er in 102 Strophen 100 verschiedene Versmaße präsentiert. Zugleich ist es ein Preisgedicht auf den norwegischen König Hákon Hákonarson und auf Jarl Skúli, dessen Schwiegervater (Jarl, dem englischen Earl verwandt, ist der nächst dem König höchste Titel in Norwegen). Von den vier Teilen ist das *Háttatal* wohl der zuerst entstandene. Als Vorbild dürfte ihm der »Schlüssel der Versmaße« (*Háttalykill*) des Isländers Hallr Þórarinsson und des Orkney-Jarls Rögnvaldr von etwa 1140 gedient haben. Dieser *clavis metrica* exemplifiziert in 41 Strophen (ohne analysierende umgebende Prosa) unterschiedliche Metra. Die ersten 30 Strophen geben Reden früherer Helden wieder, die restlichen preisen die Erfolge dänischer und norwegischer Könige. Aber mit Snorris *Háttatal* war diese Gattung nicht zu Ende. Aus dem 15. Jahrhundert ist ein »Marien-Schlüssel« (*Maríulykill*) überliefert, der wie seine Vorgänger verschiedene Versmaße ausprobiert und dies in ein Preisgedicht, hier auf Maria, verpackt; oder ist es etwa umgekehrt: ein Preisgedicht in verschiedenen Metra? Auch an metrischen, lateinisch geschriebenen Traktaten fehlte es nicht. Eine auffällige Parallele zum *Háttatal* ist das Buch *De centrum metris* von Servius, der hundert selbst gefertigte Beispiele für verschiedene Metra aufführt. Auch das Buch *De arte metrica* des Beda Venerabilis ist eine Verslehre. Derartiges muss wohl im Norden bekannt gewesen sein.

Snorri hat hier also ein Handbuch für angehende Dichter geschrieben:

Aber dies ist nun jungen Dichtern zu sagen, die danach trachten, die Sprache der Dichtkunst zu verwenden und sich den Wortschatz mit alten Namen anzueignen, oder die danach streben zu begreifen, wie ein Gedicht geschrieben wird. Sie mögen dieses Buch für ihr Wissen und zur Unterhaltung benutzen. Aber diese Überlieferungen dürfen nicht vergessen oder es darf nicht als falsch angesehen werden, aus der Dichtkunst die alten Kenninge zu verwenden, die schon den Hauptskalden gefielen. Jedoch sollen Christen nicht an heidnische Götter glauben und den

Wahrheitsgehalt dieser Geschichten nicht anders verstehen als so, wie man es am Anfang des Buches [d. h.
im Prolog] findet.

Offensichtlich scheint hier einiges an internationaler Tradition durch. »Wissen und Unterhaltung« wiederholt das
alte horazische *prodesse et delectare*, das eben das Angenehme mit dem Nützlichen zu verbinden trachtet. Die
Aufnahme mythologischen Erzählgutes ist das Äquivalent
zur klassischen Mythologie, die man in den Schulen des
Kontinents studieren konnte und musste, um beispielsweise Vergil und Ovid zu verstehen. Man musste eben die
heidnische Mythologie kennen, entweder um neue Gedichte zu verfertigen oder die alten zu verstehen. Die
»Hauptskalden«, auf die Snorri sich beruft, entsprechen
wohl den mittelalterlichen *auctores*, den tradierten Autoritäten, die als Vorbilder galten. Diese Ausrichtung an der
literarischen Tradition ist ein wesentliches Element mittelalterlichen Dichtens und weit enfernt vom Dichtungs-
verständnis, wie es sich in den letzten zwei Jahrhunderten herausgebildet hat. Dichten entlang vorgegebener Tra-
ditionslinien war wichtiger als Originalität, was jedoch
Neuerungen keineswegs ausschloss.

Grammatische Abhandlungen

Alle Handschriften der *Snorra Edda* enthalten auch mehrere grammatische Abhandlungen, von denen insgesamt
vier überliefert sind. Sie entstammen verschiedenen Zeiten, von der Mitte des 12. bis in die Mitte des 14. Jahrhunderts, was auf ein lebhaftes Interesse an den Fragen der
Grammatik und Rhetorik, der Phonologie und der Or-
thographie, der poetischen Sprache und der Metrik schließen lässt. Einige von ihnen belegen, wie Snorri, ihre Aus-
führungen mit Gedichtzitaten aus Edda und Skaldik. Als

Gattung stehen sie durchaus in der lateinischen Tradition. An den Universitäten gehörte der Grammatik-Unterricht zum *trivium*, also dem Grundstudium. Zu den Grundbüchern gehörten insbesondere Aelius Donatus' *Ars minor* und *Ars major* (um 350) und Priscianus' *Institutiones grammaticae* (um 500). An Überlegungen und Spekulationen über die lateinische Grammatik beteiligten sich auch die bedeutenden Dänen Martinus, Johannes und Boethius, alle *de Dacia*, die als Professoren im 13. Jahrhundert in Paris gewirkt haben.

Der Beginn des Nachdenkens über die eigene Sprache fällt in die Zeit um 900, als ein irisches Lehrbuch die lateinischen Vorbilder ins Gälische übersetzte und Beispiele aus der eigenen gälischen Poesie bezog. Die isländischen Abhandlungen haben teils einen äußerst originellen Ansatz, teils übertragen sie lediglich lateinische Vorbilder.

Aus der *Jóns saga helga* wissen wir, dass am Bischofssitz Hólar schon zu Beginn des 12. Jahrhunderts *grammatica* unterrichtet wurde. Dies wird wohl auch für die ab 1133 gegründeten Klöster gelten wie auch für die Schule in Oddi. Zu den ersten schriftlichen Zeugnissen gehört die »Erste Grammatische Abhandlung« (Datierung 1125 und 1175), über die als wichtigstes zu sagen ist, dass ihr Verfasser in genialer Weise ein System für die Schreibung seiner Muttersprache erfunden hat. Er unternimmt eine phonologische Analyse des Isländischen, überlegt, welche Zeichen man für jene Laute verwenden kann, die sich durch das lateinische Alphabet nur unvollkommen wiedergeben lassen, und schlägt die folgenden Zeichen vor: ǫ, – æ – ø – y; das þ übernimmt er aus dem Runenalphabet. Diese Zeichen waren möglicherweise schon früher im Gebrauch, aber bislang gab es noch kein derart überzeugendes System wie hier. Es wird eine Verbindung zur französischen Sprachwissenschaft der Zeit vermutet, aber direkte Verbindungslinien haben sich noch nicht nachweisen lassen.

Die »Zweite Grammatische Abhandlung«, die in die

Zeit 1270–1300 datiert wird, beschäftigt sich mit der Phonologie des Isländischen. Es werden drei Arten von Lauten beschrieben: »Die Lautart, die man Geräusch nennt«, und Tierlaute, für die der Verfasser gelten lässt: »Dies alles sind Laute, die ohne Mitwirkung des Verstandes entstehen«. Die dritte Art ist die dem Menschen eigene Stimme, die mit Hilfe des Verstandes zustande kommt. Darauf folgt eine Laut- und Silbenlehre, in der bemerkenswerterweise eine andere Einteilung des Alphabets als in der »Ersten Grammatischen Abhandlung« vorgenommen wird, die zweite allerdings kennt, sie übernimmt schließlich die dort präsentierten Neuerungen. Für diese sehr selbstständige Anordnung hat man kein lateinisches Vorbild ausmachen können.

Die »Dritte Grammatische Abhandlung« stammt von Ólafr Þórðarson (geb. um 1210, gest. 1259), dem Neffen Snorris, und datiert aus der Zeit 1245–1252. Sie hat zwei Teile, deren erster von den Herausgebern neuerer Zeit »Grundlegung der Grammatik« (*Málfræðinnar grundvöllr*) genannt wird. Der Inhalt ist eine Laut-, Silben- und Rechtschreiblehre sowie eine Untersuchung der Teile der Rede, indes nicht so originell wie die »Zweite Grammatische Abhandlung«. Die lateinischen Quellen sind noch nicht eindeutig nachgewiesen, zu einem Teil handelt es sich aber um eine verkürzende Übersetzung des ersten und zweiten Buches von Priscianus' Lehrbuch. Der zweite Teil (in neuerer Zeit »Wissen vom Sprachschmuck«, *Málskrúðsfræði*, genannt) ist weitgehend eine Wiedergabe von Donatus' *Ars major*, Buch III, wo die Fehler und Figuren, deren Beachtung für eine gelungene Rhetorik wichtig waren, aufgeführt werden. Bemerkenswert ist, wie Ólafr dort, wo Donatus lateinische Dichter zitiert, diese durch nordische Beispiele ersetzt. So kommt er immerhin auf 123 Beispiele von 34 Dichtern. Ólafr will das Isländische auf dieselbe Stufe wie die klassische Literatur stellen: So wie »römische Gelehrte in der Stadt Athen in Griechenland [die Dichtkunst] erlernten und danach in die lateinische Sprache hinübergeführt haben«, so haben auch »Odin und andere Leute aus Asien [die skaldische Dichtungsart] hierher in die nördliche Hälfte der Welt gebracht« – ein schönes Beispiel für das große Selbstbewusstsein der Isländer.

Die »Vierte Grammatische Abhandlung«, die auf 1340–1350 datiert wird, ist die Fortsetzung und Vollendung des zweiten Teiles der Dritten Abhandlung. Der Verfasser hat weitere Quellen hinzugefügt, denen er recht genau folgt. Es sind dies die Lehrbücher *Doctrinale* des Alexander de Villa Dei (1199) und der *Graecismus* des Evrard/Eberhard de Béthune (um 1212). Auch hier werden lateinische Beispiele durch einheimische ersetzt, gelegentlich musste der Verfasser selber tätig werden. Ein Exempel mag das Verfahren beleuchten: Wenn Donatus unter dem Stichwort *Endiasis* nach der Erklärung dieses Terminus als Beispiel das *arma virumque* (für *armatum virum*) aus Vergils *Aeneis* zitiert, dann ersetzt der Isländer dies in einem muttersprachlichen Strophenzitat durch »Schwert und Knauf« für das »unteilbare Schwert« oder durch »Kerl und Kleider« für »bekleideter Kerl«.

Nimmt man Snorris Poetik und diese vier grammatischen Abhandlungen zusammen, zeigt sich ein erstaunliches poetologisches, rhetorisches und grammatikalisches Interesse in Island, das nach kontinentalem Vorbild Eigenständiges formuliert.

Königsspiegel

Aus der Mitte des 13. Jahrhunderts stammt der norwegische Königsspiegel (*Konungs skuggsjá*), dem der uns unbekannte Verfasser einen schönen Namen geben wollte und ihn deshalb *Speculum regale* nannte. Hiermit knüpfte er an die umfangreiche europäische Spiegel-Literatur an,

von der etwa 300 verschiedene Titel überliefert sind. Es
handelt sich dabei um vorwiegend didaktische und mora-
lische Literatur. Es können enzyklopädisch angelegte
Werke sein (z. B. *Speculum maius* des Vincentius Bellovacensis) oder einem spezifischen Gebiet gewidmete (z. B.
Speculum medicinae von Arnald von Villanova oder das
Tugenden und Laster aufzählende *Speculum ecclesiae*). Sie
sind zum überwiegenden Teil auf Lateinisch geschrieben,
es gibt aber auch einige wenige in den Volkssprachen wie
Spiegel aller tiutsche liute oder *Miroir de vie et de mort*
oder *Specchio di vera penitenza.* Im altnorwegischen Königsspiegel wird die für Norwegen neue Königsideologie
deutlich: Ein hierarchisches System, an dessen Spitze der
König steht, hat frühere Vorstellungen von gleichberech-
tigten Großen des Reiches abgelöst. Die auf Ausgleich be-
dachte Herrschaft, wie sie etwa in den Isländersagas oder
in Snorris Königsgeschichten sichtbar wird, ist durch die
neue Königsideologie ersetzt, und das neu verstandene
Königtum erhielt daher auch ein neues, aus Europa einge-
führtes Hofzeremoniell; der König nahm europäische Sta-
tur an und sollte sich den kontinentalen Gebräuchen anpassen.

Und deshalb heißt das Buch »Spiegel des Königs«,
weil darin ebenso bestimmt über das Verhalten der
Könige wie anderer Leute geschrieben wird; er ist ja
der Höchste dem Namen nach, und er hat sich der
besten Sitten zu befleißigen mit seiner Gefolgschaft
und allen den Männern seines Dienstes, damit alle anderen Leute an ihnen ein gutes Vorbild haben für Be-
sonnenheit, gutes Benehmen und alles sonstige höfische Verhalten.

Jeder König solle in diesen Spiegel schauen, um dann richtig zu urteilen, nämlich die zu ehren, die es verdient haben, aber die »mit Strenge zu gutem Verhalten zu erzie-

hen, die es sich nicht aneignen können ohne Furcht«. Das
Buch ist nicht nur ein Spiegel für Könige, sondern auch
für alle jene, die sich höfischen Benehmens befleißigen
wollen. Der Prolog teilt mit, dass ein Sohn seinen Vater
über die verschiedenen Gruppen der Gesellschaft befragt
habe: die Kaufleute und den König mit seiner Gefolgschaft, die Geistlichen und die Bauern (indes fehlen die
letzten beiden Abschnitte, der Verfasser ist augenschein-
lich nicht fertig geworden). Auf die im Mittelalter so beliebte Weise der Wissensvermittlung in Dialogform unterrichtet der weise Vater den fragenden Sohn. Das Erhaltene
lässt sich leicht in drei Abschnitte über den Kaufmann, die
königliche Gefolgschaft (die *Hird*) und den König eintei-
len. Dass nun der Abschnitt über die Kaufleute am Anfang steht, zeugt vom Selbstbewusstsein und der gestiege-
nen Bedeutung dieses Standes. Eine ganz andere Sicht des
Kaufmannes hatte da der *Elucidarius* anzubieten. Auf die
Frage des Schülers, welche Hoffnung denn die Kaufleute
auf Erlösung hätten, antwortet der Meister: »Geringe,
denn das, was sie haben, erlangen sie mit Lügen und
Betrug und sie teilen ihren Besitz nur wenig mit den Be-
dürftigen.«

Der erste Teil des Königsspiegels enthält einleitend
Anweisungen über das rechte Verhalten und die richtige
Ausbildung des Kaufmannes, und dem schließt sich viel
Naturkundliches an: Nachrichten über Tiere, Gezeiten,
Himmelkundliches, Geographisches zu Island, Irland und
Grönland. Dies ist alles mit Aufzählungen wundersamer
Gegebenheiten angereichert: Auf Island gibt es Bierquel-
len, »und man sagt, dass es den Mann etwas berauscht,
wenn davon in genügender Menge getrunken wird«; auf
einem isländischen Vulkan liege der Eingang zur Hölle,
und nicht in Sizilien, wie Gregor der Große geglaubt und
geschrieben habe, schreckliche Meeresungeheuer durch-
schwämmen das grönländische Meer. Daneben findet sich
auch Nachvollziehbares über Nautik und Geographie.

Will man zur königlichen Gefolgschaft gehören, befleißige man sich guter Sitten und höfischen Benehmens, und davon handelt der zweite Teil. Dieser versieht den, der sich um Aufnahme in die höheren Kreise bemüht, mit teils recht genauen Hinweisen.

> Wenn es nun geschieht, dass der König etwas zu dir sagt, das du nicht gleich verstehst und wonach du notwendigerweise noch einmal fragen musst, da sollst du nicht sagen: ha? oder: was?, vielmehr sollst du nichts weiter vorbringen als das Wort »Herr?« Wenn du aber lieber mit mehr Worten fragen willst, so sprich etwa: »Seid nicht unwillig, Herr, wenn ich danach frage, was Ihr zu mir sagtet, denn ich habe es nicht ganz verstanden.«

Dem folgt dann auch sogleich die Anweisung, hohe Herren nicht mehr in der Einzahl, sondern im Plural anzureden, der König wird nicht mehr geduzt, er wird ge-Ihrzt. Aber auch auf des kommenden Hofmannes Alltagsleben wird geachtet:

> Folgende Dinge sind es, vor denen du dich besonders hüten musst, dass du nicht dich deshalb beschuldigen lässt: unschwörbare Eide, erlogene Zeugenaussagen, Hurenhäuser, Trinkgelage außer im Hause des Königs oder bei rechtmäßigen Zusammenkünften, Würfelspiel um Silber, Begehrlichkeit nach Bestechung und alles andere ungerechte Verlangen nach Gut, denn diese Dinge sind für jeden Mann des Königs eine große Schande in dieser Welt, und er erleidet Verderb der Seele in der anderen, wenn er in diesen Dingen schuldig gefunden wird.

Aber auch Anweisungen, wie man sich zu kleiden, bei Tisch zu benehmen und im Kampf zu verhalten hat, finden sich hier. Entscheidend ist: »Es sind drei Begriffe – doch fast sind alle zusammen nur eins – die man sorgfältig in Acht zu nehmen hat: Manneskugheit, gute Sitte, höfische Art.«

Der Abschnitt über den König wird getragen von dem Gedanken, dass der König das rechte Maß von Milde und Strenge zu wahren habe, dass er in seinem Richteramt Gerechtigkeit übe und Weisheit verkörpere. Hierfür wird eine große Zahl von Beispielen aus der Bibel aufgeboten. Der Königsspiegel benutzt mittelalterliche Autoritäten, fügt dem aber durchaus Einheimisches hinzu. Er ist ein bemerkenswertes kulturelles Denkmal: Zum einen ist er Ausdruck der neuen am europäischen Herrscherideal ausgerichteten Ideologie, zum anderen zeigt er einen Stil, der sich auf das nachdrücklichste von der Prosa der Isländersaga unterscheidet: reicher im Wortschatz, gesteigerter im Ausdruck, reicher an Bildern. Der Aufgang der Sonne beispielsweise wird so beschrieben:

Wenn die Sonne beginnt, mit ihren warmen und hellen Strahlen im Osten zu erscheinen, da lüftet zuerst der Tag dem Ostwinde die silbrigen Brauen und das freundliche Antlitz. Und dann wird er gekrönt mit goldenem Glanz und er schmückt sich mit seinem ganzen Freudenkleid, lässt Sorgen fahren und schmerzliche Seufzer, zeigt sein freundliches Antlitz seinen Nachbarn zu beiden Seiten und heißt sie froh mit ihm zu sein in seiner Heiterkeit und von den winterlichen Sorgen zu lassen.

Der sich nähernde Winter dann so:

Wenn der 16. Oktober kommt, da beginnt der Ostwind unfroh zu werden und kommt sich seiner Würde beraubt vor, nachdem man ihm den Kopfschmuck seiner goldenen Krone geraubt hat. Dann setzt er auf

sein Haupt einen Hut von deckenden Wolken, stöhnt
gewaltsam auf, als schmerze ihn ein eben zugefügtes
Leid.

Diese Stilhaltung ist derjenigen eng verwandt, die man
auch in den übersetzten und in den originalen Riddara-Sa-
gas findet. Ideologisch und literarästhetisch hat sich der
Norden in die europäischen Reihen eingegliedert.

Schwedischer Fürstenspiegel

Aus dem ersten Drittel des 14. Jahrhunderts ist ein schwedischer Fürstenspiegel überliefert, der indes nicht diesen
Titel trägt, sondern »Über die Herrschaft der Könige und
der Fürsten« (*Um styrilsi konunga ok höfdhinga*) heißt. Es
ist ein Lehrbuch für kommende Könige, und es wird ent-
scheidendes Gewicht auf die Pflichten des Königs gelegt.
Der Kaufmann und die Gefolgschaft spielen hier keine
Rolle, daher gibt es hier auch nichts Naturkundliches und
Geographisches. Im Stil ist es trockener als sein norwegisches Pendant, in Gelehrsamkeit kommt es ihm gleich.

Schließlich soll noch erwähnt werden, dass ein schwedischer Jungfrauenspiegel, *Speculum virginum*, aus dem
15. Jahrhundert überliefert ist. Diesen hatte Matthias Laurentius (gest. 1486) zur Erziehung und Bildung von Nonnen aus einer lateinischen Vorlage übersetzt.

Harpestreng

Aus dem 13. Jahrhundert stammen die zwei Kräuterbücher des Dänen Henrik Harpestreng (gest. 1244), von dem
auch zwei lateinische Medizintraktate erhalten sind. Die
dänischen Kräuterbücher beschreiben pflanzliche Heil-
mittel. Die Vorlage war u.a. ein lateinisches Gedicht in

Hexametern *De viribus herbarum* vom Ende des 11. Jahrhunderts.

In den Handschriften dieser dänischen Kräuterbücher sind auch dänische Kochbücher aus der Zeit um 1300 überliefert, wahrscheinlich nach ausländischem Vorbild. Hier gibt es Rezepte für Soßen, Pasteten und Nachspeisen, und es fehlt nicht der Hinweis, an Gewürzen nicht zu sparen. Zusammen hiermit sind auch dänische Steinbücher überliefert, bei denen es sich wohl um Übersetzungen handelt. Diese sog. »Lapidarien« waren im Mittelalter weit verbreitet, den edlen Steinen schrieb man teils medizinische Wirkung, teils magische Eigenschaften zu. So soll der aus Indien stammende Amethyst gegen Trunkenheit gut sein oder der Adamas vor bösen Träumen schützen. Eines der dänischen Steinbücher beschreibt 62 Steine, isländische Übersetzungen dieser Koch- und Steinbücher sind aber nur fragmentarisch erhalten.

Itinerare und Komputistik

So wie man im lateinischen Mittelalter Enzyklopädien und Kompendien zusammenstellte, so bemühte man sich auch im Norden darum, in Sammelhandschriften relevantes Wissen zusammenzustellen. Dabei ist – wenigstens für uns heutige Leser – nicht immer ersichtlich, nach welchen Prinzipien das Wissen organisiert wurde. Eine der wichtigsten Handschriften in dieser Beziehung ist die *Hauksbók* (geschrieben 1306–1308 und nach ihrem Besitzer Haukr Erlendsson benannt). Sie enthält historische Texte über die isländische, norwegische und dänische Geschichte. Darunter finden sich Sagas, die auch zur Gattung der Isländersaga (z. B. *Fóstbrœðrasaga*) oder der Fornaldarsaga (z. B. *Hervararsaga*) gerechnet werden – die Grenzen sind eben fließend. Weiterhin enthält die *Hauksbók* wissenschaftliche Texte über Theologisches (aus dem Alten Testament), Medizinisches, Völkerkundliches, Kalendarisches, Geographisches, Naturkundliches, Mathematisches in einer nicht erkennbaren Mischung aus Einheimischem und aus dem Lateinischen Übersetztem.

Eine ähnlich bunte Mischung, wenn auch nicht so umfangreich wie die *Hauksbók*, enthält die Handschrift AM 194,8vo (= Alfræði Íslenzk I) aus dem Jahr 1387. Hier findet sich u. a. die berühmte Reisebeschreibung des Abtes Nikulás Bergsson (gest. 1159) für Pilger ins Heilige Land – der erste Reiseführer im Norden. Eine solche Reise hatte er selbst unternommen; sie führte von Island nach Norwegen und über das dänische Ålborg, Viborg nach Haithabu und Schleswig, von dort über Stade, Verden und Paderborn nach Mainz. Zwischen den beiden letztgenannten Orten liege die »Gnitaheide«, »wo Sigurd den Fafnir erschlug«. Doch nach Mainz gibt es auch andere Wege, z. B. von Stade über Hannover und Hildesheim. Von Norwegen gelangt man auch über Deventer oder Utrecht und Köln nach Mainz. Viele Wege also führen nach Mainz, von dort aber nur einer nach Rom. An der Bucht von La Spezia gebe es einen Ort Luni, und hier befinde sich »die Schlangengrube, in die Gunnar geworfen wurde«, wie man es aus der *Atlakviða* kennt. So geht es dann weiter über Rom ins Heilige Land zum Jordan. Die Bischofssitze werden genauso genannt wie die wichtigsten Kirchen und die Grabstätten der Heiligen.

In der *Sturlunga saga* wird erwähnt, dass Gizurr Hallsson, der von 1181 bis 1200 Gesetzessprecher war, eine Reisebeschreibung über seine Reisen in Südeuropa unter dem Titel *Flos Peregrinationis* geschrieben habe. Sie ist leider nicht erhalten.

Die einzelnen Teile dieser enzyklopädisch angelegten Sammelhandschriften entstammen zum größten Teil früheren Zeiten, sie sind erst im 14. Jahrhundert zusammengefügt. Dieses Jahrhundert ist für Island und Norwegen das große Jahrhundert der Kompilationen. Das Naturkundliche und das Mathematische sind dabei eher ein Randphänom, bedeutender war die Beschäftigung mit der Geschichte. So entstehen in diesem Saeculum die umfangreichen Sammelhandschriften von Königssagas (*Frissbók, Eirspennill, Hulda, Hrokkinskinna, Flateyjarbók*), Isländersagas (*Möðruvallabók*, die verlorene *Vatnshyrna*) und anderen Sagagenres. Sie alle fügen ältere, ursprünglich selbstständige Sagas kompendienartig zusammen. Der Höhepunkt der produktiven Prosa-Phase ist überschritten, die Zeit des Sammelns und der Neuorganisierung der Wissensbestände ist gekommen.

Historiographische Literatur

Obschon die Geschichtsschreibung im Mittelalter nicht zu den *septem artes liberales* gehört, ist sie natürlich, wie für jede Gesellschaft, von entscheidender Bedeutung: *testis temporum, lux veritatis, vita memoriae, magistra vitae* – so bestimmt Cicero (*De oratore* II,36) ihre Aufgabe. Historiographie bemüht sich um den Sinn, und Sinn ist, was Kulturen konstruiert, nicht was der Geschichte immanent ist. Eine solche Sinngeschichte ersetzt die Annahme eines Hegel'schen »Geistes«. Wenn es einen Zusammenhang, wenn es eine Kohärenz gibt, dann ist dies bedingt durch das kulturelle Gedächtnis (*vita memoriae*). »Sinnbestände der Vergangenheit« werden immer wieder reaktiviert und werden in die Sinnformation der jeweiligen Gegenwart eingetragen. Sinn ist auch der Zusammenhang von Teil und Ganzem, von Ursache und Wirkung. Aufschlussreich kann dabei sein, zu sehen, wie Kohärenzfiktionen erstellt und begründet werden, wie mit ihrer Hilfe Erinnerung und Erfahrung organisiert werden. Wie also werden frühere Epochen in nachfolgender Überlieferung geformt und erinnert, wie wird der Sinn konstruiert? Kohärenz gibt dem Leben Identität und Struktur (*magistra vitae*). Auch wenn die Geschichte erzählend dargeboten wird, hat man es weniger mit »Erzählung« (dies freilich auch) als mit »Rechenschaft« zu tun, wie dies Johan Huizinga formuliert: »Geschichte ist die geistige Form, in der eine Kultur sich Rechenschaft ablegt über ihre Vergangenheit«. Vielleicht ist folgender Gedanke, den der Ägyptologe Jan Assmann in anderem Zusammenhang geäußert hat, gerade für die isländische Geschichte relevant: Historisches Bewusstsein und Interesse an Vergangenheit finde sich nur dort, wo eine Kontinuität gebrochen ist und wo Brüche erfahrbar geworden sind. Dies trifft für Island im besonderen Maße zu. Prägend sind die Erfahrungen der Besiedelung

und der Landnahme sowie der historischen Ereignisse im
13. Jahrhundert, die eine nachdrückliche Umgestaltung
der gesellschaftlichen Verhältnisse mit sich bringen.

Gerade die Ausgewanderten, die ein neues Land besiedeln, benötigen eine Identität. Diese findet darin ihren
Ausdruck, dass man glaubt, eine gemeinsame Geschichte
zu haben, wobei es von untergeordneter Bedeutung ist, ob
sie faktisch sich ereignet hat oder fiktiv aufgefasst wird. In
jedem Fall konstruiert man eine gemeinsame Vergangenheit, über welche man sich Rechenschaft ablegen und der
man einen Sinn geben will. So wird im Epilog der *Landnámabók* gefragt, warum man all diese Genealogien auf-
schreibe. Eben um Ausländern gegenüber (vielleicht insbesondere gegenüber den Norwegern, von denen die
meisten Isländer direkt oder indirekt abstammen) seine
Herkunft zu dokumentieren, so wie andere Völker dies
auch getan haben: Die Bücher Mose, das Buch Josua, die
»Weltgeschichte« (*Veraldar saga*), die »Geschichte von
den Trojanern« (*Trójumanna saga*), die *Historia regum
Britanniae* können als Beispiele genannt werden, in denen
man nicht notwendigerweise das Vorbild sehen muss, sondern eher vergleichbare Erscheinungen. Gesellschaften,
die die Erfahrung des Kontinuitätsbruches gemacht haben
und sich daher einen historischen Sinn konstruieren, sind
mit Lévi-Strauss als »heiße« Gesellschaften zu bezeichnen
(im Gegensatz zu den »kalten«, die keine historische, sondern eine kosmologische Zeitauffassung haben).

Bei der Betrachtung der nordischen mittelalterlichen
Historiographie soll auch nachdrücklich am literarischen
Status der einzelnen Werke festgehalten werden, denn Geschichte als solche ist nicht greifbar, sie ist nur als abwe-
sende Ursache zu denken. Nur in ihren Wirkungen, in
den Texten, ist sie erfassbar und nur in ihnen zu erschlie-
ßen. Texte sind vielleicht Antworten auf historische Gegebenheiten, die entsprechenden Fragen dazu müssen re-
konstruiert werden. *Historia est narratio rei gestae, per*

quam, ea quae in praeterito facta sunt, dinoscuntur – so
wusste schon Isidor von Sevilla (*Etymologiae* 1,41). Geschichtserzählung ist eben nicht die pure Anhäufung und
Aneinanderreihung von Ereignissen, sondern die Erzählung, die *narratio*. Ebenso postuliert Otto von Freising:
»wir wollen Geschichte nicht nach Art der Disputation,
sondern in Form der Erzählung« darstellen (*Chronica sive
Historia*, Prolog), denn die *disputatio* ist die Wissenschaft
von der Logik und der Dialektik. Für die folgende Darstellung ergibt sich somit ein doppeltes Anliegen, auch
wenn es nicht immer artikuliert wird: die Sinnkonstruktion von Geschichte und das literarische Verfahren, denn
die Geschichtserzählung schwebt zwischen Faktizität (*testis temporum*) und Fiktionalität.

Das enorme Interesse an der Geschichte insbesondere
der Isländer seit der Mitte des 12. Jahrhunderts lässt sich
einerseits aus den speziell isländischen Interessen heraus
erklären, andererseits scheint es mit der »Renaissance des
12. Jahrhunderts« in Verbindung zu stehen. Kennzeichnend für diese Bewegung sind Verschriftlichungsprozesse, ein verstärktes Interesse am Individuum und erneute
Lektüre der antiken Klassiker. Saxo Grammaticus und
Theodoricus sind gute lateinische Beispiele für diese Renaissance. Ansonsten ist für die nordische Geschichtsschreibung bezeichnend, dass die volkssprachlichen Darstellungen die lateinischen bei weitem überwiegen. Von
mehreren lateinischen Darstellungen auf Island ist uns
Kunde, aber der Text ist nicht überliefert. Sie sind rasch
ins Isländische übertragen worden, womit dann der lateinische Ursprungstext obsolet geworden ist. Insbesondere
für die isländischen Werke gilt, im Unterschied zu lateinischen Werken des europäischen Mittelalters, dass sie nicht
einen göttlichen Plan in der Geschichte sehen und keinen
Heilsbezug herstellen, dass sie damit auf allegorisierende
und typologische Darstellungen verzichten – sie sind nur
an der isländisch-norwegischen Geschichte interessiert.

Die Texte übrigens hatten eine offene Komposition und sind unfest, sie konnten beim Abschreiben verändert, d.h., ausgebaut oder verkürzt werden, sie konnten in großen Kompilationen stückweise eingeflochten werden. Von mehreren Geschichten gibt es verschiedene Versionen, von denen man nicht immer weiß, welche die ursprüngliche ist. Mitunter stellt sich die Frage nach dem Urtext gar nicht. In der folgenden Darstellung wird die Textkritik nicht berücksichtigt.

Dass die historiographische Literatur in einer Literaturgeschichte auftaucht, wird begründet mit einem erweiterten Literaturbegriff; es sind zum einen die literarischen Verfahrensweisen, zum anderen sind diese Geschichten ein wichtiges Mittel für die Sinnsuche, für die Konstruktion der eigenen Geschichte, für die Selbstversicherung der verschiedenen nordischen Gesellschaften.

Es gibt viele verschiedene traditionelle Einteilungen der historischen Literatur: Königssagas (*konunga sögur*), lateinische und volkssprachliche Werke zur isländischen, dänischen, schwedischen und norwegischen Geschichte, Gegenwartsgeschichte (*Sturlunga saga, Samtíðar sögur*), Bischofsgeschichten (*biskupa sögur*), gelehrte Übersetzungen europäischer Werke. Die Begriffe *konunga sögur, biskupa sögur, samtíðar sögur* sind keine mittelalterlichen Gattungsbezeichnungen, sondern haben sich erst im 19. Jahrhundert eingebürgert. Es zeigt sich in diesen Texten ein außergewöhnliches Interesse an Geschichte. Der größte Teil ist von Isländern geschrieben, die »jeden Augenblick des Lebens dazu verwenden, ihre Kenntnisse von den Taten fremder Völker zu vermehren [...], denn sie betrachten es als ein Vergnügen, die Geschichte aller Völker zu kennen und aufzuzeichnen, indem sie es für nicht weniger rühmlich halten, die Tüchtigkeit anderer zu besprechen, als selbst welche zu zeigen«, so schreibt Saxo Grammaticus in der Vorrede seiner *Gesta Danorum*. Bei den Isländern sei die Erinnerung an die alten norwegi-

schen Könige besonders lebendig, hebt der norwegische
Mönch Theodoricus in seiner *Historia de antiquitate regum Norvagensium* hervor. Zu den geschichtlichen Quellen gehören auch viele Skaldengedichte, von denen Theodoricus auch sagt, dass »dieses Volk, die wir Isländer nennen, die Ereignisse in ihren alten Gedichten aufbewahrt
haben«. Da aber hier nicht an einer Darstellung der nordischen Geschichte gelegen ist, sondern an der Darstellung
der norrönen Literaturgeschichte, werden die Skaldengedichte an anderer Stelle behandelt.

Dass das Interesse für die Geschichte bereits zu einem
frühen Zeitpunkt erwachte, geht aus einer Bemerkung des
»Ersten Grammatischen Traktates« aus der Mitte des
12. Jahrhunderts hervor: Was man zu diesem Zeitpunkt
auf Island aufgeschrieben habe, seien Gesetze, Genealogien, religiöse Übersetzungen und »gelehrte historiographische Werke, die Ari Þorgilsson mit großem Verstand
geschrieben hat«. Man darf dieses Zeugnis durchaus ernst
nehmen. Das bedeutet dann, dass es zu diesem Zeitpunkt
eben noch keine geschriebene Literatur (Literatur im en-
geren Sinn) gab. Freilich gab es mündlich überlieferte Literatur, aber der Ausgangspunkt der geschriebenen ist in
den genannten Gattungen zu suchen, also in Gesetzen, in
Historiographie, in religiösen Schriften. Am Anfang, d.h.
in der ersten Hälfte des 12. Jahrhunderts, steht Sæmundr
Sigfússon (1056–1133), dessen wohl lateinisch geschriebe-
nes Werk über die norwegischen Könige verloren ist, ge-
folgt von Ari Þorgilsson, dessen *Íslendingabók* noch beschrieben wird. Die isländischen Historiographen sind
entweder Mönche oder gesetzeskundige Laien (Goden,
d.h. heidnische Priester und mit weltlicher, regionaler
Macht ausgestattete Häuptlinge, und Gesetzessprecher).
Mit der Gründung des ersten (Benediktiner-)Klosters Þingeyrar 1133 wird die Geschichtsschreibung einen großen
Schub erfahren haben. Es entstehen religiös geprägte his-

torische Werke, so etwa um 1170 die älteste Saga über den Heiligen Olaf, Oddr Snorrason schreibt eine lateinische *vita* des norwegischen Königs Olaf Tryggvason, die bald von dem Mönch Gunnlaugr Leifsson erweitert und ins Isländische übertragen wird. In der Mitte des Jahrhunderts entsteht auch Eiríkr Oddssons verlorene *Hryggjarstykki*, von der man immerhin weiß, dass sie die erste Gegenwartsgeschichte gewesen ist. Um die Wende vom 12. zum 13. Jahrhundert werden die Geschichten der heilig gesprochenen isländischen Bischöfe Þorlákr Þorhallsson und Jón Ögmundarson geschrieben. In diese Zeit fallen auch andere Werke zur isländischen Kirchengeschichte (z. B. *Hungrvaka*) und historische Übersichtswerke zur norwegischen Geschichte wie *Morkinskinna* oder die *Fagrskinna* sowie Werke zur internationalen Geschichte, wie die Geschichte der Welt (*Veraldar saga*), der Trojaner, der Römer, der Briten. Den Höhepunkt isländischer Historiographie stellt zweifellos Snorri Sturluson dar. Ihm folgen noch einige selbstständige Werke zur norwegischen (z. B. *Böglunga saga*, *Hákonar saga*) und zur isländischen Geschichte (*Íslendinga saga*). Dann geht die originale Historiographie dem Ende entgegen, das 14. Jahrhundert sieht noch zwei Bischofsgeschichten (*Árna saga biskups*, kurz nach 1300) und die *Laurentius saga* des Einar Hafliðason (um 1350). Ab dem 14. Jahrhundert gibt es dann die großen Sammelhandschriften, in denen je verschiedene Versionen von Königssagas gemischt und teilweise mit Isländersagas interfoliert werden. Dazu gehören *Eirspennill* (wohl eine norwegische Handschrift), *Frískbók* (ebenfalls norwegisch), *Flateyjarbók*, *Hulda*, *Hrokkinskinna* und viele andere mehr, aber auch Sammelhandschriften, die nur *Íslendinga sögur* enthalten, wie z. B. die *Möðruvallabók*. Man hat sich hier die Frage zu stellen, warum die Isländer – nicht immer als Auftragswerke – so viele und ausführliche Geschichten der Könige Norwegens geschrieben haben, jenes Landes, das sie vor Generationen

verlassen haben. Einen Grund wird man darin sehen dürfen, dass sie sich Rechenschaft über ihre Herkunft ablegen
wollten, so wie sie es auch in ihrem Buch der Landnahme
(*Landnámabók*) taten. Die Ausgewanderten bilden ja ein
neues Volk und eine neue Nation, und gerade daher
scheint die Notwendigkeit der historischen Erinnerung
zum Zweck der Selbstvergewisserung besonders gegeben.
Die isländischen Geschichtsschreiber haben in den Königsgeschichten ein durchaus ambivalentes Verhältnis zum
König: Der strenge Herrscher dient als Folie für die Frei-
heitsliebe der Isländer, und von hier aus konstruieren sie
sich ihren Gründungsmythos, dass sie sich dem Zwang
König Harald Haarschöns widersetzten (der das norwegische Reich einigen wollte) und nach Island auswanderten.
Weiterhin ließ der König als Gegner die isländischen Helden, wenn sie am norwegischen Königshof weilten, als
umso strahlender erscheinen, als Freund hingegen erwies
er ihnen die ihnen gebührenden Ehrenbezeugungen. Dieses findet sich nicht allein in den Königsgeschichten, sondern auch in den Isländersagas.

Diesem überwältigenden Textreichtum haben die anderen nordischen Länder nichts Vergleichbares, weder an
Quantität noch an Qualität, an die Seite zu stellen. Auch
in Norwegen beginnt die Historiographie mit Heiligen-
biographien, z. B. *Acta sanctorum in Seliu, Acta et vita
sancti Olavi, Acta sancti Halvardi*, eine kirchliche Legende wird um 1150 in das norwegische Homilienbuch übernommen, und bald entsteht auch die *Legendarische Olafssaga*. In den 1180er Jahren wird die Olafslegende umgearbeitet zu den *Passio et miracula beati Olavi*. Zwei kleinere
lateinisch geschriebene Werke zur norwegischen Geschichte liegen vor, dazu noch eine kleine norwegisch verfasste Übersicht (*Ágrip af Nóregs konunga sögum*), die bis
1177 reicht – das war's. Die Geschichten der norwegischen Könige sind von Isländern geschrieben. Auch hierdurch zeigt sich der enge kulturelle Zusammenhang zwi-

schen den beiden Ländern. Dänemark hat ebenfalls wenig Volkssprachliches zu bieten. Hier dominiert ganz das westeuropäische Muster: Lebensläufe von Heiligen (*Passio sancti Canutis regis*, um 1100; *Historia sancti Canutis ducis et martiris*, 1124), einige Chroniken und dann vor allem Saxo Grammaticus, der um 1200 seine monumentale Dänengeschichte (*Gesta Danorum*) schreibt. In Schweden setzt die Geschichtsschreibung erst im 13. Jahrhundert ein, allerdings in einer besonderen, ansonsten im Norden nicht vorkommenden Form, den gereimten Chroniken in der Volkssprache. Wenn auch die einheimischen Sprachen nicht unbedingt zur Darstellung der Geschichte verwendet wurden, abgesehen von Island, darf dies nicht vergessen machen, dass es daneben eine reiche Rechtsliteratur in den Volkssprachen gibt.

In der folgenden Übersicht wird eine Gliederung nach dem Zeitpunkt der Entstehung der einzelnen Werke zugrunde gelegt, jedoch kann nicht in allen Fällen dieser Zeitpunkt mit letzter Sicherheit angegeben werden. Das hängt damit zusammen, dass keines der Werke aus der Zeit überliefert ist, in der sie geschrieben wurden. Die handschriftliche Überlieferung setzt später ein, und teilweise sind diese Werke, die ursprünglich als selbstständige konzipiert waren, später in Sammelhandschriften und Kompilationen eingearbeitet worden. Jedoch hat die Forschung der letzten hundert Jahre ein einigermaßen festes Gerüst erbaut, auch wenn man hie und da zu anderen Datierungen kommen mag.

– Darstellung der norwegischen Geschichte (etwa 900 – etwa 1050) durch Sæmundr fróði Sigfússon (1056–1133), Anfang 12. Jh. (verloren)
– Konunga ævi (etwa 900 – etwa 1120) von Ari fróði Þorgilsson (1067/68–1148), Anfang 12. Jh. (verloren)
– *Íslendingabók* (isländische Geschichte 870–1120) von Ari Þorgilsson, 1122/33

- *Landnámabók* (Geschichte Islands 9. Jh. – 12. Jh.), um 1130/1250
- *Hryggjarstykki* (norwegische Geschichte 1130–39, evt. bis 1161) von Eiríkr Oddsson, 1150/70 (verloren)
- *Historia de antiquitate regum Norvagiensium* (norwegische Geschichte 9. Jh. – 1130) von Theodoricus monachus, um 1177/80
- Älteste *Ólafs saga hins helga*, vor 1180
- *Ágrip af Nóregs konunga sögum* (norwegische Geschichte 9. Jh. – 1177), um 1190
- *Historia Norwegiæ* (Vorzeit – 1170), 1170/1225
- *Skjöldunga saga* (dänische Geschichte von der Vorzeit bis Gorm dem Alten, um 945), 1180/1200
- *Sverris saga* (Geschichte des norwegischen Königs Sverrir 1184–1202) von Karl Jónsson u. a., 1185/88–1202
- *Ólafs saga Tryggvasonar* (Geschichte des Olaf Tryggvason 995–1000) von Oddr Snorrason, um 1190
- *Veraldar saga* (Weltgeschichte), um 1190
- *Orkneyinga saga* (Geschichte der Orkneys Vorzeit – 1230), 1190/1230
- *Ólafs saga Tryggvasonar* von Gunnlaugr Leifsson (gest. 1218/19), vor 1200
- *Hlaðajarla saga* (Geschichte der Jarle von Lade bis etwa Mitte 11. Jh.), um 1200 (verloren)
- *Jómsvíkinga saga* (dänische Geschichte Vorzeit – Ende 10. Jh.), um 1200
- *Rómverja saga* (Geschichte der Römer, nach Sallusts *Jugurtha* und *Catilina* und Lukans *Pharsalia*), um 1200
- *Trójumanna saga* (Geschichte der Trojaner, nach Dares Phrygius *Historia de excidio Trojæ*), um 1200
- »Mittlere« *Ólafs saga hins helga*, kurz nach 1200 (verloren)
- *Gesta Danorum* (dänische Geschichte Vorzeit – 1202) von Saxo Grammaticus
- *Hákonar saga Ívarssonar* (Geschichte des Hákon Ivarsson 11. Jh.), um 1200

- *Jóns saga helga* (Geschichte des isländischen Bischofs Jon Ögmundarson 1106–21) von Gunnlaugr Leifsson (gest. 1218/19), 1201/10
- Legendarische *Ólafs saga hins helga*, Anfang 13. Jh.
- *Þorgils saga ok Hafliða* (= *Sturlunga saga*; isländische Geschichte 1117–21), 1202–38
- *Þorláks saga* (Geschichte des isländischen Bischofs Þorlakr Þorhallsson 1178–93), vor 1211
- *Guðmundar saga dýra* (= *Sturlunga saga*; isländische Geschichte 1185–1200) kurz nach 1212
- *Sturlu saga* (= *Sturlunga saga*; isländische Geschichte 1148–83), 1. Viertel 13. Jh.
- *Böglunga sögur* (norwegische Geschichte 1202–17), um 1210/20
- *Lífssaga Ólafs hins helga* von Styrmir Kárason, etwa 1210/25
- *Páls saga* (Geschichte des isländischen Bischofs Páll Jonsson 1195–1211), 1211/16
- *Morkinskinna* (norwegische Geschichte etwa 1035–1177), um 1217/22
- *Fagrskinna* (norwegische Geschichte 9. Jh. – 1177), kurz nach 1220
- *Breta sögur* (Geschichte der Briten nach Geoffrey of Monmouth' *Historia regum Britanniæ* und anderen Quellen), nach 1220
- *Hrafns saga Sveinbjarnarsonar* (= *Sturlunga saga*; isländische Geschichte 1190–1213), um 1230
- sog. selbstständige *Ólafs saga hins helga* von Snorri Sturluson (1179–1241), um 1220/30
- *Heimskringla* (norwegische Geschichte Vorzeit – 1177) von Snorri Sturluson, nach 1230
- *Guðmundar saga góða* (= *Sturlunga saga*; isländische Geschichte 1161–1203) von Lambkár Þorgilsson (?), etwa 1240/49
- *Hungrvaka* (isländische Geschichte Mitte 11. Jh. – 1176), 1. Hälfte 13. Jh.

- _Knytlinga saga_ (dänische Geschichte 10. Jh. – 1187) Óláfr Þórðarson (?), 1240/70
- _Alexanders saga_ (Geschichte Alexanders des Großen nach Galterus de Castillione _Alexandreis_) von Brandr Jónsson (?), 1250/60
- _Magnúss saga Eyjajarls_ (Geschichte des Orkneyjarls Magnus, gest. 1116), 13. Jh.
- _Gyðinga saga_ (Geschichte der Juden nach u. a. Flavius Josephus und 1. Makk.) von Brandr Jónsson, Mitte 13. Jh.
- _Kristni saga_ (isländische Geschichte etwa 1000–1118) von Sturla Þórðarson (?), 2. Hälfte 13. Jh.
- _Hákonar saga Hákonarson_ (Geschichte des Hákon 1217–63) von Sturla Þórðarson (1214–84), 1264/65
- _Þórðar saga kakala_ (= _Sturlunga saga_; isländische Geschichte 1242–49), um 1270
- _Þorgils saga skarða_ (= _Sturlunga saga_; isländische Geschichte 1252–58), 1275/80
- _Magnúss saga lagabœtis_ (Geschichte des Magnús Hakonarson 1263–80) von Sturla Þórðarson, um 1280
- _Íslendinga saga_ (= _Sturlunga saga_; isländische Geschichte 1183–1255/62) von Sturla Þórðarson, vor 1284
- _Ágrip af Danakonunga sögu_ (dänische Geschichte von der Vorzeit – um 1250), vor 1300
- sog. _Ólafs saga Tryggvasonar en mesta_ (Geschichte von Olaf Tryggvason), um 1300
- _Svínfellinga saga_ (= _Sturlunga saga_; isländische Geschichte 1248–52), um 1300
- _Guðmundar saga_ (Geschichte des isländischen Bischofs Guðmundr Arason 1203–37), um 1300
- _Árna saga_ (Geschichte des isländischen Bischofs Árni Þorláksson 1269–98) von Arni Helgason (?), 1. Viertel 14. Jh.
- _Arons saga Hjörleifssonar_ (isländische Geschichte etwa 1220–55), um 1340
- _Laurentius saga_ (Geschichte des isländischen Bischofs

Laurentius Kálfsson 1324–31) von Einar Hafliðason
(1307–93), 1346/49
– *Guðmundar saga* (Geschichte des isländischen Bischofs
Guðmundr Arason 1203–37) von Arngrímr Brandsson
(gest. 1361), Mitte 14. Jh.
– *Erikskrönikan*
– verschiedene Annalen (bis in das 16. Jh.)

Im Folgenden sollen einige Werke etwas näher vorgestellt
werden.

Aris »Buch von den Isländern« (*Íslendingabók*) und das »Buch von der Landnahme« (*Landnámabók*)

Von Sæmundr Sigfússon, gemeinhin als Vater der isländischen Geschichtsschreibung apostrophiert, wissen wir
wenig, und von dem, was er geschrieben hat, ist nichts
erhalten. Nur Hinweise in späteren Werken lassen auf seine lateinisch geschriebenen Werke schließen. Von Ari Þorgilsson (1068–1148), dessen Ur-Großmutter übrigens jene
Guðrún war, die in der *Laxdœla saga* eine so prominente
Rolle spielt, wissen wir etwas mehr: Seine *Íslendingabók*
(geschrieben wohl zwischen 1122 und 1133) ist das älteste
erhaltene Prosawerk des Nordens. Es ist bezeichnend,
dass die isländische Schriftkultur mit Gesetzesaufzeich-
nungen und geschichtlichen Darstellungen anhebt. Sein
schmales Isländerbüchlein, daher auch *Libellus Islandorum* genannt (in der deutschen Übersetzung füllt es ungefähr 14 Druckseiten), berichtet von der Besiedlung Islands, von der Gesetzgebung und der Errichtung des Allthings, von der Besiedlung Grönlands und der Einführung
des Christentums sowie von den ersten Bischöfen. Ari
vertritt noch nicht die Ideologie, dass die Besiedlung des
neuen Landes aufgrund der unterdrückenden Maßnahmen
der norwegischen Reichseinigung durch Harald Haarschön hervorgerufen sei und dass die späteren Isländer
sich aus Freiheitsdrang nach Westen begeben hätten. Es ist

deutlich zu sehen, womit die Isländer der ersten Generationen sich beschäftigen mussten: das neue Gemeinschaftsgebilde zu organisieren. »Island wurde in sechzig Jahren [etwa 870–930] so vollständig besiedelt, wie es seitdem geblieben ist« (Kap. 3), und dies geschieht durch die Errichtung des Allthings (wohl 930), nachdem man Gesetze nach norwegischem Vorbild gemacht hatte, wobei man einiges hinzufügte, anderes wegließ und wieder anderes anders fasste (Kap. 2) und die Insel in Landesviertel aufteilte, in denen jeweils eigene Thingversammlungen abgehalten wurden. Aris Methode hat Schule gemacht: Er berief sich auf mündliche Quellen und nannte diejenigen beim Namen, die ihm dies und das erzählt hatten. So verfährt später auch Snorri Sturluson in seiner *Heimskringla*, in deren Prolog er Ari ein würdiges Denkmal setzt. Ari dürfte wohl auch einige schriftliche Quellen verwendet haben, so nennt er eine Geschichte des englischen Königs Edmunds des Heiligen und vielleicht hat er auch Adams von Bremen und Bedas Kirchengeschichten gekannt.

Ein eigenartiges Buch ist das »Buch von der Landnahme« (*Landnámabók*), das in seiner Originalfassung nicht erhalten ist. Es ist wohl im 12. Jahrhundert erstmals zusammengestellt worden, eine späte Quelle (*Hauksbók*, 14. Jahrhundert) nennt sogar Ari als einen Verfasser, was aber doch unwahrscheinlich ist. Es beschreibt mittels genauester und langführender Genealogien die Besiedlung der Insel (ab etwa 870), wobei es im Uhrzeigersinn Island umkreist, und an genealogischen Kenntnissen fließen auch die Isländersagas über. Viele der Personen aus ihnen finden sich in der *Landnámabók* wieder, ja, man hat oft die Berichte der *Landnámabók*, wo sie mit der Isländersaga übereinzustimmen scheinen, zum Beweis für die historische Zuverlässigkeit der Sagas herangezogen. Die auf uns heutige Leser langatmig wirkenden Familienverhältnisse (es sind immerhin um die 400 Siedler mit ihren Nachkommen genannt) werden durch allerlei interessanten Stoff aufgelockert: Erklärungen von Ortsnamen, Erzählungen von gewaltigen Kämpen und bösen Männern, von seltsamen Begebenheiten und Wikingfahrten, von Verführungen und zahllosen Totschlägen, von Tempelbauten und dem neuen Recht, von Beschreibungen des Landes und der Besiedlung Grönlands durch Erik den Roten, der das neue Land »Grönland (grünes Land) nannte, denn er meinte, es würde die Leute sehr anlocken, wenn das Land schön benannt wäre« (dies erzählt übrigens Ari genauso). Die *Landnámabók* stellt für uns ein unersetzliches Material zur Kenntnis der isländischen Kulturgeschichte bereit. Sie stellt auch noch etwas anderes zur Verfügung, nämlich die Einsicht in die isländische Namengebung dort, wo sie einen charakterisierenden Zusatz aufbietet, der über die übliche Nennung des Vaters hinausgeht, und dies ist nicht ohne Unterhaltungswert. Einige Beispiele mögen dies verdeutlichen: Gils Schiffsschnabel, Hergils Knopfarsch, Steinolf der Kurze, Ulf der Schieler, Högni der Weiße, Grim Zottelkinn, Thorstein Unglück, Hallgerd Zwirnhose, Erik Strick, Seehund-Thorir, Aud die Tiefsinnige, Geirmund Höllenhaut, Ragnar Lodenhose, Krähen-Hreidar, Thorir Taubennase, Öndott Krähe, Helgi der Magere, Thoralf Hornbrecher, Thorstein Rotnase ...

Die lateinischen Geschichtswerke

Der lateinische Anteil Skandinaviens an der europäischen Literatur ist außerordentlich gering und steht in einem umgekehrten Verhältnis zum Anteil der volkssprachlichen Literatur. Gibt es noch im dänischen Bereich – neben kleineren historiographischen Werken – eine umfangreiche Geschichte der Dänen auf Latein, nimmt dieses, je weiter nach Westen man kommt, umso mehr ab. Vereinzelte Viten und Legenden örtlicher Heiliger wie des heiligen Hallvard oder der heiligen Sunniva sind erhalten, dazu natür-

lich die *Passio et miracula beati Olavi* des norwegischen
Nationalkönigs Olav Haraldsson. Daneben gibt es einiges
wenige zum liturgischen Gebrauch, Diplome (wobei in Island bezeichnenderweise die überwiegende Mehrzahl der
Dokumente auf Isländisch verfasst ist) und drei kleinere
historiographische Werke. Es gab auch auf Island einige
lateinische Geschichtswerke, die jedoch alle nicht erhalten, indes zum größten Teil in isländischen Übersetzungen oder Bearbeitungen überliefert sind. Da ist einmal
Sæmundr Sigfússon (gest. 1133), der eine Chronik der
norwegischen Könige geschrieben haben soll, und weiterhin zwei lateinische Geschichten über den Norweger-
könig Olaf Tryggvason, verfasst von den Mönchen von
Þingeyrar Oddr Snorrason (Ende 12. Jahrhundert) und
Gunnlaugr Leifsson (gest. 1218/19), beide sind nur in isländischer Gestalt erhalten. Dies zeigt zum einen, dass das
Lateinische keine starken Wurzeln auf Island geschlagen
hat, zum anderen legt es Zeugnis eines gewissen Selbstbe-
wusstseins ab, die nordische Geschichte auch in nordischer Sprache zu schreiben.

Theodoricus Historia de antiquitate regum Norvagiensium

In mancher Hinsicht nimmt diese von einem Norweger
um 1180 geschriebene Geschichte der norwegischen Könige von Harald Haarschön bis zum Tod von Sigurd Jórsa-
lafari eine Sonderstellung ein. Mehr als die anderen nordischen Geschichtswerke (mit Ausnahme vielleicht von
Saxo) schreibt es sich in den mittelalterlichen europäischen Horizont ein. Theodoricus kennt und zitiert eine
Reihe von Klassikern, wie Boethius, Hugo von St. Viktor,
Sigbert von Gembloux, Horaz, Sallust, Isidor, Eusebius,
Beda und viele andere mehr. Wenn der Verfasser, von dem
wir nicht viel mehr als den Namen wissen, diese Schrift-

steller auch nicht alle aus erster Hand gekannt haben muss
– er kann vieles als Zitat gehört haben –, zeigt dies doch
die Breite seiner Belesenheit an. Ganz an die Seite mittel-
europäischer Historiographie stellt sich die Chronik dadurch, dass sie die erzählende Linie öfter verlässt, um ge-
lehrtes Wissen einzubringen. So schiebt der Verfasser nach
dem Bericht vom Ertrinken des Jarl Hákon ein Kapitel
(Kap. 17) über die Charybdis und von da aus weiterge-
hend über die Langobarden und Hunnen ein, wobei er
sich auf Plinius, Chrysippus, Paulus Diakonus und Jorda-
nes beruft. Anlässlich des Todes von Olaf Haraldsson re-
flektiert er (Kap. 20) die verschiedenen Meinungen über
das Alter der Welt und zitiert Eusebius, Isidor, Beda, Hieronymus. Noch in einem weiteren Punkt steht dieses
Werk nahe bei den vergleichbaren europäischen Werken:
Es ist die hie und da anzutreffende moralisierende Haltung, wie sie den nordischen Werken fremd ist. Das Kapitel 26 ist eine Anklage des falschen, verderblichen Ehrgei-
zes: »O unglückseliger Ehrgeiz, oh jammervoller, und, wie
die Philosophen ihn oft schildern, wahrhaft blinder Ehrgeiz, der alles Göttliche und Menschliche niedertrampelt
[...]«. Dies wird weiter untermalt durch mehrere Beispiele
aus dem klassischen Altertum. Man hat es hier mit *exem-
pla* zu tun, wie dies in der europäischen Geschichtsschreibung der Zeit üblich ist. Der Verfasser erklärt seine Seiten-
sprünge auch in seinem Vorwort, »sie sind nach unserer
Ansicht geeignet, den Leser zu unterhalten«. Bemerkenswert ist auch der Bericht über die Entdeckung Islands.
Kaufleute werden auf dem Weg zu den Färöern im Sturm
abgetrieben und entdecken zufällig ein Land, von dem
»einige meinten, es sei Thule«. Die nach Norwegen Zu-
rückkehrenden loben das Land über die Maßen, so dass
sich mehrere auf die Reise machen, um es zu besiedeln.
Hier wird eine andere Begründung gegeben, als man sie in
isländischen Quellen findet, wo der Freiheitsdrang und
die Unabhängigkeit vom norwegischen König Harald

Haarschön als Ursache und Anlass angegeben werden. Es ist eben deutlich ein norwegisches und kein isländisches Werk. Ansonsten passt sich die *Historia* durchaus in den nordischen Rahmen ein: Sie erzählt, abgesehen von den obigen Punkten, einsträngig und chronologisch, nennt als Quellen Berichte glaubwürdiger Leute und isländische Gedichte (derartige Quellenberufungen finden sich auch bei Ari und Snorri); auf Abstammungssagen hingegen verzichtet der Verfasser, was für historische Werke des Nordens ganz unüblich ist. Für die Geschichte vor Harald Haarschön war ihm die Quellenlage wohl doch zu unsicher. Ob er das norwegische *Ynglingatal* aus dem 9. Jahrhundert, das Snorri als Quelle diente, wirklich nicht gekannt hat? Gewidmet ist das Werk dem Erzbischof Eysteinn, dem Gegenspieler von König Sverrir.

Historia Norvegiae

Die einzige erhaltene Handschrift dieser Geschichte Norwegens entstand um 1450 auf den Orkneys, sie muss aber in ihrer Entstehungszeit wohl auf etwa 1200 datiert werden und ist nur fragmentarisch überliefert. Im Vorwort berichtet der anonyme Verfasser von drei Teilen des Buches: Er wolle das norwegische Reich beschreiben, wobei er auch die Orkneys, die Färöer und Island miteinbezieht; er wolle die Geschichte der Könige erzählen, wobei er seine Genealogie wie Snorri in der *Ynglinga saga* und auch Ari in grauer Vorzeit mit der Herkunft der Ynglingar beginnen lässt und die Königsreihe bis zu Olaf Haraldsson weiterführt (mitten in dessen Geschichte bricht die Handschrift allerdings ab); und schließlich wolle er über die Einführung des Christentums und das Ende des Heidentums sowie den gegenwärtigen Zustand beider Religionen berichten. Der Stil ist gekünstelt, voll rhetorischer Figuren und reicher Synonymik. Als Quellen gibt er die Erzählungen älterer Leute an, und sein Ziel sieht er darin, die Erinnerung an die Männer zu bewahren, deren Taten in Vergessenheit zu geraten drohen, weil sie nicht aufgeschrieben werden. Wie ist dies zu verstehen? Vielleicht handelt es sich hier um einen Topos – dies könnte man mit Berufung auf Theodoricus annehmen, der in seinem Vorwort, unter Berufung auf Boethius' *De consolatione philosophiae*, sagt, dass »tapfere Männer in ihrer Zeit berühmt waren, aber nun auf Grund fehlender Schriftsteller vergessen seien«. Oder soll man die Aussage für bare Münze nehmen? Möglicherweise hat der Verfasser um 1200 erkannt, dass die Zeit der Oralität, der zuverlässigen mündlichen Überlieferung, dem Ende entgegengeht. Das Ende der mündlichen Überlieferung ist ja vielleicht auch der Grund dafür gewesen, dass das Aufschreiben der nordischen Geschichte im 12. Jahrhundert einsetzt.

Saxo Grammaticus

Das umfangreichste und auch bedeutendste lateinische historiographische Werk sind die um 1200 entstandenen *Gesta Danorum* des Dänen Saxo Grammaticus. In 16 Büchern erzählt er die Geschichte nicht der Dänen, wie der Titel nahe legt, sondern ihrer Könige. Dabei beginnt er in grauer Vorzeit mit dem Namengeber, dem *heros eponymos* Dan, und führt seine Erzählung bis in die Zeit von Knut VI. (1182–1202). Saxo erscheint als ein abendländisch gebildeter Mann, der aus der klassisch-antiken Literatur zitiert (Vergil, Horaz, Ovid) und auch die mittelalterliche Geschichtsschreibung kennt (Beda Venerabilis, Dudo von St. Quentin, Paulus Diakonus). So wie diese die Geschichte ihrer Nationen, der Engländer, der Normannen, der Langobarden, schreiben, so will Saxo die Geschichte Dänemarks einer europäischen Leserschaft darbieten. Er bedient sich deshalb der *lingua franca* des

Abendlandes: »Da alle anderen Nationen immer auf ihre ruhmvolle Geschichte stolz sind und an der Erinnerung an ihre Vorzeit ihre Freude haben«, so beginnt er sein Vorwort, sollte eben auch »unser Vaterland [...] nicht diese Art rühmlicher Erinnerung entbehren.« Allerdings war sein Latein so gewählt, um nicht zu sagen schwülstig und schwierig, dass es kaum viele Leser erreicht haben dürfte, urteilt man nach der Überlieferung: Es sind nur äußerst wenige handschriftliche Überbleibsel erhalten. Im 14. Jahrhundert wurde daher in ein Kompendium zur dänischen Geschichte (*Compendium historiae Danicae ab initio ad Waldemarum IV*) nur ein Auszug aus Saxos Darstellung aufgenommen, was auch mit Saxos dunklem Stil und der teilweisen Verworrenheit seiner Darstellung begründet wird. Europäische Berühmtheit erlangte Saxos Werk erst durch den Druck 1514 in Paris: Erasmus von Rotterdam war erstaunt über das Werk, Shakespeare entnahm ihm den Stoff für seinen *Hamlet*. Man teilt es üblicherweise in zwei Teile, einen sagenhaften, der die Bücher 1–9 umfasst, und einen mehr historischen Teil, Buch 10–16, der die Zeit von der Mitte des 10. Jahrhunderts, von Harald Blauzahn (936–986), bis um 1200 erzählt. Saxo selbst nimmt jedoch keine derartige Einteilung vor. Wie es einem guten Historiker ziemt, legt er Rechenschaft über seine Quellen ab: Er habe alte dänische Lieder benutzt, in denen seine Vorfahren ihre Heldentaten besungen haben; diese überträgt er in klassische Versformen wie den Hexameter – hierin ist er dem Engländer Geoffrey of Monmouth sehr ähnlich. Er verdanke den Isländern viel, »da ich wusste, welche Kenntnisse des Altertums sie besitzen«, und er benutzte viele Mitteilungen des Bischofs Absalon, der den Auftrag zu dem Werk gab. Sicher kannte er auch Adams von Bremen *Hamburgische Kirchengeschichte* sowie diverse Heiligenlegenden. In der Auseinandersetzung zwischen König und Kirche liegt seine Sympathie ganz auf der königlichen Seite, und er befürwortet den starken und mächtigen nationalen König gegen die internationalen Interessen der Kirche. Er ist nicht nur ein überzeugter, er ist ein patriotischer Däne, der sich herablassend über Norwegen äußert, die Feindschaft zu Schweden konstatiert und sich insbesondere von den südlichen Nachbarn, den Sachsen und den Deutschen, abgrenzen will. Die Zuverlässigkeit der historischen Teile ist mitunter angezweifelt worden, da Saxo seine Quellen ganz der Idee des nationalen Königtums untergeordnet habe. Die ersten neun Bücher allerdings stellen eine unersetzliche Quelle für die Kenntnis der dänischen Heldensage dar.

»*Die Geschichte von Sverrir*« (Sverris saga)

Diese Saga behandelt die Geschichte von König Sverrir Sigurdsson, König von Norwegen 1184–1202, der auf den Färöern geboren wurde, angeblich aus königlichem Haus stammte und mit einer Schar Dahergelaufener das Königreich Norwegen eroberte. Aber nicht der historische Gehalt ist hier von Interesse, sondern der literarische.

Ihr Verfasser ist der isländische Abt Karl Jónsson, der um 1140 geboren sein mag. Im Benediktinerkloster Þingeyrar wurde er 1169 Abt, legte sein Amt 1181 nieder und begab sich 1185 nach Norwegen, nach Nidaros (heute Trondheim), wahrscheinlich in das Benediktinerkloster Munkholmen, wo er wohl König Sverrir traf und drei Jahre blieb. 1201 findet man ihn wieder in seinem isländischen Kloster, wo er erneut zum Abt gewählt wurde. 1213 ist er gestorben. In Nidaros wird ihm der König 1185/86 seine eigene Geschichte erzählt haben, und der erste Teil, der bis Kap. 31 reicht, dürfte wohl unter des Königs Augen entstanden sein. Ob Karl später auch die ganze Saga zusammengefügt hat, ist nicht sicher, aber durchaus denkbar: die Sage in ihrer überlieferten Form macht einen geschlossenen Eindruck.

Was hier wie in anderen Königsgeschichten und auch in den Isländersagas so auffällig ist, ist die Quellenkritik. Im Vorwort heißt es – und das erscheint fast wie eine Kritik an der mündlichen Überlieferung –, dass die Ereignisse unmittelbar aufgeschrieben wurden und dies später nicht mehr verändert wurde. Wenn auch manches von dem, was erzählt wird, ungewöhnlich erscheinen mag, »und das erscheint uns umso angemessener, dass die Geschichten von berühmten Männern aus älterer Zeit wahr sind, die in einem Buch aufgeschrieben sind«. Die große Sammelhandschrift *Flateyjarbók* aus der Mitte des 14. Jahrhunderts, die diese Saga aufgenommen hat, hat ein etwas erweitertes Vorwort: Die Saga sei hier nach einem anderen, früheren Buch abgeschrieben und »daher nicht durch die mündliche Überlieferung beeinträchtigt worden«. Indes könnten auch andere Überlieferungen, ja sogar mündliche, wahr sein. Ansonsten hat dieses Vorwort den Charakter eines modernen Waschzettels: Es wird kurz der Inhalt angedeutet und die göttliche Vorsehung gepriesen, die Sverrir zur Macht führte. Deswegen heiße auch der letzte Teil des Buches *perfecta fortitudo*, wo man sehen könne, dass Gott ihm für seinen Kampf große Stärke verliehen habe. Wem die Erzählung zu lang sei, der solle sich seine Unterhaltung und seinen Spaß sonst wo suchen. Hier werde sowohl Ernst wie Unterhaltung geboten, und es sei mehr Unterhaltung in Sagas zu holen als »in der gedankenlosen Unterhaltung«. Aber schließlich solle sich jeder seine Unterhaltung suchen, wo er sie finden kann, und keiner soll dem anderen einen Vorwurf deswegen machen, denn jeder handele nach seine Natur.

Gunnhild, die Mutter Sverrirs, hat vor der Geburt ihres Sohnes einen Traum (Kap. 1), in dem sich Großes über das Kind ankündigt. Und wie die Mutter, so der Sohn: Auch er träumt schon früh (Kap. 2), dass er ein Vogel sei, dessen Flügel das ganze Land bedeckten (einen ähnlichen Traum findet man in der Geschichte von Harald Haarschön in der

Heimskringla, nur sind es dort die Zweige eines Baumes). In einem anderen Traum (Kap. 5) begegnet dem jungen Sverrir sogar König Olaf der Heilige, der ihn Sverrir Magnus nennt und ihm gestattet, sich im selben Wasser zu waschen wie er selbst, und ihn auffordert, sein Wappen zu tragen. Etwas später (Kap. 10) erscheint ihm Gottes Prophet Samuel im Traum und prophezeit ihm sein kommendes Königtum, und schließlich hat er am Ende seines Lebens auf seinem Krankenlager einen Traum (Kap. 180) vom Auferstehungstag. Es versteht sich von selbst, dass er diese Träume seiner Umgebung sogleich mitteilt, und dies zeugt, wieder einmal, von dem quasi-objektiven Stil altisländischen Erzählens. Nicht von innen werden die Personen gesehen, sondern von außen, es ist also nicht nur der Erzähler, der von diesem Traum weiß, sondern es gibt auch Zuhörer, die bestätigen können, dass Sverrir einen Traum erzählt hat. Natürlich sollen diese Träume dann auch gedeutet werden. Weiterhin besteht der literarische Trick darin, dass hierdurch eine Spannung aufgebaut wird, zu sehen, ob diese ja sehr eindeutigen Träume und Erscheinungen auch wirklich in Erfüllung gehen – sie tun es in der Tat.

In der Erzählweise verwendet diese Saga dasselbe Verfahren, wie man es auch in der Isländersaga und anderer historiographischer Literatur findet:

– sie streut gelegentlich Skaldenstrophen ein (z.B. Hallr Snorrason, Kap. 63; Skalde Blakk, Kap. 106 und 116; Nefari, Kap. 105; Skalde Máni, Kap. 85, von dem auch gesagt wird, dass er die *Útferðsdrápa* des Halldór Skvaldri zitiert; Bjarni Kalfsson, Kap 68; Hallr Snorrason, Kap. 63; und anonyme Gedichte);
– sie verwendet ähnliche Wendungen wie die anderen Gattungen, wenn sich die Szenerie ändert, z.B. Anfang Kap. 35, Kap. 91: »Nun ist davon zu erzählen [...]«;
– es findet sich ein häufiger Gebrauch der direkten Rede und des Dialogs;

– es gibt das tapfere, heldenhafte, mannhafte Sterben im
  Kampf, das mit kurzen Schlussrepliken gesalzen wird,
  vgl. den Tod von Erling jarl, Kap. 37: Er wird von einem Bärenspieß mitten in den Leib getroffen. Als ein
  Mann sagt: »Ein gefährlicher Stich, Herr«, antwortet
  der Jarl: »Folge nur dem Heerzeichen von König Magnus; mir fehlt nichts.« Seine schwindenden Lebenskräfte
  erlauben ihm noch einen kräftigen Schwerthieb gegen
  den Priester Assur. Der hinzukommende Vater König
  Magnus sagt zum Sohn, der nicht mehr sprechen kann:
  »Wir werden einander am Freudentag wiedersehen«;
– es finden sich lebhafte Kampfszenen, lebendige Schilderungen mit prägnanten Augenblicksaufnahmen.

Wichtig für die *Sverris saga* ist auch der Zug, dass verschiedene Traditionen zusammenfließen, z.B. wird in
Kap. 55 erzählt (allerdings nur in der *Flateyjarbók*-Ver-
sion), dass Sverrir in einem Kampf auf die Knie sinkt und
die Sequenz *Alma chorus dei* singt, die im 9. Jahrhundert
von Notker von St. Gallen gedichtet wurde. In Kap. 98 zitiert er den Psalter: *Miserere mei, deus, quoniam conculca-
vit me homo* (Ps. 55,2), andererseits zitiert er eine Strophe
aus den eddischen *Fáfnismál* (Kap. 164). Der europäische,
kontinentale, ja der modern-höfische Zug zeigt sich auch
in der persönlichen Begegnung von Sverrir und seinem
Gegner Magnus Erlingsson in Trondheim (Kap. 60). Dieses persönliche Aufeinandertreffen und die Darlegung der
unterschiedlichen Positionen sind gestaltet durch Reden
der beiden Könige. Wenn Magnus schließlich seinen Gegner zum persönlichen Zweikampf um die Macht in Norwegen herausfordert, dann antwortet ihm Sverrir, dass es
nicht die Art von Königen sei, sich wie Kämpen im
Holmgang zu messen, und er fordert ihn auf: »Lass' uns
in einem Turnier reiten, wie es Sitte unter vornehmen
Leuten ist« (Ende Kap. 60). Ähnlich ist auch der Gegensatz von König Sverrir und Erzbischof Eirik (Kap. 117)

gelagert, und an diesem Streit ist interessant, dass die beiden Kontrahenten (es geht um die Unabhängigkeit der Kirche) sich auf verschiedene Gesetzbücher berufen. Sverrir zitiert die »Landesgesetze, die der heilige Olaf erlassen hatte [und die verloren sind], und das Gesetzbuch, das Grágás genannt wird, welches König Magnus Olafsson [1035–1044] hat schreiben lassen [wovon wir nichts wissen]«. Der Erzbischof beruft sich dagegen auf das römische Recht, auf Brief und Siegel des Papstes und auf ein Gesetzbuch, das »Gullfjör heißt, welches Erzbischof Eystein hatte schreiben lassen«.

Sverrir ist der große Redner, der durch seine mitreißenden Reden den Mut seiner verzagten Gefolgschaft wieder aufrichten kann (z.B. Kap. 20) oder der eine gewaltige Rede gegen das übermäßige Trinken hält (Kap. 103). Die Deutschen hatten (das Kap. spielt 1186) so viel Wein nach Bergen eingeführt, dass dieser nicht teurer als Bier war, was zu Trunkenheit und Unglücksfällen in der Stadt führte. Als der König, der sehr zurückhaltend bei geistigen Getränken war (Kap. 181 und Kap. 6, wo die Schweden ihn betrunken machen wollen, um etwas aus ihm herauszubekommen), davon erfährt, hält er eine seiner großen Reden: Den Engländern sei zu danken, da sie Mehl und Honig eingeführt hätten. Aus den westlichen Ländern Island, Färöer, Orkneys und Hebriden seien auch wertvolle Dinge importiert worden. Die Deutschen aber hätten Butter und Fisch aus Norwegen weggenommen zum größten Schaden des Landes und dafür Wein eingeführt, was großes Unglück mit sich geführt habe. Die Deutschen sollten so schnell wie möglich verschwinden. (Diese Argumentation – oder ist es ein Sachverhalt? – erinnert an andere historische Situationen: Den Indianern wird Feuerwasser gegeben, um sie gefügig zu machen, und viel anders war es vielleicht nicht bei den Samen.) Und dann zählt Sverrir die bekannten Folgen der Trunkenheit auf und ermahnt seine Soldaten, sie sollten »milde wie das Lamm in Friedens-

zeiten, aber in Kriegszeiten wild wie ein Löwe sein« –
und dies stand auch in Sverrirs Siegel: *mitis ut agnus, ferus
ut leo*.

Zum literarischen Verfahren gehört auch, dass nach seinem Tod eine zusammenfassende Würdigung seiner Persönlichkeit angefügt wird.

Die *Sverris saga* ist trotz aller berechtigten Kritik mo-
derner Historiker und Philologen doch ein einheitliches
Werk, das bei aller Objektivität gegensätzliche Standpunk-
te deutlich macht, letztendlich aber die Partei Sverrirs er-
greift.

»Weltgeschichte« (Veraldar saga), um 1190

Das Interesse vor allem der Isländer an der Geschichte be-
schränkte sich nicht allein auf die des Nordens und Islands im Besonderen. Wenn auch dies den Anfang der isländischen Historiographie markiert, tritt sehr bald die
Beschäftigung mit außernordischer Geschichte auf – kein
Wunder bei einem seefahrenden Volk, das die Isländer im
12. Jahrhundert noch waren. Als eines der ersten außer-
nordischen Werke liegt die *Veraldar saga* vor, von der man
nicht genau weiß, wann sie entstanden ist. Sicher ist, dass
sie vor 1190 geschrieben worden sein muss, es ist aber
auch vorgebracht worden, dass sie in die 30er Jahre des
12. Jahrhunderts zu datieren sei. Sie ist eine Weltchronik,
hauptsächlich auf den Chroniken des Isidor und des Beda
aufbauend, und zieht noch Stellen aus der Bibel, aus Bi-
belkommentaren und aus Petrus Comestors *Historia
Scholastica* heran, die auch von der *Stjórn* benutzt wurde,
jedoch keine direkte Übersetzung ist. Eine direkte Vorlage
hat sich bislang nicht erweisen lassen, allerdings gehört
der Stoff, die Geschichte der Welt in sechs Weltaltern, zur
üblichen Kenntnis des Mittelalters. Die *Veraldar saga* enthält auch eine Reihe von allegorischen Erklärungen nach
dem Muster: »Die Taube, die den Zweig des Ölbaumes

des Abends in die Arche trug, bezeichnet die Gnade des Heiligen Geistes, der sich in Gestalt einer Taube über unserem Herrn am Jordan zeigte.« Damit darf man festhalten, dass sich die Allegorese, wie man sie etwa aus dem Homilienbuch kennt, auch in einen historiographischen Text eingeschlichen hat, wenn man denn die *Veraldar saga* als eine Profangeschichte betrachten will.

»*Geschichte der Römer*« (Rómverja saga)

Wohl ebenfalls um 1200 entstand auf Island die *Rómverja saga*, in der verschiedene Quellen zur römischen Geschichte kompilatorisch verbunden werden. Die wichtigsten sind Sallusts Iugurthinischer Krieg (*Bellum Iugurthinum*) und seine Catilinarische Verschwörung (*De Catilinae coniuratione*) sowie Lukans Hexameterepos *Pharsalia*. Auch für diese Arbeit gilt, dass sie sich ganz dem Stilideal des Isländischen anpasst: Der rhetorische und oratorische Ornat der klassischen Texte tritt zugunsten einer eher nüchternen Darstellung weitgehend zurück.

»*Die Geschichte von den Trojanern*« (Trójumanna saga)

Von der *Trójumanna saga*, der Saga von den Trojanern, ist das Original nicht erhalten, sie liegt uns nur in zwei Versionen vor. Die Datierung und der Entstehungsort (Norwegen oder Island) sind daher nicht ganz sicher, vielleicht darf man sie auf etwa 1200 (Island) datieren. Daneben ist die vom norwegischen König Hákon Hákonarson initiierte Übersetzungstätigkeit, und damit die Zeit 1240/50, ins Feld geführt worden. Beide Fassungen spiegeln die Übersetzung der *Historia de excidio Troiae* des Dares Phrygius wider, eine von ihnen ist stark mit Einschüben aus der *Ili-*

as Latina, den *Heroiden* des Ovid und der *Aeneis* versetzt. Es ist, wie der lateinische Titel anzeigt, die Geschichte vom Untergang Trojas. Der Troja-Stoff war im Mittelalter in ganz Europa bekannt und beliebt. Wohl schon Ende des 12. Jahrhunderts dürfte er nach Island und Norwegen gekommen sein, wie die Tatsache, dass die *Veraldar saga* und auch Snorri in seiner Edda ihn kennen, erweist. Schweden erreicht er wohl erst im 14. Jahrhundert.

Bemerkenswert ist, wie sich die Übersetzung den einheimischen literarischen Verfahren anpasst. Die Geschichte beginnt mit einer mythologischen Herleitung der Trojaner vom biblischen Josua, zu dessen Lebzeiten auf Kreta ein Mann namens Saturn (»den wir jedoch Freyr nennen«) geboren wurde, über seine Nachkommen wird allmählich zu den Trojanern übergeleitet. Dies findet sich nicht im lateinischen Text, hat aber große Ähnlichkeiten mit der *Heimskringla* Snorris, der die Geschichte der norwegischen Könige ebenfalls in mythologischer Vorzeit beginnen lässt. In diesen Zusammenhang ist auch die Verwendung von Formeln wie »nun ist davon zu berichten …« zu stellen sowie häufigere Quellenberufungen, die der Geschichte die Objektivität verleihen sollen (»alte Bücher erzählen«), und die Übertragungen antiker Götternamen: Freyja gibt Aphrodite, Sif Hera und Gefjon Athena wieder. Dieses Verfahren findet sich unter anderem auch in Snorris Prolog zu seiner Edda. Außerdem scheint der Hang zur direkten Rede, die im Vergleich mit den lateinischen Texten wesentlich häufiger auftaucht, der heimischen Sagaliteratur zu entstammen.

»*Die Geschichten der Briten*« (Breta sögur)

Diese Geschichte der englischen Könige steht im engsten Zusammenhang mit der Geschichte von den Trojanern. Sie ist zusammen mit ihr überliefert, und der Zusammenhang wird dadurch hergestellt, dass die Trojanergeschichte mit »nun beginnt die Geschichte von Eneas und denen, die Bretland besiedelten« endet und die Britengeschichte mit »von Eneas dem Milden ist zu erzählen …« anhebt. Dieser Anfang ist eine stark raffende Nacherzählung der entsprechenden Stellen aus Vergils *Aeneis*, bis dann die Übersetzung der *Historia regum Britanniae* des Geoffrey of Monmouth (12. Jahrhundert) beginnt. Das Interesse an der englischen Geschichte dürfte dadurch zu erklären sein, dass in ihr auch von nordischen Ereignissen gehandelt wird, ja die Geschichte wird, abweichend vom englischen Original, bis zu Adalstein (engl: Aethelstan) weitergeführt, welcher Hákon, den Sohn Harald Haarschöns, des ersten Reichseinigers Norwegens, erzog. So fällt indirekt auch ein vornehmes trojanisches Licht auf die norwegischen Könige. Auch diese Saga ist den isländischen Erzählweisen verpflichtet. Sie enthält außerdem noch die *Merlinusspá* (die »Weissagung des Merlin«), einer im eddischen Versmaß *fornyrðislag* ursprünglich wohl von der Saga unabhängig gedichteten Übersetzung der *Prophetie,* die Geoffrey dem Merlin in den Mund legt. Dies ist zugleich der älteste Hinweis auf die Kenntnis des König-Arthur-Stoffes in Island. Diese Übersetzung wird allgemein Gunnlaugr Leifsson, einem Mönch des Benediktinerklosters Þingeyrar, um 1200 zugeschrieben. Ob von ihm oder seinen Mitbrüdern auch die gesamte Übersetzung stammt, lässt sich nicht sagen, denn das älteste Überlieferungszeugnis entstammt der *Hauksbók,* einer Sammelhandschrift vom Anfang des 14. Jahrhunderts.

»Die Geschichte der Skjöldunge«
(Skjöldunga saga),
»Die Geschichte von den Jomswikingern«
(Jómsvíkinga saga),
»Die Geschichte von den Nachkommen Knuts«
(Knytlinga saga)

Um und ab 1200 schreiben die Isländer auch über dänische Geschichte, gewissermaßen parallel zu Saxo Grammaticus. Dass der Anteil der dänischen Geschichte nicht so groß ist wie der der isländischen und norwegischen, erklärt sich daraus, dass die Verbindungen zu Norwegen intensiver und auch wichtiger waren. Das erste, nur bruchstückhaft überlieferte, aber durch spätere Benutzungen erkennbare Werk war die *Skjöldunga saga* (»Die Geschichte der Skjöldunge«), die die Geschichte Dänemarks in Urzeiten mit Skjöldr, einem Sohn Odins, beginnen lässt. Odin sei von Asien eingewandert (und diese Einwanderungstheorie findet sich auch in Snorris Edda und in der *Ynglinga saga* seiner *Heimskringla*, wo er kurz Skjöldr als König von Dänemark erwähnt), habe sich einen großen Teil des nördlichen Europa unterworfen und einen Sohn, Yngvi, in Schweden als König eingesetzt und den anderen Sohn, Skjöldr, zum Herren von Dänemark gemacht. Dieser sei der Stammvater der Dänen, und nicht Dan, wie Saxo behauptet – so wenigstens schreibt es der gelehrte Isländer Arngrímr Jónsson (1568–1648), der sich in seinen lateinischen Geschichten Dänemarks und Schwedens auf die *Skjöldunga saga* stützt. Die Geschichte führt dann bis etwa 900 zu Gorm dem Alten. Zur dänischen Geschichte kann auch die wohl um 1200 enstandene *Jómsvíkinga saga* gerechnet werden, obschon dies nicht unproblematisch ist. Es ist die Geschichte einer männerbündischen Ansammlung von dänischen Abenteurern, die gegen den norwegischen Jarl Hákon zu Felde ziehen und in der Schlacht von Hjörungavágr 994 eine vernichtende Niederlage erleiden.

Der historische Gehalt wird allgemein als gering eingeschätzt. Indes wird davon berichtet, dass die Jomswikinger im Wendland eine Burg angelegt hätten, und dies ist möglicherweise mit der Wikingersiedlung bei Wollin an der Ostseeküste identisch. Von der genannten Schlacht wird auch in anderen Quellen berichtet, und die Saga hat außerdem einen gewissen Realitätsgehalt dadurch, dass vier Isländer auf der Seite des Jarls daran teilnahmen und einige Skaldenstrophen darüber gedichtet haben. In ihrer Erzählweise steht sie zwischen Vorzeitsaga und Heldensage, man hat sie auch ein »nordisches Heldenlied in Prosa« genannt. Sie gestaltet lebhafte, dramatische Szenen wie z.B. ein Gelage, bei dem die Jomswikinger verschiedene Gelübde ablegen, oder die entscheidende Schlachtszene, in der ein knapper Ausspruch den Höhepunkt der Szene bildet: »Er hieb ihm die Lippe ab und das Kinn ganz bis unten hin durch, und die Zähne flogen aus dem Kopf. Da sprach Bui: ›Nun wird es den dänischen Mädchen auf Bornholm verleidet sein, uns zu küssen.‹« Mit ähnlich kernigen Sprüchen verachten die gefangenen, zur Hinrichtung bestimmten Jomswikinger den Tod.

Obschon ein gutes halbes Jahrhundert später geschrieben (um 1260), soll hier die *Knytlinga saga* (»Die Geschichte von den Nachfolgern Knuts«) erwähnt werden. Sie ist eine Darstellung der dänischen Geschichte von Harald Blauzahn (940–986) bis Knut VI. Valdimarsson (1182–1202), und sie endet genau dort, wo auch Saxos Dänengeschichte aufhört, weshalb man annehmen darf, dass ihr Verfasser ähnliche Quellen hatte wie jener. Zentral ist die Figur des dänischen Königs Knud Sveinsson (1080–1086), der später heilig gesprochen wurde. Ihm ist der größte Teil der Saga gewidmet, und dadurch erinnert es stark an Snorris *Heimskringla*, in dessen Mittelpunkt ja auch der Heilige Olaf steht. Mit ihr teilt sie historische Zuverlässigkeit und geschickte Erzählweise. Es ist mit guten Gründen vermutet worden, dass Snorris Neffe Olafr

Þorðarson, der sich um 1240 in Dänemark aufgehalten
hat, an der Entstehung dieser Geschichte nicht unbeteiligt
war.

»Die Geschichte der Bewohner der Orkneys«
(Orkneyinga saga)

Diese umfängliche Geschichte der Orkneys dürfte ursprünglich um 1190 geschrieben worden sein, sie liegt jedoch nur in einer überarbeiteten Fassung von etwa 1230
vor. Sie hebt wie viele der nordischen Geschichtswerke mit
einer mythologischen Einleitung an, und diese ist möglicherweise von Snorri Sturluson verfasst. Aus seiner *Olafs
saga helga* in der *Heimskringla* sind einige Kapitel direkt
übernommen. Die Geschichte reicht in ihrem historisch re-
levanten Teil von rund 880, als der norwegische König Harald Haarschön die Orkneys und auch die Shetlands unter-
wirft, bis etwa 1170, dem Todesjahr von Sveinn Ásleifar-
son, und gehört mit zu den wichtigsten Quellen dieser
nordatlantischen Inseln. Eine ihrer Hauptfiguren ist der
Jarl Rögnvaldr kali, der 1151/53 eine Fahrt nach Palästina
unternimmt. Doch diese Reise, deren Höhepunkt ein Bad
im Jordan ist, ähnelt mehr einem Wikingerzug, auf dem geplündert, gehandelt, gedichtet und gesoffen wird, als einer
Pilgerfahrt. Anschaulich wird erzählt, wie der Zug zu
Schiff über Spanien und Gibraltar nach Palästina gelangt.
Die Rückkehr geht über Byzanz, Italien und dann zu Pferd
nach Norwegen und auf die Orkaden zurück. Eine prachtvolle Figur gibt der raubende und plündernde Sveinn Ás-
leifarson ebenso ab wie der heilige Magnús, der 1115 einem
Mordanschlag seines Vetters Hákon Pálsson zum Opfer
fällt. Diese Passagen könnten den Anlass zur *Magnúss saga
Eyjajarls* gegeben haben, der Geschichte des als Märtyrer
verehrten und schon 1135 zum Heiligen erhöhten Magnus,
dem Jarl Rögnvaldr 1137 in Kirkwall eine Kirche errichten
ließ, in der er beigesetzt wurde und die seinen Namen trägt.

»*Die Geschichte vom heiligen Jon*«
(Jóns saga helga)
und andere Geschichten von Bischöfen

(»*Die Geschichte von Thorlak*«, Þorláks saga;
»*Die Hungerweckerin*«, Hungrvaka;
»*Die Geschichte von Gudmund*«, Guðmundar saga;
»*Die Geschichte von Laurentius*«, Laurentius saga;
»*Die Geschichte von Bischof Arni*«, Árna saga biskups)

Jón Ögmundarson war der erste Bischof des zweiten Bischofssitzes im nordisländischen Hólar (1106–1121) und wurde 1200 heilig gesprochen. Bald darauf schrieb der Mönch Gunnlaugr Leifsson aus dem Kloster Þingeyrar, zu dessen Gründung der heilige Jón wahrscheinlich beigetragen hat (die älteste Datierung geht allerdings auf 1133 zurück), eine *vita* auf lateinisch. Diese ist verloren, es gibt aber isländische Übersetzungen aus dem 13. und 14. Jahrhundert. Die *Jóns saga helga* (»Die Geschichte vom heiligen Jón«) hat stark legendarisch-hagiographischen Charakter und legt großen Wert auf seine visionären Kräfte, dennoch ist ihr etliches an kulturhistorischem und geschichtlichem Wert abzulesen. Seine bedeutende Tätigkeit drückte sich etwa darin aus, dass er in Hólar eine Kathedrale erbauen ließ und eine Kathedralschule einrichtete, an die er ausländische Lehrer verpflichtete.

Auch dem anderen Heiligen, dem Bischof von Skálholt Þorlákr Þorhallsson (1178–1193), wurde eine isländische Saga gewidmet, die *Þorláks saga helga* (»Die Geschichte vom heiligen Þorlákr«), wohl ebenfalls um 1200. Er hatte sich im Ausland aufgehalten, in Paris und in Lincoln, war bald Abt des ersten isländischen Augustinerklosters in Þykkvabœr geworden und wurde 1178 vom Erzbischof Eysteinn in Nidaros (dem erbitterten Gegner von König Sverrir) zum Bischof geweiht. Dessen Unterstützung hatte er im Kampf gegen die weltlichen Häuptlinge, mit denen er sich wegen deren Unmoral und wegen des Streites über die Privatkirchen auseinander zu setzen hatte. »Bischof Thorlak hatte Jón Loptssohn in Oddi vieles vorzuwerfen: sowohl sein unzüchtiges Leben wie den unrechtmäßigen Vermögenserwerb, besonders aber, dass er seine Schwester Ragneid in offenem Trotz und Ungehorsam bei sich im Hause hielt, obgleich seine Frau noch lebte.« Sein Leben wurde auch nicht leichter dadurch, dass sein härtester Gegner, Jón Loptsson, seine Schwester als Kebse hielt. Beider Sohn Páll Jónsson wurde Þorláks Nachfolger auf dem Bischofssitz zu Skálholt. Es wird kenntnisreich und mit viel Dialog erzählt, des Bischofs Frömmigkeit wird entsprechend herausgestellt, sein alltägliches Leben geschildert. Natürlich eine Hagiographie, vielleicht diente sie wie die anderen Geschichten von Bischöfen der *lectio* im Kloster, die uns aber wertvolle Hinweise auf Alltagsleben und Alltagswelt erlaubt. Dies trifft auch auf die Geschichte seines Neffen und Nachfolgers Páll Jónsson (1195–1211) zu, die *Páls saga biskups*, die wohl bald nach seinem Tod geschrieben wurde. Obschon er ein gottgefälliges Leben führte, hat er es nicht zum Heiligen gebracht. Seine Geschichte stellt sich stilistisch zum Teil in die gängige säkulare Erzählweise:

Paul war von schönem Äußeren, hatte schöne Augen, einen festen Blick, lockiges, schönes Haar, gut gebaute Gliedmaßen, kleine Füße, helle Haut und Gesichtsfarbe, war von mittelmäßiger Größe und ein feingebildeter Mann. Er lernte leicht und war schon in jungen Jahren gelehrt, dazu geschickt bei allem, was er anfing, sowohl mit der Feder wie auch sonst.

So ähnlich wird man es beispielsweise wieder in der *Heimskringla* lesen können. Aus der Zeit um 1200 stammt auch die »Hungerweckerin« (*Hungrvaka*), die nach den Worten der Einleitung so genannt ist, weil sie den Hunger der Laien nach mehr Kenntnissen erwecken wird. Sie kann als eine Parallele zur *Íslendingabók* gelesen werden. Erzählt diese die isländische weltliche Geschichte, so berichtet jene die Geschichte der ersten fünf Bischöfe, Säkulargeschichte dort, Kirchengeschichte hier. Obschon wohl hundert Jahre später geschrieben (es existieren verschiedene Versionen), soll hier kurz die »Geschichte des Bischofs Gudmund« (*Guðmundar saga biskups*) erwähnt werden. Guðmundr Arason war Bischof in Hólar 1203–1237, der sich zeit seines Lebens mit den Großen und Mächtigen herumschlagen musste; aber er selber war auch keine irenische Natur:

> Er war sehr eifrig, und sein Benehmen wies bald deutlich darauf hin, dass er die Unverträglichkeit seines Geschlechtes geerbt hatte; denn er wollte immer seinen Kopf durchsetzen, wenn er konnte, mit wem er's auch zu tun hatte; darum war sein Ziehvater streng zu ihm und züchtigte ihn sehr.

Dennoch führt er ein frommes Leben, doch auch hier gelingt die Heiligsprechung nicht. In ihrer Erzählweise erinnert die Saga durchaus an weltliche isländische Erzählungen. Bei einem Schiffsunglück hing der linke Fuß Gudmunds

> über den Bootsrand hinaus, und er saß im Segel fest. Ingimundr [sein Onkel, der nach dem Tode des Vaters sein Ziehvater wurde] fragte, warum er nicht aufstünde; aber er sagte, es liege solche Last auf ihm, dass er nicht aufstehen könne. Da hob man das Segel von ihm ab, doch konnte er auch jetzt noch nicht aufstehen. Ingimund stellte ihn zur Rede, warum er nicht aufstünde, aber er sagte, das Bein sei ihm so schwer, dass er sich nicht rühren könne. »Es ist doch nicht gebrochen?« sagte Ingimund. Er sagte: »Ich weiß nicht; weh tut es nicht.« Da sah man nach und

fand das Bein gebrochen; es war auf dem Bootsrand
mit einer Muschelscherbe zersplittert; die Zehen standen da, wo die Ferse sein sollte. Da legten sie ihn ins
Boot und deckten ihn zu.

Guðmundr ist tapfer wie die besten isländischen Helden.
Ingimund hatte bei diesem Unglück seine Bücherkiste
verloren: »Sie war über Bord geschleudert. Da fühlte er
sich hart geschlagen, denn an seinen Büchern hing sein
ganzes Herz« – ein wahrer *homme de lettres*. Und siehe:
»Da betete der Priester Ingimund, dass die Bücherkiste
mit seinen Büchern an Land kommen möchte, und nach
fünf Tagen erfuhr man, dass die Kiste bei Drangar heil an
Land getrieben und alles drin sei, was man nur hoffen
konnte.« Das Bein des Neffen heilt dagegen ohne göttliche Hilfe nur mit menschlicher Arztkunst (»Helgi wärmte
das Bein stark, und zwei Mann zogen den Knochen mit
einer Zange, bis der Bruch sich einrenkte«). Aus der ersten Hälfte des 14. Jahrhunderts stammen die beiden Geschichten der Bischöfe Árni Þorláksson und Laurentius
Kálfsson – die originale Geschichtsschreibung ist an ihr
Ende gelangt, Abschriften und Kompilationen sind nun
an der Tagesordnung.

»*Weltkreis*« (Heimskringla)

Allgemein wird die *Heimskringla* des Snorri Sturluson als
der Höhepunkt der altisländischen Geschichtsschreibung
angesehen. Es ist die Geschichte der norwegischen Könige
von den Urzeiten bis in das Jahr 1177 in 16 verschiedenen
Sagas. Weithin verbreitet ist die Annahme, dass das ganze
Werk von Snorri stammt. Nur hie und da finden sich ab-
weichende Meinungen, etwa, dass die letzten vier Sagas
nicht von Snorri selber stammen, dass Snorri das Haupt
einer Schreiberschule war oder dass die *Heimskringla* eine

Kompilation ist. Sie hat sich durch die Jahrhunderte größter Beliebtheit erfreut: Im 16. Jahrhundert wird sie von den Norwegern Laurents Hanssøn und Peder Claussøn Friis übersetzt, auch von Mattis Størssøn und bleibt dann besonders in Norwegen eine Lieblingslektüre, aus der sich beispielsweise Andreas Munch, Bjørnstjerne Bjørnson und Henrik Ibsen den Stoff für ihre nationalhistorischen Dramen holten. Um 1900 ist sie dort in neuen Übersetzungen weit verbreitet.

Von Snorri können wir uns ein recht gutes Bild machen, da er vor allem in der *Íslendinga saga* seines Neffen Sturla Þórðarson geschildert wird, die den Hauptteil der *Sturlunga saga* ausmacht. Aber auch in anderen Quellen taucht er auf, so z.B. in der *Hákonar saga Hákonarson* von Sturla Þórðarson sowie in Annalen und in einigen Bischofsgeschichten. Er ist unlösbar mit den Turbulenzen in der isländischen Geschichte des 13. Jahrhunderts verbunden, d.h. mit der Machtkonzentration und dem besonderen Verhältnis zu Norwegen. Geboren wurde er 1178 oder 1179 im westlichen Island als Sohn des Sturla Þórðarson, auch Hvamm-Sturla genannt, von dem die sog. »Sturlungenzeit« ihren Namen erhalten hat. Seine beiden älteren Brüder Þórðr Sturluson und Sighvatr Sturluson spielen in der Politik ebenfalls eine wichtige Rolle. Frühzeitig wird Snorri (wohl im Alter von etwa 3 Jahren) ins südländische Oddi verbracht. Diesen für die Wissenschaft und Kultur wichtigen Ort beherrscht der mächtige Jón Loptsson (gest. 1197), und hier wird Snorri eine vorzügliche Ausbildung und das Interesse für die Geschichte Norwegens erfahren haben, denn Oddi war durch die Person von Jón Loptsson mit Norwegen verbunden – sein Großvater war der norwegische König Magnus Barfuß (1093–1103). Früher hatte hier auch Sæmundr Sigfússon (1056–1133) gelebt, der in Paris studiert und ein nicht erhaltenes Werk über die norwegischen Könige auf Latein geschrieben hatte, das in späteren historiographischen

Werken genannt wird. Auf Oddi war auch Þorlákr Þorhallsson erzogen worden, der 1178–1193 Bischof von
Skálholt war, der als erster Isländer heilig gesprochen
wurde und dessen Schwester die Frau von Jón Loptsson
war. Der reiche Erbe Snorri heiratet die gute Partie Herdís, Tochter des reichen Bersi. Um 1206 zieht er nach
Reykjahólt, wo er abgesehen von seinen Reisen bis zu seinem Tod wohnen bleibt und von wo aus er seinen Macht-
bereich ausdehnt. »Er wurde eine großer Häuptling, denn
es fehlte ihm nicht an Geld« (*Íslendinga saga*, Kap. 16
[21]). In den Jahren 1215–1218 und 1222–1231 fungiert er
als Gesetzessprecher auf dem Allthing. Von 1218 bis 1220
unternimmt er seine erste Reise nach Skandinavien, wo er
die beiden Winter bei Jarl Skúli verbringt und den Sommer 1219 zu einer Reise in das schwedische Västergötland
nutzt. In Norwegen verleihen ihm Jarl Skúli und König
Hákon den Titel eines *skutilsveinn*, und als erster Isländer
erhält er den Titel des *lendr maðr*. Bei der Abreise verspricht er, sich dafür einzusetzen, dass Island unter norwegische Oberhoheit gerät. Nach Island zurückgekehrt,
betreibt er dieses Unternehmen eher zögerlich, allerdings
übernimmt er norwegische Lebensweisen. Er richtet Feste
ganz nach norwegischer Hofart aus (*Íslendinga saga*,
Kap. 60 [65]) und erzieht seine Leute nach norwegischer
Weise (*Íslendinga saga*, Kap. 99 [104]). Eines Sommers
befinden sich unter seiner 600 Personen zählenden Gefolgschaft auf dem Allthing sogar 80 Norweger (*Íslendinga saga*, Kap. 34 [39]). Anderes war ihm wichtiger: die
politischen Auseinandersetzungen in der Heimat, der
Ausbau und Erhalt seiner Macht u. a. dadurch, dass er
seine ehelichen und unehelichen Töchter an vornehme
junge Männer aus anderen mächtigen Großfamilien verheiratet, schließlich und endlich seine wissenschaftlichen
Tätigkeiten. In den 20er Jahren schreibt er seine Poetik,
die sog. *Snorra Edda*, die sog. selbstständige *Ólafs saga
helga* (die später in die *Heimskringla* übernommen wird)

und eben die *Heimskringla*. 1224 (?) heiratet er ein zweites Mal, und Hallveig, eine Enkelin von Jón Loptsson,
bringt noch mehr in die Ehe mit als ihre Vorgängerin
Herdís. 1238 begibt er sich erneut nach Norwegen, wo
sich zwischen Jarl Skúli und König Hákon, der nun er-
wachsen ist, eine Kluft aufgetan hat: Skúli strebt nach der
Königsmacht. Snorri wählt die falsche Seite, indem er sich
an Skúli hält und den König nicht einmal aufsucht, ja, das
Land sogar gegen das königliche Verbot verlässt. Der König beauftragt nun Gizurr Þorvaldsson, Snorris ehemali-
gen Schwiegersohn (die Ehe mit Ingibjörg ist in die Brüche gegangen), ihm Snorri zu bringen oder ihn anderen-
falls zu töten, was Snorris Feinde unter Gizurrs Führung
denn auch 1241 durchführen. Seine Ländereien werden
vom norwegischen König eingezogen und sind somit der
erste isländische Besitz, der in ausländische Hände gelangt.

   Von der selbstständigen *Ólafs saga helga* sind rund 2
Dutzend Handschriften überliefert, und auch von der
Heimskringla gibt es genügend Handschriften, wenngleich nicht so viele wie bei der selbstständigen *Ólafs saga*,
sie war ja erheblich umfangreicher. Sie ist auch in größere
Sammelhandschriften aufgenommen worden, z.B. in die
Flateyjarbók. Mit Snorri erreicht die isländische Historiographie ihren absoluten Höhepunkt. Das Interesse der Isländer an der Geschichte lässt danach zwar nicht nach, es
wird auch nach Snorri noch Geschichte geschrieben – nun
aber vorwiegend isländische Geschichte, d.h. Geschichten
von Bischöfen. Die Königsgeschichten hingegen werden
in mehr oder weniger selbstständigen großen Kompilationen (Beispiele: *Hulda, Hrokkinsskinna, Fríssbók, Eirspennill* etc.) zusammengestellt und tradiert.

   Der Prolog der *Heimskringla* erlaubt uns bemerkenswerte Aufschlüsse über Snorris Quellen, da er sie selber
nennt. Er bezieht seinen Stoff von klugen Männern
(*fróðir menn*), von Genealogien und aus den skaldischen

Gedichten, »und wenn auch wir nicht wissen, ob das wahr war, so wissen wir doch, dass die alten Klugmänner sie für wahr hielten«. Und gerade die Skaldengedichte haben laut Snorri einen hohen Quellenwert. Dies hat natürlich damit zu tun, dass diese so strenge Kunst durch die mündliche Überlieferung weniger gefährdet ist als andere mündliche Quellen, und Snorri verwendet daher etwa 600 Skaldenstrophen. Zu seinen Gewährsleuten zählt Snorri auch seinen Vorgänger Ari, der als Erster auf Isländisch die Geschichte der norwegischen Könige aufgeschrieben habe. Außerdem kann er auch schriftliche Quellen benutzt haben, z.B. *Morkinskinna, Fagrskinna, Orkneyinga saga, Ágrip, Ólafs saga Tryggvasonar* (von Oddr Snorrason), *Jómsvíkinga saga.* Diese liegen aber nur in späteren Redaktionen vor, die kaum Aufschluss über das Maß der eventuellen Entlehnung erlauben. Biblische Motive und Züge aus der Volksliteratur sind hie und da nachgewiesen. Sicher gehört auch mündliche Überlieferung zu seinen Quellen, die wir aber nicht greifen können, und sicher gehört auch genealogisches Wissen dazu, von dem wir wissen, dass es – wie es im »Ersten Grammatischen Traktat« heißt – zu dem frühesten gehört, was auf Island aufgeschrieben wurde.

Die *Heimskringla* ist die Geschichte der norwegischen Könige von den Urzeiten bis in das Jahr 1177 in 16 chronologisch aneinander gereihten Sagas. Sie beginnt mit der *Ynglinga saga*, in der die Reihe der schwedisch-norwegischen Könige bis in Urzeiten zurückgeführt wird, führt über Harald Haarschön, den ersten Einiger des Reiches, zu den beiden zentralen Gestalten: Olaf Tryggvason und vor allem Olaf den Heiligen. Diese Saga, die etwa ein Drittel des Werkes einnimmt, stellt den Höhepunkt der *Heimskringla* dar. Über deren Hauptperson gibt es auch mehrere andere Quellen, z.B. die altnorwegische »Legendarische Olafssaga«, die sog. »Älteste Olafsaga«, von der nur einige Fragmente erhalten sind, lateinische Geschichtswerke wie das *Historia de antiquitate regum Nor-vagensium* des norwegischen Mönchs Theodoricus (um 1180), der übrigens – wie Snorri – den Quellenwert isländischer Skaldengedichte hervorhebt, und die anonym gebliebene *Historia Norvegiae.* Die Geschichte geht weiter über dessen Nachfolger, die Abhängigkeit von Dänemark und über den letzten »Wikingerkönig« Harald Sigurdsson, der beim letzten Versuch, England zu besetzen, in der Schlacht von Stamfordbridge 1066 fällt, womit das Ende der sog. Wikingerzeit angedeutet ist. Die *Heimskringla* erzählt dann von den unruhigen Zeiten in Norwegen im 12. Jahrhundert und endet mit der Schlacht von Re 1177, in der Magnus Erlingsson seine Gegner besiegt. Wie man aus der *Sverris saga* weiß, dauerte seine Herrschaft nicht lange, 1184 wird er von Sverrir besiegt.

Der *Heimskringla* ist sicher Snorris Bewunderung für die norwegische Monarchie abzulesen – daher war das Werk ja auch so beliebt in Norwegen. In diesem Werk kommen aber auch die Isländer gut weg. Warum gilt Snorri allen als der Höhepunkt isländischer Geschichtsschreibung im Mittelalter, und warum hat sich seine Popularität durch die Jahrhunderte erhalten? Die *Heimskringla* war so etwas wie ein Volksbuch in Island und noch mehr in Norwegen. Es liegt wohl mehr an der Anschaulichkeit und der Gestaltung von lebendigen Szenen als in seinem historiographischen Wert, denn Snorri weiß ja kaum mehr als andere, vergleichbare Quellen. Es liegt an der Art und Weise, wie er Geschichte *erzählt.* Und wie erzählt er sie?

Eines der auffälligen Gestaltungsmittel sind die dialogischen Szenen, mit denen einzelne Auftritte anschaulich gestaltet werden. Ein Beispiel: König Olaf Haraldsson liegt in Tönsberg, wo der König mit seinen Männern im selben Zimmer schläft und sieht, wie Þórarinn, einer seiner Gefolgsmänner,

einen seiner Füße unter der Bettdecke hervorge-
streckt hatte. [...] Dann sprach der König zu Thorarin: »Ich bin jetzt schon eine Weile wach und habe da
etwas gesehen, was mir sehr merkwürdig vorkam: einen Männerfuß so gestaltet, dass es, glaube ich, in
dieser Stadt keinen hässlicheren gibt.« Er bat die anderen Männer dorthin zu sehen, ob sie die gleichen
Eindruck hätten. Und alle, die dahin sahen, meinten,
so wäre es in der Tat. Thorarin hörte mit an, was man
sprach, und versetzte: »Es gibt wenig Dinge, die so
ganz verschieden sind, dass nicht die Wahrscheinlich-
keit wäre, etwas Gleichartiges zu finden, und sicherlich ist es auch hier nicht anders.« Der König versetzte: »Desungeachtet bleibe ich dabei, dass ein so hässlicher Fuß nicht wieder gefunden werden wird, ja,
und wenn ich selbst eine Wette darauf machen müss-
te.« Thorarin entgegnete: »Ich bin bereit, mit dir darüber zu wetten; ich werde noch einen hässlicheren
Fuß in der Stadt finden.« Der König sagte: »Gut,
dann soll der von uns beiden, der Recht behält, von
dem anderen sich etwas erbitten dürfen.« »So soll es
sein,« sagte Thorarin. Nun streckte Thorarin unter
der Decke seinen anderen Fuß hervor, der keineswegs
schöner anzusehen war, nur war der große Zeh außerdem noch ab. Dann sagte Thorarin: »Sieh her, König, hier ist noch ein anderer Fuß, und er ist insofern
noch hässlicher denn der erste, als hier auch noch einer von den Zehen fehlt. So hab' ich die Wette gewonnen.« Der König erwiderte: »Jener erste Fuß ist
doch deswegen der hässlichere, weil er fünf dieser
grässlichen Zehen hat, während an dem andern nur
vier sind. So habe ich die Bitte an dich zu stellen.«

Nun wird diese Geschichte aber nicht um ihrer selbst
willen erzählt. Der in der Wette unterlegene Þorarin erhält
später den Auftrag, den Isländern das Angebot Olafs zu

überbringen, das Land unter den Schutz des Königs zu stellen. Dieses Angebot lehnen die Isländer ab, wiederum in dialogisch geführten Szenen, deren Höhepunkt die Zurückweisung durch Einar Eyjólfsson ist. In dieser großen Rede, in der Einar auf das Nachdrücklichste die Selbstständigkeit Islands verteidigt, hat man Snorris Bekenntnis zur Eigenständigkeit seines Landes gegenüber dem expansionswilligen norwegischen König seiner Zeit sehen wollen. Durch die Jahrhunderte hindurch ist sie immer wieder zur Bewahrung der Unabhängigkeit zitiert worden, ja, sie wurde 1917/18, als Island ein erster Schritt aus der Abhängigkeit von Dänemark gelang, als »Propagandaschrift« gedruckt. Zu den großartig gestalteten Szenen gehören jene mit kernigen Aussprüchen im Augenblick des Todes, wie man sie auch in den Isländersagas finden kann. So reißt sich der tödlich verwundete Thormod, nachdem er noch eine perfekte Skaldenstrophe gesprochen hat, mit einer Zange einen Pfeil aus der Brust, an dem noch einige rote und weiße Herzfasern hängen, und sagt: »Gut hat der König uns genährt. Noch habe ich Fett an Herzfasern«, und scheidet aus dem Leben.

Die Reden, die etwa 25 Prozent des Textes ausmachen, sind charakteristisch für die weltlichen Traditionen, daher findet man sie auch in der *Sverris saga*, während die klerikal geprägten historiographischen Werke (wie z. B. *Historia Norvegiæ*, Theodoricus) darauf weitgehend verzichten. Snorri präsentiert die Ereignisgeschichte besonders in der Form von Konflikten, jedoch nicht, wie die frühere Forschung annahm, als Konflikte konstitutioneller Art zwischen dem König und den Großen des Landes als Teil einer *Rex-iustus-Ideologie*. Die dargestellten Auseinandersetzungen sind vielmehr individueller Art, sind zu verstehen als mehr oder minder private Fehden, wodurch sie sich den Isländersagas an die Seite stellen. Mit den Isländersagas teilt Snorri auch die Besonderheit, dass er das Übernatürliche eher rationalisiert (wobei solche Momente

weder hier noch dort ganz fehlen), wie ein Vergleich mit
der »Legendarischen Olafssaga« zeigen kann. Diese lässt
beispielsweise bei Olafs Geburt einen hellen Stern leuch-
ten, während Olaf bei Snorri unter durchaus säkularen
Umständen das Licht der Welt erblickt. Snorri will die Ereignisse nicht nur beschreiben, er will sie auch erklären,
jedoch nicht durch Berufung auf Gottes Vorsehung, sondern durch kurzfristige Perspektiven menschlicher Handlungen, und hierbei sind Erfolg oder Misserfolg entscheidend. Im Unterschied zu europäischen Chroniken spielt
in der *Heimskringla* ein Ehrenkodex, nach dem Konflikte
bearbeitet und beigelegt werden, kaum ein Rolle. Dies hat
seinen Grund darin, dass die nordische Gesellschaft des
Mittelalters noch nicht so streng aristokratisch wie die
mitteleuropäische gegliedert war, dass sie etwas »demo-
kratischer« war als diese, dass man es mit einer relativ
locker strukturierten Gesellschaft ohne allzu strenge Loya-
litätsbande zu tun hat, dass im Norden die Laien eine wesentlich größere Rolle spielten und dass die Grenzen zwischen Klerus und aristokratischen Laien viel durchlässiger
waren.

Wenn auch Snorri in seinem Prolog Auskunft über seine Quellen gibt und sich als gewissenhafter Historiker
präsentiert, darf dies nicht darüber hinwegtäuschen, dass
es in dem Werk auch Unsicherheiten und Widersprüche
gibt und er sich auch Erzählelemente bedient, die er aus
gänzlich anderen Quellen bezieht. Wenn es z. B. von Harald dem Harten heißt, er habe versucht, eine Stadt dadurch in Brand zu stecken, dass er Vögel mit brennenden
Fackeln dorthin geschickt habe, dann findet man dieses
Motiv auch in Volkserzählungen oder etwa bei Saxo
Grammaticus. Vom ersten Reichseiniger Harald erzählt
Snorri, dass er sich die Haare nicht hat schneiden lassen
wollen, bevor das Reich geeint sei – und auch Caesar
wollte sich weder Bart noch Haare kürzen lassen, bis er
sich an den Eburonen gerächt hatte. Dies soll nicht sagen,

dass Snorri Caesars Bericht vom gallischen Krieg gekannt hat, sondern nur darauf hinweisen, dass er vielfältige Erzählmotive in seine Geschichte einwebt, die in der Wirklichkeit nicht verankert sein müssen, die aber seiner Darstellung Anschaulichkeit verleihen. Ähnlich verhält es sich mit den Beschreibungen der Könige. Snorri beschreibt König Olaf folgendermaßen:

> Als König Olaf herangewachsen war, war er kein hochgewachsener Mann. Er war nur von Mittelgröße, doch von stämmigem Aussehen und voll Leibeskraft. Er hatte lichtbraunes Haar und ein breites Gesicht. Sein Antlitz war frisch und von gesunder Farbe. Er hatte gar wundersame Augen. Seine Augen waren durchdringend und glänzend, so dass es ein Schrecken war, ihm ins Gesicht zu schauen, wenn er in Wut war. Olaf war ein Mann, der sich auf viele Fertigkeiten verstand. Er wusste wohl mit dem Bogen umzugehen und war ein guter Schwimmer. [...] Er wusste gut und klar zu reden, frühzeitig war er in allem gereift, an Kraft wie an Weisheit. Er war ein Meister in jedem Spiele und wollte stets der Erste sein, wie ihm das ja auch zukam bei seinem Rang und seiner Abstammung.
>
> (Kap. 3)

Dies lässt sich mit der Beschreibung Karls des Großen durch Einhart vergleichen:

> Er war von breitem und kräftigem Körperbau, hervorragender Größe, die jedoch das richtige Maß nicht überschritt [...], der obere Teil seines Kopfes war rund, seine Augen sehr groß und lebendig, die Nase ging etwas über das Mittelmaß, er hatte schöne weiße Haare und ein freundliches, heiteres Gesicht. So bot seine Gestalt, mochte er sitzen oder stehen, eine

höchst würdige und stattliche Erscheinung, wiewohl
sein Nacken dick und zu kurz, sein Bauch etwas her-
abhängend scheinen konnte [...]. Er hatte einen
festen Gang, eine durchaus männliche Haltung des Körpers
und eine helle Stimme [...]. Er übte seinen Leib fleißig
im Schwimmen und verstand das so trefflich, dass es
ihm keiner darin zuvortat.

(Kap. 22)

Man kann auch Widukinds Beschreibung von Otto dem
Großen heranziehen:

Auf die Jagd geht er häufig, das Brettspiel liebt er, die
Anmut des Reiterspiels übt er zuweilen mit königlichem Anstand. Hierzu gesellt sich noch der gewaltige
Körperbau, der die volle königliche Würde zeigt, das
Haupt mit ergrauendem Haar bedeckt, die Augen
funkelnd und nach Art des Blitzes durch plötzlich
treffenden Blick einen gewissen Glanz ausstrahlend,
das Gesicht rötlich und der Bart reichlich niederwal-
lend, und zwar gegen den alten Brauch; die Brust ist
mit einer Art Löwenmähne überdeckt, der Leib be-
haglich, der Schritt sonst rasch, jetzt gemessener.

(2. Buch, Kap. 36)

Es lässt sich wohl nicht entscheiden, ob hier mehr oder
weniger feste *topoi* vorliegen oder ob diese Beschreibungen ein frühes Beispiel für eine indivdualisierende Erzählkunst abgeben. Für Snorris Olaf gilt, dass viele der am
Anfang seiner Saga aufgeführten positiven Eigenschaften
im Verlauf der Erzählung verdeutlicht werden, und von
der Schlacht bei Stiklastaðir heißt es gegen Ende der Saga:
»Als König Olaf aus der Schildburg vorging und zu aller-
vorderst im Treffen stand und die Bauern ihm ins Ange-
sicht sehen mussten, da erfüllte sie Schrecken, und ihre
Arme sanken nieder.« (Kap. 226) Andererseits lässt sich in

vielen Fällen, wo andere nordische und außernordische Vergleichsquellen zur Verfügung stehen, die Zuverlässigkeit seiner Erzählung erweisen. Jedenfalls ist wichtig festzuhalten, dass es sich bei der *Heimskringla* um die Sicht eines Isländers aus dem 13. Jahrhundert auf die Geschichte Norwegens handelt, was auch durch gelegentliche Anachronismen deutlich wird, so wenn in der Saga von Harald Haarschön (Kap. 6), der um 900 König war, von einem politischen System die Rede ist, das erst im 13. Jahrhundert etabliert wird. Und festzuhalten ist auch, dass es sich um eine großartig gestaltete Geschichtserzählung handelt, die zu Recht ihre Popularität in Island und Norwegen durch die Jahrhunderte erhalten hat.

»Die Geschichte von Alexander« (Alexanders saga)

Die Geschichte von Alexander dem Großen ist im europäischen Mittelalter ein sehr beliebter Stoff und hat zahlreiche Bearbeitungen gefunden, weshalb es nicht erstaunlich ist, dass er auch seinen Weg nach Island gefunden hat. Der isländische Bischof Brandr Jónsson (gest. 1264), der auch die *Gyðinga saga* übersetzt hat, legte seiner Übersetzung *Alexanders saga* das Versepos *Alexandreis* von Walter von Châtillon (Gautier de Châtillon, Galterus de Castellione) von etwa 1180 zugrunde. Er übertrug (um 1260?) die Hexameter in eine flüssige isländische Prosa und bezog sich dabei auf den Stil der einheimischen Erzähltradition: So verwendet er bekannte Formeln wie »nun ist davon zu berichten …«, um nach Abschnitten der Digression wieder zum Haupterzählstrang zurückzufinden. Er vermeidet auf diese Weise das ihm (und der Literatur seines Landes) zu gewaltig erscheinende Pathos der Vorlage und ersetzt einmal einen antiken Götternamen durch einen nordischen (wie dies auf Island üblich war), ansonsten fügt er mythologische Erklärungen bei. Er lässt aus, was den nordischen

Horizont übersteigt, kürzt hie und da, unterdrückt die
stimmungsgeladenen Naturbeschreibungen des Lateinischen (die in der isländischen Literatur eben unüblich
sind) und löst Gefühle in Handlungen auf. Kurzum: Er
liefert eine Version des Alexanderstoffes ganz im nordischen Gewand. Übrigens wurde dieser Stoff (nach der Version der *Historia de preliis*) Ende des 14. Jahrhunderts
auch in dem über 10 000 Verse umfassenden *Konung Alexander* in das Schwedische übertragen. An der schwedischen Version ist bemerkenswert, dass der Verfasser oder
Übersetzer sich gleich am Anfang recht herablassend über
die Helden europäischer Mittelalter-Romane wie Dietrich
von Bern, Perceval, Gawan und auch Hektor äußert. Ihre
Kämpfe seien sinnlos gewesen, und ihnen wird der prak-
tisch veranlagte König Alexander gegenübergestellt, dem
hier keine Züge von Hochmut eignen. In einer Handschrift der schwedischen Übersetzung des niederdeutschen
Seelentrostes von etwa 1440 findet sich eine Prosaversion
der Alexandergeschichte als ein *exemplum* zum zehnten
Gebot. Die Beliebtheit des Stoffes lässt sich auch für den
Norden dahingehend erklären, dass der zuerst vom Glück
begünstigte und später von ihm verlassene Alexander, seine Überheblichkeit, seine Hybris oder seine *superbia*, mit
gegenwärtigen politischen Verhältnissen etwa Islands, wo
der Streit der Großen schließlich zum Untergang des Freistaates führte, vereinbar ist. Seine Geschichte konnte vor
dem Hintergrund der Zeitgeschichte gelesen werden. Für
die *Veraldar saga* ist er einer der Griechenkönige, wenn
auch der größte, dem jedoch kein Makel anhaftet.

»*Geschichte der Juden*« (Gyðinga saga)

Brandr Jónsson, der Übersetzer der *Alexandersaga*, hat
auch diese Geschichte der Juden (der Name hat sich erst
in der Neuzeit eingebürgert) verfasst (wahrscheinlich um

1260), wie es in einer Handschrift heißt, nach Aufforderung durch den norwegischen König Magnús Hákonarson. Doch im Gegensatz zur *Alexander saga* ist diese Geschichte keine direkte Übersetzung irgendeiner Vorlage, auch wenn es am Ende der Saga heißt, das Werk sei von Hieronymus aus dem Hebräischen ins Lateinische und von dort von Brandr in die nordische Sprache übersetzt worden. Dargestellt wird die Geschichte der Juden zur Zeit der Makkabäer, als Quellen haben die Makkabäerbücher sowie Auszüge aus Petrus Comestors *Historia Scholastica* und Flavius Josephus' *Jüdischer Geschichte* gedient. Für den Schlussteil, der von Pilatus und Judas erzählt, wird eine unbekannte mittelalterliche Legende angenommen. Auch für diese Saga gilt – was schon für die *Alexander saga* erwähnt wurde –, dass Brandr ein guter »patriotischer« Stilist ist, der den fremden Stoff lebhaft dem einheimischen literarischen Verfahren einschreibt.

»*Die Geschichte vom Christentum*« (Kristni saga)

Diese lebhafte Darstellung des Beginns der Christianisierung Islands stammt wahrscheinlich von Sturla Þórðarson, der, wenn er denn der Autor ist – was mit guten Gründen angenommen wird –, sich hier mehr angestrengt hat als bei seiner *Hákonar saga*. Die in dramatisch gestalteten Szenen geprägte Erzählung vom Einzug der neuen Religion behandelt den Zeitraum von kurz vor 1000 bis 1118. Die ersten Missionierungsversuche eines Isländers namens Þorvaldr Koðránsson (der auch der Held des *Þorvalds þáttr viðförla* ist) und eines deutschen Bischofs Friðrekr scheiterten, was nicht nur daran lag, dass »der Bischof damals das Nordische nicht verstand«. Auch der nächste Versuch des deutschen Missionars Þangbrandr, der sich zuvor mit dem Silber, das ihm König Olaf Tryggvason für einen ihm geschenkten Schild mit dem Kreuzeszeichen ge-

geben hatte, ein »schönes irisches Mädchen gekauft hatte«,
war ebenso wenig von Erfolg gekrönt wie weitere Bemühungen. Schließlich kommt es zu der berühmten Thingversammlung im Jahre 1000. Der Gesetzessprecher Þorgeirr Ljósvetningagoði zieht sich drei Tage zum Grübeln
zurück und sagt der aus Anhängern der alten wie der neu-
en Religion bestehenden Thingversammlung:

> Und so dünkt es mich richtig, nicht denen den Willen
> zu lassen, die sich hier am feindlichsten gegenübertre-
> ten, sondern so zwischen ihnen zu vermitteln, dass
> beide Teile gewissermaßen ihren Willen bekommen,
> wir alle aber einen Glauben und ein Gesetz behalten;
> denn das wird sich bewahrheiten: wenn wir das Ge-
> setz zerreißen, so zerreißen wir den Frieden.

Die Versammlung willigt ein, sich dem Vorschlag Þorgeirs
zu unterwerfen, und der schlägt vor: Alle sollten getauft
werden, doch sollten die heidnischen Bräuche der Kindesaussetzung und des Verzehrs von Pferdefleisch erlaubt
sein, und das Opfer dürfe man nur heimlich vollziehen.
Dieser Konsens hat Island sicher vor inneren Streitigkeiten und gewaltsamen Auseinandersetzungen bewahrt. Die
Geschichte wird dann noch bis zu den beiden Bischöfen
Isleifr und Gizurr weitergeführt, über die man ausführlicher in der *Hungrvaka* unterrichtet wird.

»*Die Geschichte von Hákon Hákonarson*« (Hákonar saga Hákonarson)

Der norwegische König Magnús Hákonarson (1263–1280)
gab Sturla Þórðarson, dem Neffen von Snorri Sturluson,
den Auftrag, die Geschichte seines Vaters, des Königs Hákon Hákonarson, zu schreiben. Dies war insofern für den
isländischen Historiker, den Verfasser der *Íslendinga saga*,

ein Problem, als er durchaus nicht zu den Königsfreunden gezählt werden konnte. Einmal trat er für die Selbstständigkeit Islands ein, zum anderen hatte König Hákon die Ermordung seines Onkels Snorri Sturluson veranlasst. Dennoch machte er sich um 1264 an die Arbeit, das reiche Material, das ihm zur Verfügung stand, in eine erzählerische Ordnung zu bringen. Herausgekommen ist ein ziemlich langweiliges und trockenes Gebilde, die *Hákonar saga Hákonarson*, die allerdings durch ihre genaue Ereignisschilderung von Historikern als recht zuverlässig eingestuft wird – was nicht ausschließt, dass sie sie unterschiedlich deuten. In ihrer nordischen Ausrichtung – es wird viel von Schweden, Dänemark, Island und den nordatlantischen Inseln mitgeteilt – steht sie in der Nachfolge der *Heimskringla*, in ihrer Erzählkunst jedoch kann sie ihr nicht gleichkommen. Vielleicht hat dies damit zu tun, dass die *Heimskringla* vergangene Geschichte, die *Hákonar saga* dagegen Gegenwartsgeschichte gestaltet. In jenem Fall standen begrenzte Kenntnisse über die Vergangenheit zur Verfügung, was nach narrativer Durchformung drängte. In diesem Fall lag ein Übermaß an Fakten vor, deren verlebendigende Darstellung nicht gelingen wollte. Möglicherweise ist auch nur Lustlosigkeit der Grund hierfür, denn in seiner *Íslendinga saga* legt Sturla ein größeres Erzähltalent an den Tag. Eine andere Königssaga, die *Sverris saga*, die ebenfalls Gegenwartsgeschichte behandelt, zeigt, dass es durchaus möglich war, eine lebhafte und dramatische Erzählform für einen kontemporären Stoff zu finden. Wie sehr Sturla in der *Heimskringla*-Tradition steht, zeigt auch die Tatsache, dass er Skaldenstrophen in sein Werk einfügt – nur: diese stammen von ihm selbst (oder einige wenige von seinem Bruder Ólafr Þórðarson) und sind, im Unterschied zum Werk seines Onkels, gänzlich ohne Quellenwert. Hier hat sich die Erzählkonvention innerhalb der historiographischen Literatur, Skaldenstrophen früherer Zeiten als Quelle zu zitieren, gewissermaßen ad absurdum geführt.

»*Geschichte der Sturlungen*« (Sturlunga saga)

Mit dem Ende des 13. Jahrhunderts ist auch das Ende der
eigenständigen Geschichtsschreibung gekommen, nur
noch zwei Bischofsgeschichten, die *Árna saga* und die
Laurentius saga, gehören dem 14. Jahrhundert an. Es ist
die Zeit gekommen, große Kompilationen von früheren
Sagas anzufertigen. Dazu gehört auch die sog. *Sturlunga
saga*, die möglichweise von dem Gesetzesmann Þórðr
Narfason (gest. 1308) zusammengestellt worden ist. Sie
stellt den Versuch dar, die isländische Geschichte vom Anfang des 12. Jahrhunderts bis zum Ausgang des 13. zusam-
menfassend darzustellen. Hierzu hat der Redaktor vorliegende Gegenwartsgeschichten aus älterer Zeit zusammengefügt, teilweise Anfänge und Schlüsse weggelassen und
diese durch eigene Überleitungen ersetzt, um so einen
chronologischen Verlauf zu sichern. Teilweise hat er überlieferte Sagas aufgestückelt (z.B. die *Íslendinga saga*, die
Þórðar saga kakala, die *Svínfellinga saga*) und sie in die
fortlaufende Darstellung integriert. Während einige Sagas
auch außerhalb der *Sturlunga saga* überliefert sind (z.B.
die *Hrafns saga Sveinbjarnarsonar* oder die *Guðmundar
saga biskups*), sind andere nur als Teil dieser Kompilation
erhalten, allerdings hat es sie davor als selbstständige Sagas
gegeben. Das Herzstück ist die als historisch sehr zuverlässig geltende *Íslendinga saga* (»Geschichte der Isländer«)
des Sturla Þórðarson, die fast die Hälfte der Kompilation
einnimmt und die Zeit von 1183 bis zum Untergang des
Freistaates 1262/64 behandelt. Die *Sturlunga saga* ist
die wichtigste Quelle zur Kenntnis der isländischen
Geschichte im 12. und 13. Jahrhundert. Man erhält ein
eindringliches Bild von den Auseinandersetzungen der
großen Familien um die Macht. Viel zitiert sind die Erzählungen von der Hochzeit von Reykjahólar 1119 (aus der
Þorgils ok Hafliða), auf der Sagas erzählt worden sein sollen von der Ermordung des Snorri Sturluson, vom Mord-

brand auf Flugumýr, von der Schlacht von Örlygsstaðir (1238) und der Seeschlacht Flóabardagi (1244) sowie viele lebhafte Schilderungen von Personen, wie etwa von Snorri Sturluson, von seinem Vater Sturla oder von seinem Großneffen Þorgils skarði.

»Die Erichschronik« (Erikskrönikan)

Eine der im mittelalterlichen Europa auftretenden Gattungen der Geschichtsschreibung ist die Reimchronik, beginnend etwa mit dem berühmten *Le Roman de Brut* (1155) des Normannen Wace und der deutschen *Kaiserchronik* (um 1150) hin zu der *Österreichischen Reimchronik* des Ottokar von Steiermark oder der Chronik der Preußen von Nikolaus von Jeroschin (um 1330). Diese Art der Historiographie fand im Norden nur in Schweden und Dänemark Nachfolger, Norwegen und Island sind in der Geschichtsschreibung andere Wege gegangen. Als ein Beispiel für die Reimchronik soll hier die schwedische *Erikskrönikan* (um 1325) genannt werden, von der allgemein angenommen wird, dass sie ganz in der deutschen Tradition der Reimchronik steht, was auch nicht überrascht, denn der deutsche, insbesondere der niederdeutsche Einfluss auf Schweden und Dänemark ist größer als der auf Norwegen und Island. Die *Erikskrönikan* mit ihren rund 4500 Knittelversen erzählt die schwedische Geschichte von etwa 1220 bis 1319 und ist ganz geprägt vom ritterlichen Milieu und höfischen Zeremoniell. Diese Gattung ist im 14. und 15. Jahrhundert recht beliebt, die *Historia sancti Olai* (»Geschichte von Olaf dem Heiligen«) zeigt, wie um 1450 ein älteres Prosawerk, nämlich Snorris »Geschichte vom heiligen Olaf« aus der *Heimskringla*, in die moderne Form der Reimchronik umgegossen wurde.

Geschichtsdichtung

Isländersagas

»Bauern prügeln sich« – auf diesen kurzen Nenner könnte man die Isländersagas reduzieren. Doch sieht man nur die vielen Kämpfe, Streitereien und blutigen Auseinandersetzungen, die ein wesentliches Element dieser Literatur sind, dann kommt eine andere Seite zu kurz. Es wird nämlich in diesen Sagas Geschichte transportiert, es wird ein Erinnerungsraum gezimmert, im Akt des Erzählens wird Geschichte erst geschaffen und Vergangenheit konstruiert. Die Saga bewegt sich zwischen Faktizität und Fiktionalität: Sie erzählt »objektiv« von der isländischen Vergangenheit und verwendet narrative Erzählstrukturen. Wenn die Isländersagas hier gewissermaßen unter Vorbehalt der historiographischen Literatur zugeschlagen werden, so aus dem Grund, dass auch sie einen Bezug zur historischen Wirklichkeit haben und dass in ihnen isländische Vergangenheit dargestellt und interpretiert wird. Hiermit soll deutlich gemacht werden, dass es neben dieser Literatur auch reine Fiktionsliteratur gab, nämlich die übersetzten und originalen Rittergeschichten (*riddarasögur*). Freilich gibt es viele Zweifelsfälle, wo eine eindeutige Zuordnung nicht möglich ist, z.B. die »Vorzeitgeschichten« (*fornaldar sögur*), die sog. *Vínland sögur* (»Die Geschichte von den Grönländern«, *Grœnlendinga saga*; »Die Geschichte von Erik dem Roten«, *Eiríks saga rauða*) oder die »Geschichte von den Färingern« (*Færeyinga saga*).

Zu der Gruppe von Sagas, die man mit einer neuzeitlichen Bezeichnung »Isländersagas« nennt, zählen jene Prosaerzählungen, die von der Periode 930–1030 der isländischen Geschichte handeln, allerdings aus der Perspektive späterer Jahrhunderte. Aus jener Zeit ist nichts Schriftli-

ches erhalten, d.h., es liegen 200 bis 300 Jahre zwischen
Ereignis und Verschriftlichung. Freilich mag es mündliche
Erzählungen gegeben haben, doch deren Anteil am
schriftlich Fixierten ist eben umstritten. Die Sagas sind
keineswegs so einheitlich, wie es ihre Subsumierung unter
dem Gattungsbegriff vermuten lässt. Einige sind von ge-
ringem Umfang, andere sehr ausführlich; einige kommen
mit wenigen Personen aus, die längste Saga nennt um die
600 Personen. Einige gestalten großartige Frauenpersön-
lichkeiten, andere verzichten gänzlich auf Frauen; einige
sind stramm und zielstrebig komponiert, andere eher epi-
sodenhaft gereiht. Einige bieten eine Form von Regional-
chronik, andere erzählen die Geschichte einer Familie,
und wieder andere berichten von Episoden aus dem Leben dieses oder jenes Isländers.

Die Bestimmung des Umfanges der Gattung ist ebenfalls diskussionsbedürftig: Die allgemeine Annahme rech-
net mit 35 bis 40 Erzählungen aus dem 13. bis in das
15. Jahrhundert. Dies legt die Auffassung nahe, dass diese
Gattung etwa drei Jahrhunderte produktiv war, und für
eine begrenzte Zeit einer Gattung spricht literaturwissen-
schaftlich sehr viel. Indes sollte nicht übersehen werden,
dass sie auch über das 15. Jahrhundert hinaus lebendig
war und dass Sagas auch noch – nach älterem Vorbild – bis
in das 19. Jahrhundert geschrieben wurden. Nimmt man
die sog. *Pættir* (Singular: *þáttr*) hinzu – das sind kürzere
selbstständige Erzählungen, die von Isländern handeln
und zumeist in den großen Sammlungen mit Geschichten
der norwegischen Könige überliefert sind –, dann ergibt
sich ein wesentlich umfangreicheres Korpus.

Die Sagas sind bis in das 19. Jahrhundert nahezu ausschließlich handschriftlich überliefert, und das hat seinen
Grund darin, dass nach der Erfindung der Buchdruck-
kunst in Island nur geistliche Bücher gedruckt wurden.
Dies änderte sich erst langsam mit dem Ende des 18. Jahrhunderts. Produktion, Überlieferung und Verteilung der

weltlichen Literatur blieb bis in das 19. Jahrhundert mittelalterlich.

Die Texte der Isländersagas hatten eine offene Komposition, sie konnten von Abschreibern verändert werden, sie konnten ausgebaut oder verkürzt werden, die Texte waren nicht statisch. Diese Offenheit der Saga-Texte ist ein wesentliches Element, welches auch die Frage nach einem Urtypus dieser oder jener Saga obsolet macht.

Was ist noch wesentlich für die Beschreibung dieser Gattung, die einen einzigartigen Beitrag zur Weltliteratur darstellt? Sie kann ohne Bedenken der historiographischen Literatur zugerechnet werden, unter anderem deshalb, weil sie fast immer mit weit ausgreifenden Genealogien anhebt, die auf das Gründungsereignis, die Besiedlung des Landes, anspielen. So wie in den historiographischen isländischen Werken werden diese hier in fast schematischer Weise wiederholt, anders als in der »reinen« Fiktionsliteratur, den Rittersagas, die genealogische Ableitungen sehr viel kürzer darbietet. Versteht man die Isländersagas als Konstruktion und Deutung der isländischen Geschichte, wie sie ab dem 13. Jahrhundert vorgenommen wurde, so fällt auf, dass es im Unterschied zur kontinentalen Geschichtsschreibung hier keine allegorisierenden Deutungen der Geschichte gibt, es gibt keinen Heilsbezug, es offenbart sich kein Heilsplan. Die Saga ist nicht interessiert an der allgemeinen Geschichte, in der sich Gottes Plan zeigt, sondern ausschließlich an isländischer Geschichte. Die unruhigen und unstabilen Verhältnisse im 13. Jahrhundert können der Auslöser für die Gattung gewesen sein. Das große Thema ist die Auseinandersetzung des Individuums mit der Gesellschaft, sein Erfolg und sein Misserfolg. Das Individuum, der »Held«, ist fast immer zum Untergang verurteilt. Und doch stellt sich nach seinem Untergang eine Versöhnung ein, der Konflikt kommt zum Stillstand, die Gesellschaft erlangt wieder ihr Gleichgewicht und kehrt in die Homöostase zurück. Ausgelöst werden die Konflikte oft durch Macht- und Geldgier, Ehrverletzungen, Eitelkeit, Selbstüberschätzung, Unterlegenheitsgefühle. Die dadurch in Gang kommende Handlung vollzieht sich zwangsläufig: Beleidigungen, Totschläge, Rache, Buße wechseln einander ab bis zur endgültigen Wiedergutmachung.

Zweierlei gälte es zu bedenken: Kann man die Konflikte zwischen Individuum und Gesellschaft auch als eine über die jeweiligen Einzelfälle hinausreichende Darstellung des Konfliktes zwischen dem untergehenden Freistaat Island und dem überlegenen Königreich Norwegen verstehen? Und/oder sollte man die Sagas so lesen, dass eine Gesellschaft durchaus imstande ist, Konflikte zu beherrschen und sie durch Versöhnung zu lösen? In mehreren Sagas wird gerade die Bereitschaft zur Versöhnung besonders hervorgehoben.

Über die zeitliche Reihenfolge der Sagas ist kaum Einigkeit zu erzielen, die ältesten handschriftlichen Fragmente entstammen der Mitte des 13. Jahrhunderts. Fest steht wohl, dass die Gattung ihren Anfang nach dem Beginn der Übersetzung von Heiligengeschichten und Legenden, der Aufzeichnung von Gesetzen und ersten historiographischen Werken nimmt und gleichzeitig ist mit den norwegischen Übersetzungen französischer Literatur. Vielleicht ist ja die norwegische *Tristrams saga* von 1227 der Anstoß gewesen. In diese Zeit fällt auch ein verstärktes isländisches Bemühen, die Reste der eigenen Mythologie zu bewahren, wie es in der *Snorra Edda* zum Ausdruck kommt. Vielleicht zeigt sich hierin ein gestiegenes Interesse der Isländer, die eigene Besonderheit ins rechte Licht zu rücken. Während sich der norwegische Hof am französischen ausrichtet, macht es sich die isländische Gesellschaft zur Aufgabe, das Erbe zu sichern und sich eine Identität zu geben. Dies steht nicht im Widerspruch dazu, dass die Isländer sich auch mit der Geschichte anderer Länder befassen.

Träger dieser Literatur war – wie für das Mittelalter typisch – die Oberschicht. In den Sagas bleibt man unter sich, die Protagonisten gehören den reichen und herrschenden Familien an. Man ist miteinander verwandt, verschwägert, verfreundet, und innerhalb dieser Kreise werden die Konflikte ausgetragen. Sklaven und Landarbeiter sind kaum großer Taten fähig.

Die Isländersaga stand im Lauf der Rezeption nicht immer in derselben Gunst wie seit etwa 150 Jahren, in denen sie häufig – neben der Edda – als der Ausdruck reinen Germanentums betrachtet wurde und die übrigen Werke der altnordischen Literatur in den Schatten zu stellen drohte. Das Mittelalter selbst lässt keine Präferenz für diese Gattung erkennen.

Was die Gattung literarisch zusammenhält, ist – neben dem historischen Bezugspunkt – die besondere Erzählweise (die freilich auch in den Königsgeschichten auftaucht, welche ja ebenfalls von Isländern geschrieben worden sind). Die Erzählungen erwecken den Anschein, als führten sie eine mündliche Tradition fort, und sie bewahren dabei einen »objektiven« Erzählgestus. Zum festen Formelbestand gehören: »So wird erzählt …«, »da wird erwähnt …«, »so sagen die Leute …«, »einige sagen …«, »einige sagen so, andere aber so …«, oder auch feste Versatzstücke wie: »… hatte viele Kinder, doch kommen für diese Erzählung nur wenige von ihnen in Betracht« oder »… und von seinem Weg ist nichts zu berichten, bis er nach … kam« oder »von dort fuhr er auf See und kommt nun in dieser Geschichte nicht mehr vor«. Zur »Objektivität« gehört auch, dass innere Vorgänge nur durch das Äußere geschildert werden, z. B. »Flosi war in solcher Erregung, dass sein Gesicht bald rot war wie Blut, bald fahl wie welkes Gras, bald dunkel wie Hel«. Sehr häufig findet sich auch der Stilzug, dass die indirekte Rede in die direkte übergeht: »Da sagte Arinbjörn zu Egil, dass er daheim bleiben sollte – ›und zwar wir beide‹, sagte er. Egil sagte, es solle so geschehen.«

Ein charakteristischer Zug für die meisten Sagas (und für die Königsgeschichten, aber nicht für die Rittergeschichten) ist, dass in die Erzählung Strophen, sog. *lausavísur*, eingeflochten werden, die die Protagonisten gedichtet haben sollen. Hierbei ist nicht immer sicher, ob jene authentisch sind, d.h., ob sie in der Tat den historischen Personen zugeschrieben werden können oder vom Sagaerzähler hinzugedichtet wurden, um die Geschichte glaubhafter zu machen, denn als historische Quelle hatten die Skaldengedichte ja bei Snorri einen hohen Stellenwert.

Und dann sind da die für die Isländersaga so bezeichnenden großartigen Szenen, die ihren Höhepunkt in pointierten, teils sarkastischen Äußerungen finden. Hierfür nur einige wenige Beispiele. Als die Gudrun der *Laxdœla saga* von ihrem ersten Ehemann geohrfeigt wird, quittiert sie dies mit dem Satz: »Nun hast du mir das gegeben, worauf wir Frauen großen Wert legen, eine gute Gesichtsfarbe.« Oder: Dem Helgi Droplaugarson wird in einem Kampf durch einen Schwertstreich die Lippe abgeschlagen, was er kommentiert: »Schön war ich nie, und du hast nichts dazu beigetragen, dass das besser wird.« Berühmt sind auch die letzten Worte sterbender Helden: Vestein in der *Gísla saga* wird durch einen Speerstich tödlich verletzt, und sein letztes Wort ist: »Das saß.« Diese galgenhumoristischen Stellen können aber auch in erweiterter witziger Form auftreten:

[...] man setzte ihn [Gudmund] auf den Hochsitz, aber neben ihm nach innen zu [d.h. auf dem nächstvornehmen Platz] erhielt Ofeig seinen Platz. Und als die Tische hingestellt waren, legte Ofeig seine Faust auf den Tisch und sagte: »Scheint dir diese Faust groß, Gudmund?« Der antwortete: »Recht groß.« Ofeig sagte: »Du glaubst wohl, dass Kraft in ihr ist?« Gudmund antwortete: »Gewiss glaube ich das.« Ofeig sagte: »Du glaubst, dass sie kräftig zuschlägt?«

Gudmund antwortete: »Sehr kräftig.« Ofeig sagte: »Du glaubst, dass sie Schaden anrichten kann?« Gudmund antwortete: »Knochenbruch oder Tod.« Ofeig sprach: »Wie würde dir ein solcher Tod gefallen?« Gudmund antwortete: »Sehr übel, ich würde ihn mir nicht aussuchen.« Ofeig sagte: »Dann sitze du nicht auf meinem Platze.« Gudmund sagte: »Ganz wie du willst«, und tauschte mit ihm den Platz.

Das Korpus der Isländersagas umfasst diese Geschichten: »Die Geschichte vom Hochlandkampf« (_Heiðarvíga saga_), »Die Geschichte von Egil Skallagrimsson« (_Egils saga Skallagrímsonar_), »Die Geschichte von Björn Hitdoelakappi« (_Bjarnar saga Hítdœlakappa_), »Die Geschichte von den Ziehbrüdern« (_Fóstbrœðra saga_), »Die Geschichte von Kormak« (_Kormáks saga_), »Die Geschichte von Hallfred dem beschwerlichen Skalden« (_Hallfreðar saga vandræðaskálds_), »Die Geschichte von Kampf-Glum« (_Víga-Glúms saga_), »Die Geschichte der Leute aus dem Reykjadal« (_Reykdœla saga_), »Die Geschichte der Leute vom Ljosavatn« (_Ljósvetninga saga_), »Die Geschichte von Ljot aus Vellir« (_Valla-Ljóts saga_), »Die Geschichte der Söhne der Droplaug« (_Droplaugarsona saga_), »Die Geschichte der Leute vom Vapnfjord« (_Vápnfirðinga saga_), »Die Geschichte von Gisli Sursson« (_Gísla saga Súrssonar_), »Die Geschichte der Leute aus dem Laxardal« (_Laxdœla saga_), »Die Geschichte der Leute von Eyrr« (_Eyrbyggja saga_), »Die Geschichte von Eirik dem Roten« (_Eiríks saga rauða_), »Die Geschichte von den Grönländern« (_Grœnlendinga saga_), »Die Geschichte von den Leuten aus dem Vatnsdal« (_Vatnsdœla saga_), »Die Geschichte von Gunnlaug Schlangenzunge« (_Gunnlaugs saga ormstunga_), »Die Geschichte vom Hühner-Thorir« (_Hœnsa-Þóris saga_), »Die Geschichte von den Bundesgenossen« (_Bandamanna saga_), »Die Geschichte von Hrafnkel dem Frey-Goden« (_Hrafnkels saga Freysgoða_), »Die Geschichte von Njal«

(*Njáls saga*), »Die Geschichte von Hörd Grimkelsson«
(*Harðar saga Grímkelssonar*), »Die Geschichte von Ha-
vard aus dem Isfjord« (*Hávarðar saga Ísfirðings*), »Die
Geschichte von Gold-Thorir« (*Gull-Þóris saga*), »Die Geschichte von den Leuten aus dem Svarfadardal« (*Svarfdœla
saga*), »Die Geschichte der Leute aus Floi« (*Flóamanna
saga*), »Die Geschichte von Finnbogi dem Starken« (*Finnboga saga ramma*), »Die Geschichte von Streit-Thord«
(*Þórðar saga hreðu*), »Die Geschichte von den Leuten von
Kjalarnes« (*Kjalnesinga saga*), »Die Geschichte von Bard
dem Snæfells-Asen« (*Bárðar saga Snæfellsáss*), »Die Geschichte von Viglund« (*Víglundar saga*), »Die Geschichte
von Haken-Ref« (*Króka-Refs saga*), »Die Geschichte von
Grettir Asmundarson« (*Grettis saga Ásmundarson*), »Die
Geschichte von den Leuten aus dem Fljotsdal« (*Fljótsdœla
saga*). Von ihnen können im Folgenden nur einige näher
charakterisiert werden.

»Die Geschichte von Egil Skallagrimsson«
(Egils saga Skallagrímssonar)

Zu Anfang der Sagaliteratur steht wahrscheinlich die von
vielen hoch geschätzte *Egils saga*, deren Entstehung in das
erste Drittel des 13. Jahrhunderts fällt. Hier sind alle
Merkmale der Gattung voll ausgebildet. Zwar ist wohl
Egil die Hauptperson, doch greift die Saga weiter aus. Sie
beginnt in Norwegen mit dem Großvater Kveld-Ulf (diesen Namen, Abend-Wolf, trägt er, weil er sich bei Heran-
nahen der Nacht in einen Wolf verwandeln kann, will
sagen, er hat eine Berserker-Natur) und seinen Auseinandersetzungen mit dem norwegischen König Harald
Haarschön. Seine beiden Söhne sind unterschiedlicher
Natur und Veranlagung: Thorolf, der ältere, »war ein sehr
gut aussehender und tüchtiger Mann [...], ein sehr fröh-
licher Mann, freigebig [...], er war bei allen Leuten be-

liebt«. Grim dagegen, wegen frühzeitig einsetzenden Haar-
schwundes Glatzen-Grim genannt, »war ein schwarzhaa-
riger Mann und hässlich«. Kveld-Ulf spricht seine Ah-
nung aus, »dass ich und meine Söhne kein Glück mit diesem König haben werden«, und so kommt es denn auch:
Thorolf wird aufgrund von Verleumdungen – er ist eben
ohne Glück – vom König, in dessen Dienst er sich begeben hat, getötet. Glatzen-Grim rächt seinen Bruder an
zwei Gefolgsleuten des Königs und bricht nach Island auf,
wo er Land nimmt. Auf Island wiederholt sich das Famili-
enmuster: Grims ältester Sohn Thorolf, nach dem Onkel
benannt, war »bald sehr groß von Wuchs und schön von
Aussehen [...], ein sehr heiterer Mann [...], er wurde bald
beliebt«. Sein Bruder Egil – das genaue Gegenteil, man
konnte »es ihm bald ansehen, dass er sehr hässlich werden
würde und schwarzhaarig wie sein Vater«, früh war er
wortgewandt und unverträglich. Sein abschreckend hässli-
ches Äußeres wird später noch genauer beschrieben:

> Egil hatte ein großes Gesicht, eine breite Stirn, mäch-
> tige Augenbrauen, die Nase nicht lang, aber sehr
> dick, große Bartflächen und starke Lippen, ein über-
> aus breites Kinn und auch solche Kinnbacken, einen
> kräftigen Nacken und so mächtige Schultern, dass er
> damit unter anderen Männern auffiel, und er war von
> barschem und grimmigem Aussehen, wenn er zornig
> war. [...] hatte dichtes wolfsgraues Haar und bekam
> früh eine Glatze. Und als er dasaß, wie es vorhin be-
> schrieben wurde, da zog sich eine Augenbraue hinun-
> ter zur Wange und die andere hinauf bis zu den
> Haarwurzeln. Egil war schwarzäugig und hatte fast
> zusammengewachsene Augenbrauen.

Damit sind zwei entscheidende Merkmale seiner Person
markiert: Wortgewandtheit und Unverträglichkeit. Egil ist
eine widerspruchsvolle Persönlichkeit und keineswegs ein

geradliniger »Held«. Er ist verschlagen und rechthabe-
risch, drastisch, brutal und geizig, zu tiefer Freundschaft
fähig, erschüttert über den Tod seiner Söhne, ein vom
Hass erfüllter Feind der norwegischen Könige, ein starker
Kämpfer, ein weit reisender Seefahrer, ein vorzüglicher
Schmied und ein großartiger Dichter. Die Saga will uns
weismachen, dass er schon im Alter von drei Jahren die
Dichtkunst beherrschte: Der Knirps Egil trägt auf einem
Fest eine perfekte Strophe vor und erhält als Dichterlohn
vom Opa »drei Seeschnecken und ein Entenei«, wofür er
sich mit einer wiederum vollendeten Strophe artig bedankt. Auf seinen Freund Arinbjörn dichtet er ein langes
Preislied, auf den Tod seiner Söhne später das gefühlvolle,
von Trauer getragene Gedicht »Der Söhne Verlust« (*Sonatorrek*). Im englischen York gerät er in die Hände seines
Erzfeindes Erik Blutaxt, Harald Haarschöns Sohn, und
rettet sich vor dem sicheren Tod durch das Preislied
»Haupteslösung« (*Höfuðlausn*) auf seinen Gegner. Dies
ist ein gutes Beispiel für die Funktion der Dichtung jener
Zeit: Es kam auf den Text, hier die Rühmung des Fürsten,
an, und nicht auf den Autor. Enthält das Gedicht die
prachtvolle Preisung des Herrschers und war so sein
Ruhm poetisch dokumentiert, waren die Motive des
Dichters ohne Belang. Poesie gegen Leben – ein schöner
Tausch, wenigstens für die, die der Dichtkunst mächtig
waren. Neben diesen großen Gedichten finden sich in der
Saga noch sechzig Gelegenheitsstrophen. Zu Recht kann
Egil, Glatzen-Grims Sohn, als einer der größten Dichter
bezeichnet werden. Vom Gespräch Egils mit seinem Dich-
terkollegen Einar Helgason hätten wir gerne mehr ge-
wusst, aber die Saga verweigert uns dies, »die Unterhaltung führte bald dazu, dass sie über Dichtkunst sprachen,
beiden erschien dieses Gespräch unterhaltsam«.

Das Leben Egils fällt in das 10. Jahrhundert. Ob das in
der Saga Erzählte sich so zugetragen hat, vermögen wir
nicht zu entscheiden – brauchen wir auch nicht, ebenso

wenig wie wir die Frage beantworten müssen, ob wirklich alle Strophen auch von Egil stammen. Was wir haben, ist eine literarische Gestaltung der Ereignisse um eine isländische Familie mit einem besonderen Akzent auf der Geschichte von Egil, dem Sohn des Glatzen-Grim.

Die Egilssaga ist neben manch anderem auch so etwas wie eine Dichterbiographie zu einer Zeit, in der es den hauptberuflichen Dichter nicht gibt. Neben dieser Saga gibt es noch weitere, kürzere Sagas, die von Dichtern, von Skalden, handeln. Eine von ihnen ist die folgende.

»*Die Geschichte von Hallfred*« (Hallfreðar saga)

Sie stammt wahrscheinlich aus derselben Zeit wie die Egilssaga. Hallfred war »schon in der Jugend groß und stark, mannhaft sah er aus und etwas bräunlich und hatte eine hässliche Nase. Er hatte hellbraunes und starkes Haar. Auch war er ein trefflicher Skalde und scharf in Spottweisen, dabei unsteten Sinnes und nicht sehr beliebt.« Er verliebt sich in das »schöne, aber sehr gefallsüchtige Mädchen« Kolfinna. Doch ihr Vater verschafft ihr den schwachsichtigen Gris als Mann, für den sie keine große Zuneigung empfindet. Hallfred verspottet in seinen Gedichten Gris. Sein Vater, auf Versöhnung bedacht, überredet Hallfred zu einer Auslandsreise, gewissermaßen das Pendant zur neuzeitlichen Bildungsreise, und diese verbringt er in Skandinavien. Dem norwegischen König Olav Tryggvason trägt er ein schönes und langes Gedicht auf ihn vor, er wird zum Christen und hat allem Anschein nach Teil am Glück des Königs, dessen getreuer Gefolgsmann er von nun an ist. Nach einigen Jahren kehrt er nach Island zurück und hört Kolfinnas Mann Gris, auf den er anzügliche Spottverse dichtet. Die sich automatisch anbahnende Fehde kann dadurch verhindert werden, dass König Olav Hallfred im Traum erscheint und ihm vom

Kampf abrät. Hierdurch wird Versöhnung möglich. Auf den gestorbenen König Olav macht Hallfred ein langes Totengedicht (*erfidrápa*): »So nahe ging Hallfred der Fall König Olavs, dass er an nichts mehr Gefallen fand [...]«. Er zieht, von Unruhe getrieben, einige Zeit kreuz und quer durch den Norden und stirbt auf See. Sein Sarg wird auf die Hebriden getrieben.

Hallfred ist eine komplizierte Figur, wie schon zu Beginn der Saga deutlich gemacht wird. Später erhält er von König Olav den Beinamen »schlimmer Skalde« (*vandrǽðaskáld*), weil er mit großer Selbstsicherheit darauf besteht, dem König seine *drápa* vortragen zu dürfen, sonst würde er das Christentum nicht annehmen. Seine Liebe zu Kolfinna, seine unverbrüchliche Treue zum König, seine Dichtergabe, seine bis an den Hochmut heranreichende Selbstgewissheit, aber auch seine Fähigkeit zu Nachsicht und Versöhnung sind die Themen dieser Saga. Die enge Verbindung des Isländers mit dem norwegischen König war der Grund dafür, dass diese Geschichte in ausführlicherer, aber nicht vollständiger Form in eine späte Fassung der *Ólafs saga Tryggvasonar* in die *Flateyjarbók* aufgenommen wurde, die Grenzen zwischen Literatur und Geschichte im Sinne von *historia* verschwimmen. Auch Snorri weiß in seiner *Heimskringla* einiges von Hallfred, von dem er einige Strophen in seiner Edda zitiert. Der zum Christentum übergetretene Dichter steht mit einem Bein noch im heidnischen Glauben, den er als Quelle für seine Dichtung verwendet.

Die beiden wesentlichen Erzählstränge von seiner Liebe zu Kolfinna und seiner Beziehung zum norwegischen König stehen in keinem kausalen Verhältnis zueinander, es wird einfach chronologisch-reihend erzählt. Dies ist auch der Fall in der traurigen Liebesgeschichte zwischen dem Dichter Gunnlaug, seiner schönen Helga und seinem Nebenbuhler Hrafn.

»Geschichte von Gunnlaug Schlangenzunge«
(Gunnlaugs saga ormstunga)

Deren Held Gunnlaug wird von dem gerade genannten
Hallfred von einer Norwegen-Fahrt zurück nach Island
mitgenommen.

> [Gunnlaug war] früh entwickelt, groß und kräftig. Er
> hatte lichtbraunes Haar, und es wuchs stark. Er war
> schwarzäugig und hatte trotz seiner hässlichen Nase
> einnehmende Gesichtszüge. Schlank und doch breit-
> schultrig war er, von trefflichstem Aussehen. Sein
> ganzes Wesen aber war hochfahrend, frühzeitig zeigte
> er Ehrgeiz und stets unbeugsame Sinnesart. Überdies
> war er ein großer Dichter, machte gerne Spottweisen
> und ward daher »Schlangenzunge« genannt.

Er ist verliebt in die schöne Helga, die übrigens die Enkelin von Egil Skallagrimsson ist. Seine Werbung hat Erfolg,
Helga wird drei Jahre auf ihn warten, während derer
Gunnlaug ins Ausland gehen »und sich nach der Art guter
Männer bilden« soll. Auf dieser Bildungsreise zieht er
durch den ganzen Norden, von England bis Schweden,
und macht Station bei Jarlen und Königen, denen er fleißig seine Gedichte vorträgt. Beim Schwedenkönig trifft
Gunnlaug auf seinen Landsmann Hrafn, und beide tragen
ihre Preislieder auf den König vor, die wir aber nicht erfahren – im Gegensatz zum Preisgedicht Gunnlaugs auf
König Sigtrygg Seidenbart von Irland. Von diesem Gedicht lesen wir wenigstens etwas, aber die Schweden-Stro-
phen scheinen dem Erzähler nicht mitteilenswert, wichtiger ist ihm der Streit, der zwischen Gunnlaug und Hrafn
über die Qualität der Gedichte des jeweils anderen aus-
bricht. Die gegenseitige Verhöhnung ist der Treibsatz der
weiteren Handlung. Hrafn begibt sich nach Island und
freit um die schöne Helga, die ihm zugesagt wird, da

Gunnlaug die Frist nicht einhalten kann: König Adalrad von England hält ihn zurück, da er ihn gegen die Feinde benötigt. Doch »man erzählte sich allgemein, dass die Braut sehr niedergeschlagen gewesen sei. Richtig sagt das Sprichwort: ›Lang denkt man an das, was man jung erfasst!‹« Die Liebe zwischen Gunnlaug und Helga ist eben nicht erloschen. »Da schweiften oft die Augen Helgas und Gunnlaugs zueinander hinüber, und es ging auch dort zu nach dem Sprichwort: ›Die Augen verraten es, liebt das Weib einen Mann‹«. Schließlich fordert Gunnlaug Hrafn zum Zweikampf, der unentschieden endet. Da nun diese Auseinandersetzung durch Allthingbeschluss verboten wird, begeben sich die Rivalen nach Norwegen, wo es zum erneuten, diesmal entscheidenden Holmgang kommt. Gunnlaug besiegt Hrafn, der bittet, ihm Wasser zu bringen. Dieser bringt ihm die Erfrischung in seinem Helm. Gegen das Versprechen, ihn nicht zu hintergehen, greift der verwundete Hrafn dabei Gunnlaug an und versetzt ihm eine tödliche Wunde. »Ich konnte nicht anders, da ich dir die Umarmung der schönen Helga nicht gönne.« Im abschließenden Kampf lassen beide ihr Leben. Nach einiger Zeit wird Helga erneut verheiratet, doch »ihre größte Freude war, den Mantel, ihr Geschenk von Gunnlaug, zu entfalten und lange zu betrachten«. Über diesen Mantel gebeugt scheidet sie hin.

Die Saga ist straff komponiert, hat wenig Überflüssiges (der Allthing-Beschluss zum Verbot des Holmgangs nimmt nur einen geringen Platz ein) und bringt viele Strophen Gunnlaugs und einige von Hrafn. Es ist interessant zu sehen, wie hier zwei Erzähltraditionen zusammenkommen. Am Anfang der Saga träumt Helgas Vater von einem Schwan, um den sich zwei Adler streiten, und in diesem Kampf verlieren beide das Leben. Schließlich kommt ein Habicht und fliegt mit dem Schwan davon. Dieses Motiv steht wahrscheinlich in enger Verbindung mit dem ganz ähnlichen Traum, den Kriemhilt am Anfang des mittelhochdeutschen *Nibelungenliedes* träumt. Andererseits konnte ein derartiger Traum problemlos übernommen werden, da Träume, die die Handlung andeutend vorwegnehmen, ein wesentliches Element der Isländersaga sind. Neben dem Gefühlvollen steht das Barsche, das typisch für viele Sagas ist: Der 18-jährige Gunnlaug tritt mit einer Geschwulst am Fuß, aus der Blut und Eiter quellen, vor den Jarl Eirik. Auf dessen Frage, warum Gunnlaug nicht hinke, antwortet dieser: »Man soll nicht hinken, solange beide Füße noch gleichlang sind.«

»Die Geschichte von Björn Hitdoelakappi« (Bjarnar saga Hítdœlakappa)

In derselben Gegend wie die Saga von Gunnlaug (und auch die *Egils saga*) spielt die » Geschichte von Björn Hitdoelakappi«. Auch hier handelt es sich um eine Dreiecksgeschichte: Björn (der übrigens mit Egil Skallagrimsson verwandt ist) verlobt sich mit Oddny, die den lieblichen Beinamen »Insel-Leuchte« (*eykyndill*) trägt. Sie will wiederum drei Jahre warten, bis Björn von seiner anscheinend obligatorischen Abenteuerfahrt zurückkehrt. In Norwegen trifft er den spottsüchtigen Thord. Dieser begibt sich nach Island, während Björn sich nach Osten, nach Russland, wendet. In Island verbreitet Thord das Gerücht, Björn sei tot, freit daher um Oddny und heiratet sie. Bei dieser Nachricht zieht es Björn nicht mehr nach Island, wikingernd streift er durch die nördlichen Länder, wo er in Dänemark auf Thord stößt, der dort ein Erbe einholen will, aber von Björn in demütigender Weise seines ganzen Besitzes beraubt wird. Der heilige König Olav vermittelt. Nach Island zurückgekehrt, kommt es zwischen beiden zu Reibereien, sie dichten Spottverse aufeinander, der Streit nimmt an Schärfe zu. Björn und Oddny sind einander nach wie vor zugetan, ja, Björn deutet in zwei Strophen an, dass er und nicht Thord der Vater von Oddnys Sohn sei. Schließlich kommt es so weit, dass Thord Björn erschlägt. »Oddny zehrte und härmte sich immer mehr ab. Sie öffnete kaum mehr den Mund. Doch lebte sie noch lange in diesem elenden Zustande.« Durch Vermittlung kommt die Auseinandersetzung zum Stillstand. Thord wird eine kräftige Buße auferlegt.

»*Geschichte von Kormak*« (Kormáks saga)

Die bedeutendste Skaldensaga ist zweifellos die Kormakssaga, weil der Titel gebende Held zum einen als eine sehr vielschichtige Persönlichkeit erscheint und zum anderen der wohl bedeutendste Liebesliederdichter des mittelalterlichen Nordens ist. Kormak »war dunkelhaarig, mit einer krausen Locke auf der Stirn, von lichter Hautfarbe und etwas seiner Mutter ähnlich, groß und stark, eine heißspornige Natur«. Sein Bruder Thorgils dagegen war »ruhig und friedsam« – gegensätzliche Brüderpaare sind ein Lieblingsmotiv der Isländersaga. Kormak verliebt sich beim ersten Anblick in Steingerd und dichtet seine ersten Strophen auf sie, und diese sind von der Vorahnung kommenden Leides getragen. Seine Werbung um Steingerd ist erfolgreich, die Hochzeit wird verabredet – doch »Kormak erschien nicht zur Hochzeit, wie abgemacht war«. »Der wirkliche Grund war der Zauber Thorveigs, der nicht zuließ, dass Kormak und Steingerd einander haben sollten.« Steingerd wird daraufhin mit Holmgang-Bersi verheiratet, den Kormak nun verfolgt. Sie verlässt ihren Mann, nachdem er in einem Holmgang erheblich verletzt wurde: Das Schwert »traf den Schildrand, glitt aber vom Schildrand ab auf Bersis Hintern und fuhr ihm den Schenkel herab bis in die Kniekehle, so dass es im Knochen stak.« »Jetzt muss man dich Arsch-Bersi nennen«, sagt Steingerd ihm zum Abschied. Sie heiratet erneut, Kormak begibt sich nach

Norwegen, doch lassen ihn die Gedanken an Steingerd
nicht los. Indes will sie ihn nicht mehr: »Du hast mich ein
für allemal fahren lassen, und nun hast du keine Hoffnung
mehr.« In Norwegen trifft Kormak erneut auf Steingerd
und ihren neuen Mann und befreit sie aus den Händen
von Seeräubern. Mit seinem Bruder vollbringt er in
Schottland »mächtige Taten«, unterliegt jedoch einem Riesen, der ihn tödlich verwundet. Noch in seiner letzten
Strophe gedenkt er Steingerds. »Und damit schließt nun
die Geschichte von Kormak dem Liebesdichter.«

Über der Liebe von Kormak zu Steingerd schwebt ein
Verhängnis. Wie ein roter Faden durchzieht die Saga,
dass »böse Geister und ein widriges Geschick« der Erfüllung im Wege stehen, dass daran »viel mehr der Zauber
böser Wichte schuld ist als mein Wankelmut«, wie Kormak sagt.

Es ist längst gesehen worden, dass die Liebesthematik,
wie sie für diese vier Geschichten typisch ist, den Einfluss
der europäischen Troubadourdichtung verrät. Man hat
es mit so etwas wie islandisierten Tristan-Dichtungen zu
tun. Am norwegischen Königshof war 1227 ein französischer Tristan-Roman ins Norwegische übesetzt worden.
Die isländischen Sagas kombinieren in bemerkenswerter
Weise den neuen Stoff von der unerfüllten, unerfüllbaren
Liebe mit dem einheimischen Erzählgestus und knüpfen
ihn an eine historische Person der eigenen Vergangenheit
an (wodurch sie sich eindrücklich von der übersetzten Literatur unterscheiden): knappe Erzählweise, keine Kom-
mentare, scharfe Repliken, Unterdrückung von Gefühlen,
kaum schmückende Beiwörter, einfacher Stil und das
Ganze durchwoben mit Kormaks einzig dastehenden Lie-
besgedichten, die das neue Thema in althergebrachter
skaldischer Weise gestalten. Das Thema, dass der Held,
der zu Abenteuern auszieht, nicht zur festgesetzten Zeit
zurückkehrt, ist nicht auf den Norden beschränkt. Es

tauncht beispielsweise auch in den Geschichten von Yvain des Chrétien de Troyes (und in dessen Nachfolge von Hartmann von Aue) auf. Doch hier zeigt sich ein charakteristischer Unterschied: Während in den kontinentalen Gestaltungen alles auf eine glückliche Lösung hinausläuft, bleibt in den Skaldensagas den Liebenden die Versöhnung verwehrt.

»Die Geschichte von den Leuten aus dem Laxardal« (Laxdœla saga)

Von der Liebe handelt auch diese Saga. Egil und vor allem seine Tochter Thorgerd spielen auch in der *Laxdœla saga* eine Rolle. Beiden, der *Egils* wie der *Laxdœla saga* ist der Ausgangspunkt gemein, dass die Machtgier des norwegischen Königs Harald Haarschön die Auswanderung nach Island veranlasste. Hier nun ist es Ketil Plattnase, der sich mit seinen Söhnen auf Island niederlässt. In der fünften Generation kommt es zum ersten Streit: Höskuld verletzt geltendes Recht und verweigert seinem Halbbruder Hrut den angemessenen Anteil an seinem Erbe. Nach einigen Totschlägen wird das Gleichgewicht wieder hergestellt, doch ein neuer Konflikt bahnt sich an: Höskulds Sohn Thorleik gerät aus übertriebener Ehrsucht in Streit mit seinem Onkel Hrut, aus dem dieser jedoch siegreich hervorgeht. Thorleik muss das Land verlassen, »und damit beschließen wir Thorleiks Geschichte«. Inzwischen ist Olaf Pfau, der Sohn Höskulds mit der irischen Königstochter Melkorka, eingeführt, der Egils Tochter Thorgerd heiratet. Olaf hatte durch seine Autorität im Streit zwischen Thorleik und Hrut vermittelt. Thorleik ist der Vater des Bolli, sein Bruder Olaf Pfau der des Kjartan, und dieser wird so beschrieben:

Er war der schönste aller Männer, die auf Island geboren wurden. Er hatte ein großes Gesicht mit wohl-
geformten Zügen, sehr schönen Augen und heller
Haut. Volles Haar hatte er, schön wie Seide; es fiel in
Locken herab; ein großer Mann war er und stark, so
wie Egil, sein Muttervater, oder Thorolf waren. Kjartan war mehr als jeder andere vollkommen, so dass
alle, die ihn sahen, staunten. Auch in der Waffenfüh-
rung überragte er die meisten Männer. Handwerklich
war er geschickt und der allerbeste Schwimmer. In allen Künsten übertraf er die anderen. Anderen begeg-
nete er bescheiden und freundlich, so dass jedes Kind
ihn gern hatte. Er war heiteren Sinnes und freigebig.
Olaf liebte Kjartan am meisten von allen seinen Kin-
dern.

Die Vettern werden die männlichen Protagonisten der folgenden Ereignisse.

Mit Kapitel 32 setzt die Erzählung gewissermaßen neu
an. Wieder wird von Ketil Plattnase erzählt, diesmal von
einem anderen Zweig seiner Nachkommenschaft, unter
der besonders Gudrun hervorragt:

Sie war unter allen Frauen, die je auf Island aufwuch-
sen, die Erste an Schönheit und Verstand. Gudrun
war eine so vornehme Frau, dass zu jener Zeit Flitter-
werk erschien, womit andere Frauen sich zu schmü-
cken suchten. Mehr als alle anderen Frauen war sie
tüchtig und redegewandt. Und sie war eine freigebige
Person.

Ihre vier Träume werden von Gest dahingehend gedeutet,
dass sie vier Männer haben wird – und so kommt es denn
auch. Sie heiratet das erste Mal und wird bald geschieden,
ihr zweiter Mann Thord ertrinkt aufgrund eines Zauber-
spruchs. Es keimt eine große Zuneigung zwischen Gud-

run und Kjartan auf, doch Kjartan will – wie so oft in Sagas – zusammen mit seinem Vetter Bolli noch zu einer Norwegen-Reise aufbrechen und bittet sie, drei Jahre auf ihn zu warten. Dies will Gudrun indes nicht geloben. Bolli kehrt nach Island zurück und erzählt, »welche Rede über die Freundschaft Kjartans und der Königstochter Ingibjörg umging«, und in typischer Sagamanier heißt es:

> Gudrun sagte, dies sei eine gute Nachricht, »denn nur eine Frau von Rang wird Kjartans Ansprüchen gerecht werden«, und damit beendete sie das Gespräch, ging hinweg und war ganz rot im Gesicht. Aber andere zweifelten, ob ihr diese Nachricht wirklich so gut erschien, wie sie vorgab.

Bolli wirbt um Gudrun und überwindet ihren Widerstand, aber »das Zusammenleben Bollis und Gudruns war nicht besonders gut – und das Gudruns wegen«, denn sie »sprach da zu Bolli, dass sie den Eindruck habe, er hätte nicht die ganze Wahrheit über Kjartans Rückkehr gesagt. [...] Gudrun sprach wenig über diese Angelegenheit, aber deutlich war, dass sie nicht zufrieden war, und die meisten meinten, sie hätte noch große Sehnsucht nach Kjartan, auch wenn sie das verbarg.« Den Leuten bleibt nicht verborgen, dass Kjartan viel an Gudrun denkt, doch es gelingt ihr, ihn zur Heirat mit Hrefna zu überreden. Nun nimmt der Konflikt Fahrt auf: Die einstige Freundschaft Bollis mit Kjartan ist abgekühlt, kleinere Sticheleien eskalieren, bis Gudrun schließlich die Brüder und ihren Mann Bolli zum Mord an Kjartan aufstachelt. Olaf kann einen Ausgleich herbeiführen, der aber nach seinem Tod nicht mehr gehalten wird. Kjartans Brüder, von seiner Mutter Thorgerd, Egils Tochter, angetrieben, rächen sich an Bolli, der sich wacker wehrt, aber schließlich unterliegt. Thorgerd hatte sie gebeten, »sich nicht zurückzuhalten und mit Bolli nicht ganze Arbeit zu leisten; sie bat sie, Kopf und

Rumpf zu trennen. Bolli stand da noch aufrecht an der Wand und hielt den Rock fest, damit die Eingeweide nicht herausdrangen [...]. Thorgerd sagte, Gudrun müsse nun einige Zeit Bollis rote Haare kämmen.« Einer von Bollis Gegnern, Kjartans Bruder Helgi, »ging zu Gudrun und ergriff ein Tuchende [ihres Kopftuches] und wischte das Blut von dem Speer, mit dem er Bolli durchbohrt hatte«.

Dies erfordert erneute Rache, Helgi wird getötet. Doch schließlich findet der Konflikt durch die Vermittlung des Goden Snorri ein Ende, die Olafssöhne erlegen die Buße für Bolli, die Gesellschaft ist wieder ins Gleichgewicht gekommen. Das letzte Wort gehört Gudrun. Von ihrem Sohn Bolli, Bollis Sohn, befragt, wen sie denn am meisten geliebt habe, antwortet sie: »Dem fügte ich Schlimmstes zu, den ich am meisten liebte« – Kjartan eben.

Wir haben es hier durchaus mit einem großartigen Liebesroman zu tun. Die Konfliktstruktur behandelt in aufsteigender Linie das Problem der Rechtsverletzung, das der Ehre und das der unerfüllten Liebe. Dazu gesellt sich wieder das Thema, wie eine in Ruhe befindliche Gesellschaft aus den Fugen gerät und schließlich durch kluge Vermittlung wieder zum Ausgangspunkt zurückkehren kann. Die Protagonisten sind historische Personen, die Haupthandlungen fallen in die Zeit von etwa 938 (Geburt Olaf Pfaus) bis 1006 (Bollis Tötung). Wenn auch nicht alle Zeitangaben der Saga präzise sind, so hat sie doch ein Stück isländischer Geschichte gestaltet und dabei sicher einen Bezug zur Gegenwart ihrer Entstehung (13. Jahrhundert) hergestellt. Der weise Gode Snorri will den im Prinzip unabschließbaren Lauf der Rache zum Stillstand bringen, was ihm endlich gelingt. Außerdem liegt hier ein Konflikt innerhalb einer Großfamilie vor, schließlich werden zwei Zweige einer Familie gegenübergestellt, die auf den gemeinsamen Vorfahren Ketil Plattnase zurückgehen. Somit kann man die Saga in einem weiteren Rahmen als eine Gestaltung der isländischen Zerissenheit im 13. Jahrhundert lesen, die durch die Vermittlung weiser Leute geheilt werden kann. Ob diese Aufgabe der norwegische König erledigen konnte? Dass der uns unbekannte Verfasser dies mit einer leidenschaftlichen Liebesgeschichte verband, macht die Saga nicht schlechter.

Und ein weiteres Thema durchzieht die Geschichte: das Glück. So meint beispielsweise Olaf, dass »unsere Verwandten und die Leute von Laugar kein dauerhaftes Glück verbinden wird«. Das ist eine der Vorausdeutungen, an denen die Saga so reich ist: Vorausdeutende Träume, Vorahnungen, Weissagungen, Verwünschungen als Ausdruck des schicksalhaft Vorherbestimmten sind weniger ein Zeugnis des christlichen Glaubens (wenn auch die Einführung des Christentums berührt wird), vielmehr gehören sie in das literarische Arsenal der Spannungserzeugung und -steigerung. Antizipationen befriedigen die Frage nach dem Was, die Neugier des Lesers oder Zuhörers richtet sich aber auf das Wie.

»Die Geschichte der Leute auf Eyrr« (Eyrbyggja saga)

Der Gode Snorri spielt auch in dieser Saga eine Rolle, aber ebenso wenig wie in der *Laxdœla saga* die Hauptrolle. Es ist nicht nur seine Geschichte, sondern die Geschichte einer ganzen Region, der westisländischen Halbinsel Snæfellsnes, und diese Geschichte erstreckt sich von der Landnahme bis zu Snorris Tod im Jahre 1031. Sie beginnt wieder mit Ketil Plattnase und dem Streit seines Sohnes Björn mit dem norwegischen König Harald Haarschön – Anlass der Auswanderung. Die Saga erzählt hauptsächlich von den Konflikten, die vier herrschende Familien der Region miteinander austragen, und ist dadurch so etwas wie eine Lokalchronik. Grund und Anlass der Auseinandersetzung sind Überheblichkeit, Hochmut, Besitzgier, Machtstreben,

Liebe. Dadurch gerät die Gesellschaft aus den Fugen, bis sie wieder, u. a. durch Snorris kluge Heiratspolitik, ins Gleichgewicht kommt und Snorri sich immer mehr zum Frieden stiftenden Vermittler entwickelt. Dies ist er jedoch nicht von Anfang an. Im Gegensatz zur *Laxdœla saga* wird er hier sehr differenziert und ambivalent gezeichnet: Schon als Jugendlicher war er »sehr eigensinnig und streitlustig«. Später folgt eine ausführlichere Beschreibung:

> Snorri war mittelgroß und recht schlank. Er war gutaussehend, hatte regelmäßige Gesichtszüge, eine helle Haut, blondes Haar und einen rötlichen Bart. Für gewöhnlich war er von ruhigem Wesen; es war ihm schwer anzumerken, ob ihm etwas gefiel oder nicht. Er war ein kluger Mann und in vielen Dingen sehr weitblickend. Er war auch nachtragend und rachsüchtig.

Er ist dazu noch ehrsüchtig und käuflich.

Ihm steht ein anderer Gode, Arnkell, gegenüber, dem nach seiner Erschlagung, die Snorri veranlasst, ein für die Isländersaga selten ausführlicher Nachruf gewidmet wird:

> Und alle Leute beklagten seinen Tod sehr, denn er war in jeder Hinsicht der beste aller Männer gewesen in der heidnischen Zeit und auch der Klügste, von vortrefflicher Wesensart, hochherzig und von allen Männern der Mutigste. Er war aufrichtig und stets beherrscht. In Rechtsstreitigkeiten setzte er sich immer durch, mit wem er es auch zu tun hatte. Dadurch zog er den Neid anderer auf sich, wie sich jetzt gezeigt hatte.

Neid als Treibriemen der Geschichte, wie dies auch von Snorri gesagt wurde:

Er wurde nun ein bedeutendes Oberhaupt, doch wurde er wegen seiner Macht von vielen beneidet, denn es gab viele, die sich von ihrer Geburt her nicht für geringer hielten als Snorri, sich ihm aber überlegen fühlten an Kraft und Tapferkeit.

Darin kann man auch den Bezug zur Sturlungenzeit sehen, als sich die großen Familien Islands um die Macht streiten und sich gegenseitig nichts gönnen noch schenken.

Es gibt vorzüglich erzählte Szenen in der Saga, die Komposition des Ganzen ist indes sehr locker und die Ereignisse sind oft nur sehr oberflächlich ineinander gehakt. Man hat es mehr mit episodenhaftem Erzählen zu tun, was dadurch deutlich wird, dass der Verfasser anscheinend ein größeres Interesse am Antiquarischen als an der Ereignisgeschichte hat: Wiedergänger, Blendwerk, Zauberei, Sinnestäuschungen, Omina, heidnische Gebräuche und Volksglauben erregen seine besondere Erzählfreude. Der kulturgeschichtliche Quellenwert ist jedoch als eher gering anzusehen.

Der Unterschied zwischen Oben und Unten der Gesellschaft spielt überall in den Isländersagas eine Rolle und wird in folgender Szene deutlich: Arnkell wird angegriffen und sagt:

> [...] hier in der Einzäunung aber ist ein guter Kampfplatz, und von hier werde ich mich zur Wehr setzen, falls diese Leute [die sich nähernden Angreifer] nicht in friedlicher Absicht kommen; denn das scheint mir besser als davonzurennen. [...]
>
> Und nachdem Arnkell das gesagt hatte, rannten die Sklaven los und Ofeig war der schnellste. Er hatte so viel Angst, dass er fast den Verstand verlor, und er rannte in die Berge hinauf und stürzte dort in einen Wasserfall und kam darin um [...].

Der Sklave ist zur heldenhaften Tat nicht fähig – Tapferkeit hier, Feigheit dort. Das schreibt sich in eine lange Tradition ein, nach der nur »Standespersonen« Träger vorbildhaften Verhaltens sein können.

Snorris Vater Thorgrim war der Schwager von Gísli Súrsson, und von ihm handelt die folgende Saga.

»Die Geschichte von Gislis Sursson« (Gísla saga Súrssonar)

Hier gibt es kaum ambivalente, differenziert gezeichnete Personen, denn sie stehen entweder aufseiten des strahlenden Gisli, womit etwas von seinem Glanz auf sie fällt, oder sie sind seine Gegner und erwecken dadurch die Abscheu des Lesers oder Zuhörers – die Leserlenkung ist deutlich. Diese Saga wird zu Recht als eine der kompositorisch geschlossensten Erzählungen gerühmt, alles nicht dem Fortgang der Handlung Dienende ist abgeschnitten. Sie handelt von Tragik, Familienstreit und Familienzusammengehörigkeit, von unterdrückter Leidenschaft wie von konjugaler Liebe, von Schicksalsmächtigkeit, Freundschaft, Tapferkeit und von fehlendem Glück.

Die Vorgeschichte führt wieder nach Norwegen, diesmal in die Mitte des 10. Jahrhunderts. Hier werden einige Themen angedeutet, die später entfaltet werden: Ein unrechtmäßig erworbenes Schwert, die Liebe einer Frau zu einem anderen Mann als dem angetrauten, der Streit zweier Brüder, die Familienehre. Um Letztere zu bewahren, zieht nach einigen Händeln Gislis Familie nach Island und nimmt dort Land. Gisli, sein Bruder Thorkel, sein Freund Vestein, dessen Schwester Aud Gislis Frau wird, und Thorgrim, der Mann von Gislis Schwester Thordis, schließen Blutsbrüderschaft, doch der erste Riss entsteht sogleich, da Thorgrim sich gegenüber seinem Schwippschwager Vestein nicht verpflichtet fühlt, was Gisli damit quittiert, dass er seinerseits keine Verpflichtung gegen Thorstein übernimmt. Das Unheil bahnt sich an.

In einem von Thorkel heimlich belauschten Gespräch erweist sich, dass Aud vor ihrer Ehe Thorgrim zugeneigt war, aber seit ihrer Heirat Gisli die Treue gehalten hat, und dass Asgerd, Thorkels Frau, Vestein liebt, vielleicht sogar ein Verhältnis mit ihm unterhält. Damit ist der Ausgangspunkt etabliert, »und was geschehen soll, das geschieht«. Thorkel und Gisli trennen sich, Thorkel lehnt Vesteins Geschenke ab, »und da schien es Gisli, als laufe nun alles in der einen Richtung«.

Kurz darauf wird Vestein erschlagen, von wem – das ist das am besten bewahrte Geheimnis der altisländischen Prosaliteratur. Der Hauptverdächtige scheint Thorkel zu sein, den man sich als eifersüchtig vorstellen kann, doch warum tötet Gisli dann Thorgrim? Um Rache zu üben, aber seinen Bruder zu schonen? Die Folge jedenfalls ist, dass Gisli wegen dieses Mordes geächtet wird, und sein Schicksal während der Zeit der Acht bildet den zweiten Teil der Saga. Thordis hatte Börk, den Bruder ihres erschlagenen Mannes Thorgrim, geheiratet, und der betreibt nun den Rachefeldzug gegen Gisli, zu dessen Tötung er Eyjolf den Grauen dingt. Der geächtete Gisli zieht jahrelang durch das Land und durch List entgeht er seinen Verfolgern, Hilfe wird ihm nicht zuteil von seinem Bruder Thorkel, der bald von Vesteins Sohn erschlagen wird. Unterstützung erhält er dagegen von einigen Getreuen und vor allem von seiner Frau Aud, die die Gattentreue über alles stellt. Während der Acht erscheinen Gisli zwei Traumfrauen, eine gute, die ihn tröstet, und eine schlimme, die ihm einen blutigen Tod voraussagt. Den Inhalt seiner Träume gibt Gisli in kunstvoll gebauten Strophen wieder, in denen seine Einsamkeit und seine Angst deutlich werden. Schließlich wird er von seinen Verfolgern eingeholt. Er kämpft einen tapferen Kampf:

Nun trafen sie ihn mit ihren Spießen, so dass die Eingeweide heraustraten. Aber er zog sie sich mit seinem Hemde an den Leib und band unten einen Strick darum.

Der Übermacht ist er jedoch nicht gewachsen:

Als Gisli das Leben ließ, hatte er so viele und so tiefe Wunden, dass es ein Wunder war. Nachher haben sie erzählt: Gisli sei keinen Schritt zurückgewichen, und sie hätten nicht gemerkt, dass sein letzter Hieb schwächer gewesen sei als sein erster. Hier ist nun Gislis Leben zu Ende; und das wird allgemein gesagt, dass er an Kühnheit nicht seinesgleichen gehabt hat, ob er gleich nicht in jedem Stück vom Glück begleitet war.

Schon an früherer Stelle hatte es geheißen:

Und das ist auch wahr: keiner war je listenreicher und herzhafter als Gisli – nur das Glück war nicht mit ihm.

Doch die Geschichte ist noch nicht an ihr Ende gelangt: Thordis versucht, allerdings vergeblich, ihren Bruder zu rächen, und trennt sich von Börk. Ari, der jüngste Bruder von Gisli und Thorkel, erschlägt in Norwegen, wo die Geschichte angefangen hat, Vesteins Sohn, der Thorkel getötet hatte. Gislis Frau Aud und Vesteins Frau Gunnhild nehmen den christlichen Glauben an »und machten eine Romfahrt und kamen davon nicht zurück«.

Die Blutsbrüder sind tot, erschlagen – warum? Vielleicht hat sie ihr Hochmut zu Fall gebracht:

Da entstand ein Gerede darüber, wie übermütig ihre Schar doch wäre, und was für eine herrische Sprache sie führten.

Die Weissagungen des weisen Gest erfüllen sich auch
noch:

> Wenn der dritte Sommer kommt, werden sie nicht
> mehr alle so einmütig sein, wie sie da jetzt beisammen
> sind.

Und um eben dies zu verhindern, schlägt Gisli die Blutsbrüderschaft vor, auf die aber sofort ein Schatten fällt. So
bleibt nichts übrig, als das Unvermeidliche tapfer auf sich
zu nehmen.

»Die Geschichte von Njal« (Njáls saga)

Das Unausweichliche, das trotz aller gegenteiliger Bemühungen nahezu automatisch abläuft, ist auch das Thema
der Njalssaga. Sie beginnt nicht in Norwegen, sondern
setzt direkt auf Island ein. Von zwei Brüdern wird anfangs
erzählt: Höskuld und Hrut, wie sie Höskulds kleiner
Tochter Hallgerd beim Spielen zusehen. Onkel Hrut bemerkt:

> Das Mädchen ist wahrhaftig überaus hübsch, und da-
> durch wird mancher zu leiden haben. Aber das ist
> mir nicht klar, woher Diebesaugen in unser Ge-
> schlecht gekommen sind.

Dies ist eine von den vielen typischen Vorausdeutungen,
die dann auch Wirklichkeit werden. Hallgerd war »ungewöhnlich schön von Ansehen [...]. Sie hatte schönes Haar,
und es war so lang, dass sie sich damit einhüllen konnte.
Sie war verschwenderisch und von hartem und trotzigem
Sinn.« Sie heiratet einmal, sie heiratet ein zweites Mal, beide Ehemänner werden von ihrem Ziehvater getötet, der
wiederum von Hrut erschlagen wird. Inwieweit Hallgerd

an den Gattenmorden mitschuldig ist, bleibt undeutlich. Aber der Lauf der sich aufschaukelnden Rache kann noch angehalten werden. Nach diesen als Einleitung zu verstehenden Episoden werden zwei Männer eingeführt, deren Freundschaft eines der wesentlichen Themen der Saga ist.

> [Gunnar von Hlidarendi] war von ansprechendem Äußeren und hatte helle Gesichtsfarbe; die Nase war gerade und an der Spitze etwas aufwärts gebogen; er hatte blaue, scharfblickende Augen und gerötete Wangen; sein Haar war voll, von heller Farbe und fiel gut. In der Vornehmheit des Auftretens übertraf er alle. Er war in jeder Weise tatkräftig, dabei sehr beherrscht. Freigebig war er gegenüber seinen Freunden.

Ihm gehört der erste Teil der Saga. Hauptfigur des zweiten ist Njal:

> Er hatte ein angenehmes Äußeres, aber das Besondere an ihm war, dass ihm kein Bart wuchs. Er war außerordentlich gesetzeskundig [...]. Er war klug und hatte die Gabe, in die Zukunft zu schauen. Seine Ratschläge waren redlich und nützlich, und alles, was er den Leuten riet, erwies sich als richtig.

Eingeführt wird nun auch die dunkle Figur der Saga, Mörd, Sohn des Valgard:

> Der spielt eine große Rolle in dieser Erzählung. Als er voll erwachsen war, trat er sehr übel gegenüber seinen Verwandten auf, weitaus am schlimmsten aber gegenüber Gunnar. Verschlagenheit war ein bestimmender Charakterzug, und in seinen Ratschlägen waren böse Absichten verborgen [...].

In der Tat, er ist der Unheil bringende Intrigant, und, verschlagen und ränkevoll, reizt er jeden gegen jeden auf. Gunnar heiratet Hallgerd, doch, so sagt Njal, »von ihr wird einzig und allein Unheil ausgehen«, und es ist klar, dass es so kommt. Bald bricht ein Streit aus zwischen Hallgerd und Bergthora, Njals Frau, doch die beiden Männer können die Eskalation durch kluges Verhalten noch verhindern. Während einer großen Hungersnot veranlasst Hallgerd einen ihrer Sklaven zum Diebstahl von Lebensmitteln, und der daraus resultierende Konflikt endet schließlich mit der Tötung des sich tapfer verteidigenden Gunnar, der durch seinen Sohn Högni und Njals Sohn Skarphedin gerächt wird.

Erneut bricht Streit aus, als die Njalssöhne Thrain Sigfusson erschlagen, von dem sie sich in ihrer Ehre beleidigt fühlen, und wieder sieht Njal Zukünftiges:

> Das sind sehr bedeutsame Neuigkeiten, und es ist wahrscheinlich, dass sie zum Tode eines meiner Söhne führen, wenn nichts Schlimmeres geschieht.

Wieder versucht Njal, die Rache anzuhalten und Frieden zu stiften: Er bezahlt die Buße für die von den Söhnen vollbrachte Tat und nimmt Höskuld, Thrains Sohn, als Ziehsohn zu sich, und der war »groß und stark und von sehr angenehmem Äußeren; er hatte schönes, volles Haar. Er war freundlich in der Rede und großzügig. Er wusste sich wohl zu beherrschen [...]. Er sagte nie etwas Böses über andere und war bei allen beliebt.«

Mehr und mehr wird er zur Lichtgestalt, umso bedrückender ist es, dass es Mörd gelingt, die Njalssöhne und Höskuld zu entzweien, bis jene ihn erschlagen, und Njal sieht, dass dies den Tod für ihn, seine Frau und alle seine Söhne bringen wird.

Hildigunn, Höskulds Frau, treibt ihren Onkel Flosi zur Rache an: »Sie nahm Höskulds Mantel und wischte alles

Blut damit ab und wickelte das geronnene Blut nach innen.« Später gibt sie diesen Mantel ihrem Onkel Flosi, dem nun die Rache obliegt. Man bemüht sich allerseits um eine friedliche Lösung, aber diese kommt dann doch nicht zustande. Flosi und seine Gefolgsleute belagern Njal und die Seinen und zünden ihnen das Haus an, nur Njals Schwiegersohn Kari, Sölmunds Sohn, entkommt. Die Mordbrenner werden von ihm bis ins Ausland verfolgt. Kari und Flosi unternehmen getrennt eine Pilgerfahrt nach Rom. Nach ihrer Rückkehr nach Island »schlossen sie einen ehrlichen Vergleich und versöhnten sich vollständig. Flosi gab Kari dann seine Brudertochter Hildigunn zur Frau.«

Diese umfang- und episodenreiche Geschichte ist geschickt gefügt, und der Erzähler hält die Fäden übersichtlich in der Hand. Er hat dazu prachtvolle Auftritte gestaltet, wie z. B. den von Gunnars letztem Kampf, als ihm die Bogensehne reißt und er Hallgerd um zwei Strähnen ihres Haares bittet:

»Hängt für dich etwas davon ab«, fragte Hallgerd.

»Mein Leben hängt davon ab«, erwiderte Gunnar, »denn sie werden mich nie überwältigen, solange ich meinen Bogen gebrauchen kann.«

»Dann will ich dir jetzt jene Ohrfeige [die ihr Gunnar wegen des Diebstahls verabreicht hatte] vergelten«, antwortete sie, »und es ist mir völlig gleichgültig, ob Du noch längere Zeit standhältst oder nicht.«

Diese Absage quittiert Gunnar bündig:

»Jeder verschafft sich Ruhm auf seine Weise; du wirst die Bitte nicht noch einmal hören.«

Wiederum strukturieren die vielen Vorausdeutungen, Träume und Prophezeiungen die Handlung. Insbesondere sind es die des Njal, aber es ist bemerkenswert, dass sich nicht alle seiner Vorahnungen erfüllen.

Es gibt eine breit angelegte Personengalerie, und keine Person ist der anderen gleich: Hallgerd ist schön und »verschwenderisch und von hartem und trotzigem Sinn« und sie vergisst keine ihr angetane Kränkung. Bergthora war eine »tüchtige, entschlossene Frau und ein guter Kerl, aber ein wenig hart in ihrem Wesen«. Im Gegensatz zu Hallgerd folgt sie ihrem Mann in den Tod, obwohl ihr freier Abzug gewährt worden wäre, denn »jung wurde ich Njal zur Frau gegeben, und ich habe ihm versprochen, dass ein Schicksal uns beide treffen solle«. Diese Form von Treue und Solidarität scheint überhaupt ein Anliegen des Erzählers zu sein, denn die Formel, »dass ein Los uns alle treffen« soll, wird mehrfach beansprucht. Für treues Zusammenstehen spricht nicht nur diese Formel, sondern auch das Verhältnis von Njal und Bergthora sowie das Beispiel unverbrüchlicher Treue der Freunde Njal und Gunnar. Und wieder ist das Glück, das man hat oder nicht, ein die Saga durchziehendes Thema. Kari hat eben das Glück auf seiner Seite, wie Njal bemerkt, und deswegen kann er überleben. Njal kennt zwar das Recht und handelt aus Verlangen nach Versöhnung, aber er ist nicht vom Glück begünstigt. Obschon er sich mit allen Kräften dafür einsetzt, Streitigkeiten und Zwiste durch Vergleiche zu beenden und die Spirale der Rache sich nach Möglichkeit gar nicht erst drehen zu lassen, ist sein Bemühen zum Scheitern verurteilt.

Der heldenhafte und tapfere Gunnar, der milde und strahlende Höskuld, der weise und rechtskundige Njal, die tüchtige und treue Bergthora, die drei so unterschiedlichen Njalssöhne, der kleine Thord, Karis Sohn, der freiwillig mit Großvater Njal und Großmutter Bergthora im Mordbrand sterben will, und die vielen anderen – sie alle sind tot, erschlagen, bevor es zu einer endgültigen Versöhnung kommen kann, und von der Sehnsucht nach Versöhnung, die zu erfüllen so schwer ist, ist die Saga getragen.

»Die Geschichte von Hrafnkel dem Frey-Goden«
(Hrafnkels saga Freysgoða)

Ein genaues Gegenteil zur *Njáls saga* bietet diese Saga. Ist
jene lang, ja die längste Saga überhaupt, ist diese kurz,
werden bei jener um die 600 Personen (in bedeutender
und weniger bedeutender Funktion) erwähnt, gibt es hier
nur wenige Personen. Spielt dort, trotz gewaltigen Blut-
vergießens, die Versöhnung eine wichtige Rolle, geht es
hier um die Aufrechterhaltung alter Machtstrukturen,
koste es, was es wolle, und stoßen dort handlungskräftige
Frauen die Aktionen an, tritt hier nur eine alte Magd als
Antreiberin auf. Haben wir es dort mit einem Freundes-
paar zu tun, von dem der eine zurückhaltend und rechts-
kundig, der andere eher draufgängerisch ist, so hier mit einem hochmütigen Goden, der alleine steht und sein will.
Liegt dort eine episodenhafte Verkettung vor, so sehen wir
hier eine zielstrebige Komposition.

Als »einen der vollkommensten Kurzromane der Weltliteratur« hat man diese Saga bezeichnet. In Deutschland
erreichte sie ungewöhnliche Beliebtheit, was allein die
zwanzig registrierten Übersetzungen belegen. Das könnte
darauf verweisen, dass es sich um eine einfach zu verste-
hende Geschichte handelte. Doch das Gegenteil ist der
Fall: Wohl keine Saga ist gegenteiliger und widersprüchli-
cher interpretiert worden.

In den Tagen des norwegischen Königs Harald Haarschön wandert Hallfred nach Island aus, ohne dass hierfür
ein Grund angegeben wird. Der Sohn Hrafnkel, die
Hauptperson der Saga, wird rasch zur beherrschenden und
mächtigen Figur des Ostlandes. Der von ihm als Schafhirte
eingestellte Einar übertritt das Verbot, Hrafnkels Lieb-
lingspferd, den dem Gott Freyr geweihten Hengst Frey-
faxi, zu reiten, wofür ihn Hrafnkel, getreu seinem Schwur,
erschlägt. Er bietet dessen Vater ein großzügig bemessenes
Bußgeld an, doch der lehnt ab und besteht auf dem

Rechtsweg: »Ich will, dass wir Schiedsrichter heranziehen, die einen Vergleich zwischen uns stiften.« Zögernd übernimmt Sam, Einars Vetter, die Rechtsverfolgung und triumphiert auf dem Allthing – Hrafnkel wird zur Acht verurteilt. Er wird von Sam auf seinem Hof überfallen, und der stellt Hrafnkel vor die Wahl, entweder erschlagen zu werden oder aus der Gegend wegzuziehen. Hrafnkel entscheidet sich:

> »Manchem würde ein schneller Tod besser erscheinen als solche Erniedrigung. Aber mir wird es gehen wie vielen: Ich wähle das Leben, wenn die Möglichkeit besteht. Dies tue ich hauptsächlich um meiner Söhne willen, denn wenn ich stürbe, hätten sie kaum Hoffnung auf gesellschaftlichen Aufstieg.«

Er wendet sich vom paganen Glauben ab und schafft nach und nach wieder den gesellschaftlichen und wirtschaftlichen Aufstieg. Er überfällt Sam und stellt ihn vor die Wahl von Tod oder Leben, und auch Sam wählt das Leben. Hrafnkel hat seine alte Machtposition wieder eingenommen.

Diese kleine Geschichte ist zügig und geradlinig erzählt, Frauen spielen so gut wie keine Rolle, auf lose Strophen wird verzichtet. Die Deutung wirft indes große Probleme auf, ein eindeutiges Thema kann nicht ausgemacht werden. Ist sie eine Verdeutlichung des Sprichwortes, dass Hochmut vor dem Fall kommt? Oder ist sie vielleicht ein von christlicher Moral durchtränktes *exemplum* von einem, der gesündigt hat und der sich durch Bestrafung und Reue bessert – schließlich schwört Hrafnkel der alten Religion ab, freilich ohne dass gesagt wird, dass er sich der neuen zuwendet?

Oder ist diese Saga nicht vielmehr ein Beleg dafür, dass wir es mit Herrschaftsliteratur zu tun haben? Hrafnkel beansprucht eine gesellschaftliche Ausnahmestellung für

sich: »Da hältst du dich für mir ebenbürtig, und auf diese
Art werden wir uns nicht vergleichen«, sagt er seinen
Gegnern. Er will die anderen nicht als gleichwertig ansehen. Die selbstherrliche Stellung erleidet nur eine kurze
Unterbrechung. Sam, der im Recht ist, wird vertrieben. Er
hat entgegen einem wohlmeinenden Rat Hrafnkel nicht
das Leben genommen, und daran ist seine »Glücklosigkeit« schuld. Hrafnkel, der im Unrecht ist, »saß auf seinem Hof und behauptete sein Ansehen viele Jahre lang«.
Auch auf diese Weise kann die Gesellschaft wieder ins
Gleichgewicht kommen, nicht durch Versöhnung, sondern durch die Neuetablierung alter Machtstrukturen.

»Die Geschichte von Grettir Asmundarson«
(Grettis saga Ásmundarson)

Am Ende der produktiven Phase der Sagaliteratur um
1400 steht u. a. die *Grettis saga*, die Geschichte vom starken, unglücklichen Grettir Asmundarson. Sie beginnt mit
seinem Urgroßvaters Önund, der einer jener Männer ist,
die sich dem Machtstreben des norwegischen Königs
Harald Haarschön entgegenstellten. Von der berühmten
Schlacht im westnorwegischen Bocksfjord, die um 880
stattgefunden hat, heißt es: »Dieser Kampf ist einer der
größten in Norwegen gewesen, davon berichten auch die
meisten Sagas, denn immer wird von denen am meisten
erzählt, von denen die Geschichte vor allem gemacht
wird«, und das sind nach Auffassung der Saga die Vornehmen, die Herrschenden. Der junge Grettir, »ein schöner Mann von Aussehen, mit breitem und kurzem Gesicht, rotem Haar und vielen Sommersprossen«, wächst
als Tunichtgut auf, »er war sehr schwierig, als er heran-
wuchs, einsilbig und unfreundlich, streitsüchtig in Wort
und Tat«. Mit dem Vater versteht er sich ganz und gar
nicht, doch die Mutter liebt ihn sehr. In seiner rauen Ju-

gend ist er an so manchen Streichen und Untaten betei-
ligt. In einem gewaltigen Ringkampf besiegt er einen Wi-
dergänger, und der prophezeit ihm Unglück, Missge-
schick, Ächtung und Angst vor Dunkelheit – all dies werde ihn das Leben kosten. Der Zwanzigjährige kommt
auch nach Norwegen, wo er in den Tod der Thorir-Söhne
verwickelt wird. Dies ist erstaunlich: Während die Saga
(und nicht nur die *Grettis saga*) in ihrem objektiven Gestus meist vorgibt, alles zu wissen, bleiben die Umstände
dieses Ereignisses im Dunkeln, die Schuld Grettirs ist
nicht erwiesen, doch das Verhängnis nimmt seinen Lauf.
Nach seiner Rückkehr nach Island wird er auf dem Allthing geächtet, d. h., für vogelfrei erklärt, jeder kann ihn
erschlagen, ohne bußfällig zu werden, Hilfe darf ihm
nicht gewährt werden. Er zieht 19 Jahre durch Island und
versucht, seinen Verfolgern zu entkommen. Vor dem
Fluch des Widergängers gibt es kein Entkommen, und er
wird schließlich von seinen Feinden getötet. Diese jedoch
konnten ihn nur mit Zauber überwinden, im normalen
Kampf war er unbesiegbar. Doch die Geschichte ist noch
nicht zu Ende. Im fernen Byzanz wird er durch seinen
Halbbruder Thorstein gerächt. »Hier endet die Geschichte von Grettir Ásmundarson, unserem Landsmann. Dank
sei denen, die zugehört haben, und dem, der die Geschichte niedergekritzelt hat. Hier ist das Ende des Werkes und mögen wir alle Gott befohlen sein.«

Als Ächtergeschichte hat man die Saga eingestuft, aber
sie ist mehr als der Bericht von den Erlebnissen eines Vo-
gelfreien. Dass Grettir eine historische Person war, steht
aufgrund seiner Erwähnung in der *Landnámabók* außer
Zweifel, er lebte von etwa 990 bis 1031. Über den Wirk-
lichkeitsgehalt des in der Saga Erzählten kann man nichts
aussagen, obschon Grettir hie und da in anderen Sagas erwähnt wird. Die Saga ist vor allem die Geschichte eines
komplizierten Mannes, stark, kräftig, mutig, unverträglich, aber ohne das Glück, das man zum Leben in einer

Gemeinschaft braucht. Es sind eben nicht allein die eigenen Fähigkeiten, die das Überleben garantieren. In Grettirs Glücklosigkeit konnten die Isländer ihr eigenes Schicksal wiederfinden. Für die Beliebtheit der Saga zeugen die weit über 40 erhaltenen Handschriften bis in das 18. Jahrhundert.

Der Verfasser hat aus vielen Quellen geschöpft, einige Isländersagas zitiert er direkt, einige Königssagas muss er gekannt haben, die Geschichte von Tristan hat im letzten Teil ihre Spuren hinterlassen, mündliche Überlieferungen haben wesentliches Material bereitgestellt. Die Saga hat eindrucksvolle Szenen gestaltet, wie etwa, um nur eine beispielhaft zu erwähnen, das letzte Zusammensein der Brüder Grettir und Thorstein, in dem Stärke und Glück thematisiert werden. Thorstein bestaunt Grettirs starke Arme:

> »Du müsstest wissen«, sagte Grettir, »dass ich nicht hätte ausführen können, was ich getan habe, wenn ich nicht sehr stark wäre.«
>
> »Besser fände ich«, sagt Thorstein, »wenn sie dünner wären und etwas mehr Glück hätten.«
>
> Grettir sagt: »Es ist wahr, was gesagt wird: Kein Mensch erschafft sich selbst. Lass du mich jetzt deine Arme sehen«, sagte er.
>
> Thorstein tat es; er war ein sehr großer Mann und schlank gewachsen.
>
> Grettir lächelte darüber und sagte: »Das braucht man nicht länger anzusehen, deine Rippen sind zusammengebogen, und ich glaube, ich habe noch nie solche Zangen gesehen, wie du sie herumträgst, und ich halte dich kaum für so stark wie eine Frau.« »Das mag sein«, sagte Thorstein, »aber du sollst doch wissen, dass diese dünnen Arme dich rächen werden, oder du wirst nie gerächt werden.«
>
> »Was weiß man, wie es damit wird, wenn das Ende

kommt«, sagt Grettir. »Aber mir kommt das sehr unwahrscheinlich vor.« [...] Die Brüder trennten sich in Freundschaft und sahen sich danach nie wieder.

Hier ist alles da, was die klassische Saga ausmacht: Anschaulichkeit der Szenerie, konturierter Dialog, Vorausdeutungen (die sich dann auch erfüllen), Schicksalsergebenheit, sprichwortähnliche Sentenzen. Mit der *Grettis saga* erreicht die Gattung der Isländersaga einen letzten Höhepunkt.

Vorzeitgeschichten (*fornaldarsögur*)

Unter der modernen Gattungsbezeichnung *fornaldarsögur*, »Vorzeitgeschichten«, die seit der ersten Gesamtedition der hierher gehörenden Sagas durch C. C. Rafn 1830 im Gebrauch ist, fasst man eine sehr heterogene Gruppe von etwa 30 altisländischen Prosaerzählungen zusammen. Ihr kleinster gemeinsamer Nenner liegt im nordischen Personal und darin, dass diese Erzählungen in der vom isländischen Standpunkt aus gesehenen »Vorzeit«, d.h. vor der Besiedlung Islands, spielen. Im Mittelalter wurden sie teilweise als historische Quellen betrachtet, so verwendet Saxo Grammaticus für die ersten neun Bücher seiner dänischen Geschichte einige dieser Erzählungen, und noch schwedische Editionen und Übersetzungen aus dem 17. Jahrhundert schreiben einigen von ihnen historischen Quellenwert für die frühe Geschichte Schwedens zu. Es hat sich indessen gezeigt, dass man es eher mit einer spätmittelalterlichen isländischen Konstruktion der Wikingerzeit zu tun hat. Hierfür sollen zwei Belege angeführt werden, in der *Hrólfs saga Gautrekssonar* etwa wird ein *víkingr*, und das heißt übersetzt »Räuber«, so beschrieben:

Er ist groß und von gräßlichem Aussehen, aber in Wirklichkeit noch schlimmer; ihn verwundet kein Eisen, und keiner der zwölf, die bei ihm sind. Sie alle essen nur Rohes, trinken Blut, man kann sie eher Trolle als Menschen nennen.

Auch Frauen können von einer gewissen Herbheit sein. Eine Königstochter muss zwischen zwei Eheanwärtern wählen, wie die *Ásmundar saga kappabana* berichtet. Sie wird den heiraten, »der mir im Herbst nach der Heerfahrt die schöneren Arme zeigt«. Und im Herbst tut sie ihr Schönheitsideal kund:

»Gut sind diese Arme [d. h. des einen Bewerbers] behütet worden, und sie sind weiß und schön und sind weder von Blut gefärbt noch durch Schläge verunstaltet. Nun wollen wir deine Arme sehen, Asmund«, sagte sie. Er streckte seine Hände vor, und sie waren vernarbt und ganz dunkel von Blut und Waffenspuren, und als er seine Ärmel zurückzog, da waren sie bis zu den Achseln mit Goldringen behängt.

Asmund erringt die Hand von Asa der Schönen. Freilich gibt es auch liebreichere Frauen in diesen Sagas.

Es gilt, einen Beleg zu bedenken, der aus der *Þorgils saga ok Hafliða* stammt, die in das große Sammelwerk der *Sturlunga saga* (13. Jahrhundert) eingegangen ist. Hier wird erzählt, dass im Jahre 1119 eine prachtvolle Hochzeit im westisländischen Reykjahólar gefeiert worden sei, und zu den Festlichkeiten habe auch das Erzählen von Sagas gehört. Wörtlich heißt es dann:

Hrólf von Skálmarnes erzählte die Geschichte von Hröngvid dem Wikinger und von Óláf lidmannako-

nung und vom Aufbrechen des Grabhügels von Þráin
dem Berserker und von Hrómund Gripsson, mit vielen Strophen darin. Aber mit dieser Geschichte un-
terhielt man König Sverrir, und er hielt solche Lü-
gengeschichten für die unterhaltsamsten. Trotzdem
können Leute ihre Herkunft auf Hrómund zurück-
führen. Diese Geschichte hatte Hrólf selbst zusammengesetzt. Der Priester Ingimund erzählte die Geschichte von Orm Barreyjarskáld mit vielen Strophen
und einem guten *flokkr* am Ende der Geschichte, den
Ingimund gedichtet hatte. Dennoch halten viele gelehrte Männer diese Geschichte für wahr.

Die hier erwähnten Sagas sind nicht erhalten, und augen-
scheinlich waren es keine Isländersagas, die da erzählt
wurden. Es kann nicht ausgeschlossen werden, dass diese
Stelle eine spätere Einfügung aus dem 13. Jahrhundert ist.
Während der norwegische König Sverrir (gest. 1202) diese Erzählungen für pure Unterhaltung nahm, betrachte-
ten Isländer, besonders die gelehrten, sie für wahr und
führten ihre Familien auf die dort erwähnten Helden zurück. Ähnliches erfahren wir aus der *Ragnars saga*: In
Kap. 18 wird berichtet, dass Sigurd Schlange-im-Auge
(dessen Mutter Aslaug, die Tochter von Sigurd und
Brynhild, war) eine Tochter namens Ragnhild hatte, die
die Mutter des norwegischen Königs Harald Haarschön
war (dies weiß auch die *Heimskringla*), und ebendort
heißt es von Björn Eisenseite, einem anderen Sohn von
Ragnar:

Seine Nachkommen bilden eine große Familie, die
des großen Häuptlings Thord, der auf dem Hof Höf-
di am Höfdastrand wohnte.

Sigurd Schlange-im-Auge ist weiterhin der Ahnherr des
Gorm-Geschlechtes, also der dänischen Könige, und von

Björn Eisenseite stammen die schwedischen Könige ab.
Aus der *Hálfs saga* erfahren wir:

> Hjörleifs und Aesas Sohn war Oblod, der Vater
> Otryggs, des Vaters von Högni dem Weißen, des Va-
> ters von Ulf dem Kahlen, von dem die Leute auf
> Reykjanes abstammen.

Eine genaue Abgrenzung dieser Gattung gegenüber anderen lässt sich kaum zufriedenstellend erreichen (dem Mittelalter war das sowieso egal). In der literarischen Gestaltung stehen die Fornaldarsagas häufig nahe bei den Isländersagas: Sie flechten gerne Strophen bzw. lange Gedichte
(zumeist in eddischen Versmaßen) in die Erzählung ein
und lieben die prägnante Szene, wofür die *Ragnars saga*
ein Beispiel gibt. Den Ragnarssöhnen wird der grausame,
aber heldenhafte Tod des Vaters berichtet:

> Als die Gesandten ihren Bericht beendeten, schüttelte
> Björn den Speer, so dass er in zwei Teile zersprang.
> Hvitserk aber hielt einen Spielstein in der Hand, den
> er geschlagen hatte, und er presste ihn so fest, dass
> ihm das Blut unter allen Fingernägeln hervorsprang.
> Und Sigurd Schlange-im-Auge hatte ein Messer in
> der Hand gehalten und sich die Nägel gereinigt, als
> dieser Bericht gegeben wurde, und er hörte so genau
> zu, dass er nicht eher etwas spürte, als bis das Messer
> auf den Knochen traf, und er kümmerte sich nicht
> darum.

Andererseits teilen diese Sagas viele Motive mit den originalen Rittersagas, so, wenn von Grabraub die Rede ist,
von Kriegs- und Beutefahrten, von Kämpfen mit anderen
Wikingern, Riesen und Riesinnen, von gefährlichen Abenteuern, von weiten Reisen durch die ganze damals bekannte Welt bis hin zum Heiligen Land.

Als produktive Zeit dieser Gattung wird man den Raum 1250–1400 annehmen. Die Fornaldarsaga ist keineswegs eine späte Verfallserscheinung, sondern fällt genau in den Zeitraum, in dem Isländersagas und originale Rittersagas entstehen. Sie ist eine weitere Facette des erstaunlich reichen literarischen Lebens in Island.

Man hat sich angewöhnt, diese Sagas in drei Gruppen einzuteilen: Heldensagas, Wikingersagas und Abenteuer- und Märchensagas, wobei auch hier die Zuordnung nicht immer eindeutig ist. Anhand einiger Beispiele soll die Gattung charakterisiert werden.

Zu den Heldensagas zählen: »Die Geschichte von den Völsungen« (*Völsunga saga*), »Die Geschichte von Ragnar Lodenhose« (*Ragnars saga loðbrókar*), »Die Geschichte von Hrolf Latte« (*Hrólfs saga kráka*) und »Die Geschichte von Hervör und dem König Heidrek« (*Hervarar saga ok Heiðreks konungs*).

Diesen Sagas ist gemein, dass sie Themen der (süd- und nordgermanischen) Heldensage behandeln. Diese wird auch in gebundener Form in eddischen Liedern tradiert.

Einen besonderen Platz beansprucht »Die Geschichte von den Völsungen« (*Völsunga saga*). Die Völsungen sind das nach dem Odin-Abkömmling Völsung benannte Geschlecht, dessen vorzüglichster Spross Sigurd der Drachentöter ist:

Und wenn die größten Helden und die berühmtesten Häuptlinge aufgezählt werden, dann wird er immer als erster genannt, und sein Name ist in allen Sprachen nördlich des griechischen Meeres geläufig, und so wird es bleiben, solange die Welt besteht.

Nachdem die Geschichte seiner Vorfahren, insbesonde-

re seines Vaters Sigmund, erzählt ist, wendet sich die Saga
dem strahlenden Völsung Sigurd zu:

> Sein Haar war braun und schön anzusehen und fiel in
> großen Locken. Sein Bart war dicht und kurz und
> hatte dieselbe Farbe. Er hatte eine hohe Nase und ein
> breites Gesicht mit starken Wangenknochen. Sein
> Blick war so scharf, dass kaum jemand wagte, unter
> seine Brauen zu schauen. Seine Schultern waren so
> breit, als sähe man zwei Männer. Sein Körper war in
> Höhe und Breite gut gebaut und in jeder Hinsicht so,
> wie es einem am besten vorkommt.

Natürlich ist er ein Kämpfer ohne Furcht und Tadel, seine
Brünne und seine Waffen sind vergoldet »und viele höfische Tugenden lernte er schon in seiner Kindheit« – aus
einem germanischen Helden ist ein mittelalterlicher Ritter
geworden. Die Saga erzählt von seinen Jugendtaten, nämlich der Vaterrache, der Tötung des Lindwurmes Fafnir,
der ersten Begegnung mit Brynhild, bei der die beiden
sich einander versprechen, und seiner Ankunft am Hof
der Gjukungen. König Gjukis Gemahlin löscht durch einen besonderen Trank Sigurds Erinnerung an Brynhild,
und Sigurd heiratet Gudrun, die Tochter Gjukis und
Schwester von Gunnar und Högni, mit denen er Brüderschaft schließt, »als wenn sie von Geburt an Brüder wären«. Gunnar wirbt um Brynhild, aber nur dadurch, dass
er und Sigurd die Gestalt tauschen, erreicht er sein Ziel.
Der Streit zwischen Gudrun und Brynhild offenbart den
Betrug, Brynhild treibt ihren Ehemann Gunnar zum
Mord am Blutsbruder Sigurd.

> Nun sagt jeder, der von dieser Nachricht hört, dass
> kein Mann von dieser Art auf der Welt übrig ist und
> dass auch nie wieder ein Mann geboren wird, der Si-
> gurd in irgendeiner Weise gleicht, und dass sein

Name in der deutschen Sprache und in den Ländern des Nordens niemals in Vergessenheit geraten wird, solange die Welt besteht.

Gudrun heiratet Atli, den König der Hunnen, der nach dem Reichtum der Gjukungen giert. In verräterischer Absicht lädt er die Brüder ein, die jedoch noch im Untergang den Schatz nicht preisgeben: »Lieber soll der Rhein das Gold besitzen, als dass es die Hunnen an ihren Armen tragen.« Gudrun rächt ihre Brüder, indem sie ihre und Atlis Kinder sowie Atli tötet, »aber der Tag ihres Elends war noch nicht gekommen«. Es verschlägt sie zu König Jonakr. Ihre und Sigurds Tochter Svanhild wird dem König Jörmunrekk verheiratet, zu Unrecht des Ehebruchs beschuldigt und getötet. Gudrun hetzt ihre Söhne zur Rache auf, die ihnen indes nicht gelingt.

Die Saga erzählt denselben Stoff in derselben Reihenfolge, wie er sich auch im zweiten Teil der Lieder-Edda findet, ja, diese hat jener wohl als Vorlage gedient, wobei die Saga hie und da Einzelheiten bringt, die den Liedern unbekannt sind. Die Saga weiß, dass der Stoff in alten Liedern behandelt wurde:

> Die Völsungen und die Gjukungen sind nach dem, was die Leute sagen, die verwegensten und mächtigsten Männer gewesen, und so findet es sich auch in alten Liedern.

Die *Völsunga saga* kann ohne weiteres als eine Prosawiedergabe der eddischen Lieder aufgefasst werden. Da die Saga aus der zweiten Hälfte des 13. Jahrhunderts stammen dürfte, ergibt sich das literaturgeschichtlich interessante zeitliche und räumliche Nebeneinander von eddischen Gedichten und Prosaversion. Es ist die Frage, inwieweit sich dies zu dem sonst im Altnordischen zu beobachtenden Phänomen der Umsetzung von gebundener Poesie in

Prosa stellt, wie man es bei den Übersetzungen aus dem
Französischen oder bei der *Þiðreks saga* sehen kann.

Der Codex Regius der Edda enthält eine Lücke – es
fehlen acht Blätter –, die sich indessen durch die Prosa der
Saga schließen lässt. Die Saga ist von derselben ernsten,
heroischen Untergangsstimmung geprägt, die den Heldenliedern der Edda eignet. Tapferkeit im Untergang ist ein
Zug, der für einige Isländersagas charakteristisch ist. Wie
in ihnen spielen auch hier vorausdeutende Träume eine
spannungsfördernde Rolle, und Strophen werden in den
Text eingebaut, die allerdings nicht in skaldischen, sondern in eddischen Versmaßen gedichtet sind, es sind nämlich Zitate aus den Heldenliedern der Edda.

»Die Geschichte von den Völsungen« wurde erstmalig
1815 von Friedrich von der Hagen ins Deutsche übersetzt
und bildete eine der stofflichen Grundlagen für den ger-
manomanen *Ring des Nibelungen* des Richard Wagner.
Thomas Mann hat das inzestuöse Verhältnis von Sigmund
und Signy, das in der Saga einzig der Zeugung des Sinfjötli, Sigurds Halbbruder, dient, in seiner Novelle *Wälsun-
genblut* aufgegriffen, um nur zwei der bekanntesten deutschen Zeugnisse für das Weiterleben der Saga zu nennen.
Der junge Henrik Ibsen hat diese Saga für sein national-
romantisches Schauspiel *Hærmændene paa Helgeland*
(»Nordische Heerfahrt«) ausgebeutet.

Als direkte Fortsetzung ist »Die Geschichte von Ragnar
Lodenhose« (*Ragnars saga loðbrókar*) überliefert, die wohl
ebenso aus dem 13. Jahrhundert stammt. Die Geschichte
beginnt mit Aslaug, einer Tochter von Sigurd und Brynhild. Sie wird später die zweite Frau des Dänen Ragnar und
Mutter von Sigurd Schlange-im-Auge. Ragnar und seine
Söhne, unter ihnen Ivar der Knochenlose und Björn Eisenseite, unternehmen zahlreiche Abenteuerfahrten: Ragnar
tötet einen Lindwurm, seine Söhne kämpfen gegen einen
schwedischen König und erobern mehrere Städte. Ragnar

überlegt, »nach welchem Ruhm er streben könnte, der nicht weniger groß wäre« als der seiner Söhne, und beschließt, England zu erobern. Das Unternehmen schlägt fehl, er wird gefangen und von König Ella in die Schlangengrube geworfen. Die Söhne rächen den Vater an König Ella. Auf verschiedenen Heerfahrten verlieren sie ihr Leben.

Ragnar und seine Söhne sind sicher historische Personen des 9. Jahrhunderts, aber so, wie sie in der Saga geschildert werden, sind sie pure Fiktion. Hier wie in den anderen Fornaldarsagas (und nicht in den Isländersagas) wird ein Wikingerbild aufgebaut, das die Wahrnehmung späterer Jahrhunderte geprägt hat. Hier wird gekämpft und geraubt, erobert und geplündert, die Abenteuerlust der Fornaldarsaga überwiegt die Zwanghaftigkeit des Handelns in der Isländersaga, sieht man einmal von der Verpflichtung zur Vaterrache ab.

»Die Geschichte von Hrolf Latte« (*Hrólfs saga kráka*) weist noch geringe Spuren der dänischen Heldensage und der frühen dänischen Geschichte auf. Es besteht wohl kein Zweifel, dass man es bei König Hrolf mit einer historischen Person aus dem 6. Jahrhundert zu tun hat. Er ist der Letzte des Königsgeschlechtes der Skjoldungen (so wie Sigurd der letzte Völsung und Gunnar der Letzte der Gjukungen ist). Die Saga ist weitgehend unhistorisch und legt den Akzent mehr auf abenteuernde Wikingerfahrten, flicht reichlich Märchenmotive von Elfenfrauen, Zaubereien, bösen Tieren ein und betont vor allem den heldenhaften Untergang Hrolfs im Kampf gegen seinen Schwager und seine Halbschwester sowie die Gefolgschaftstreue seiner Kämpen. Die Saga beginnt mit der ausführlichen Geschichte von Hrolfs Eltern: Der Vater Helgi hat Yrsa geheiratet, und erst später stellt sich heraus, dass sie seine eigene Tochter ist, Hrolf also im Inzest gezeugt wurde (wie Sinfjötli in der *Völsunga saga*). Yrsa verlässt Helgi und heiratet den Schwedenkönig Adils. In der Auseinanderset-

zung zwischen Dänen und Schweden wird Adils nachdrücklich von Hrolf gedemütigt. Schwager Hjörvard und
Halbschwester Skuld bereiten einen hinterhältigen An-
schlag auf Hrolf vor, doch der kümmert sich nicht darum.
Beim Julfest will er seine Prächtigkeit beweisen:

> Er dachte mehr daran, seine Freigebigkeit, Pracht,
> Hochgesinntheit und all die Tapferkeit zu zeigen, die
> ihm in der Brust wohnte, und all die gastlich aufzu-
> nehmen, die dahin gekommen waren, und dass sein
> Preis weit und breit bekannt würde.

Einer seiner Kämpen fordert zum Kampf auf, der der letzte sein wird:

> »Wachet auf, Herr König! Denn Kampf ist vor der
> Burg, und es ist nötiger zu kämpfen, als Frauen zu
> umarmen [...]. Lasst uns jetzt wohl unsere heiligen
> Gelübde erfüllen, zu verteidigen den berühmtesten
> König, der jetzt in allen Nordlanden lebt [...]. Auf, all
> ihr Kämpen, scheidet euch schnell von euren Gelieb-
> ten, denn etwas anderes steht euch jetzt deutlich be-
> vor, sich für das zu rüsten, was nunmehr folgt! Auf,
> all ihr Kämpen, zum schnellen Streite, waffnet euch
> alle!«

Doch bevor es zum Kampf geht, springt König Hrolf auf:

> »Bringet uns den besten Trank! Wir sollen feste trin-
> ken und fröhlich sein und so zeigen, was für Männer
> die Kämpen König Hrolfs sind! Haben wir nur das
> eine vor Augen, dass unsere Tapferkeit im Gedächt-
> nisse fortlebe!«

Die lange Aufforderung zum Kampf ist literaturhistorisch
bemerkenswert. Sie steht in Prosa, ist aber möglicherweise

eine ungebundene Wiedergabe des Gedichtes *Bjarkamál*
(»Bjarki-Lied«), das König Olaf von seinem Skalden
Thormod vor der entscheidenden Schlacht bei Stiklastadir
1030, in der Olaf untergeht, rezitieren lässt und von dem
Snorri in seiner *Heimskringla* zwei Strophen zitiert (*Ólafs
saga helga*, Kap. 208). Das bedeutet, dass der Stoff im
11. Jahrhundert gut bekannt war. Auch Saxo Grammaticus
gibt diesen Stoff in einem längeren lateinischen Gedicht in
300 Hexametern wieder, von dem indes nicht sicher ist,
ob es auf das isländische Gedicht zurückgeführt werden
kann. Die Saga stammt aus dem 14./15. Jahrhundert.

In eine ganz andere Region führt die »Die Geschichte
von Hervör und dem König Heiðrek« (*Hervarar saga ok
Heiðreks konungs*), und zwar »irgendwie« in den Osten,
ohne dass die Geographie genau angegeben werden kann.
Irgendwann hat man es mit den Kämpfen der Goten und
Hunnen zu tun. In den letzten Kapiteln wird die Linie der
Vorzeitkönige bis hin zu den historisch belegten schwedischen Königen gezogen – kein Wunder, dass sich der
schwedische Gelehrte Olof Verelius begierig auf sie stürz-
te und sie 1672 zusammen mit einer lateinischen Übersetzung herausgab, konnte man doch hier sehen, welch alte
Vorfahren die schwedischen Könige hatten. Die der Edition beigegebene Übersetzung ins Lateinische sollte Europa
von der Ehrwürdigkeit des schwedischen Thrones über-
zeugen.
Die Saga aus dem 14. Jahrhundert ist nicht recht gelungen, nur notdürftig sind die Handlungen ineinander
gefügt. Das mit einem Fluch belastete Schwert Tyrfing
verbindet die Geschichte von vier Generationen. Viel inte-
ressanter ist die Machart: Der Verfasser kannte teilweise
sehr alte Lieder, um die herum er seine Geschichte baute,
und vielleicht benutzte er die Geschichte als Gefäß, in den
er – aus antiquarischem Interesse? – das alte Liedgut warf.
Zu diesem Treibgut gehörten beispielsweise das wohl sehr

alte »Hunnenschlachtlied«, aber auch die hübschen Rät-
selstrophen, die ganz ähnlich wie das Frage- und Anwort-
spiel der eddischen Gedichte *Grímnismál* oder *Vafþrúðnismál* dargeboten werden. Hier wird im Gegensatz zu
den eddischen Liedern insbesondere Alltagswissen ab-
gefragt: »Vier hängen / vier gehen / zwei weisen den
Weg / zwei wehren den Hunden / einer baumelt hinten-
nach / und ist meistens schmutzig.« Die Antwort ist:
»Das ist die Kuh: Sie hat vier Beine und vier Zitzen, zwei
Hörner und zwei Augen, und der Schwanz baumelt hin-
tennach.«

Zu den Wikingersagas darf man die folgenden zäh-
len: »Die Geschichte von Half und den Halfskämpen«
(*Hálfs saga ok hálfsrekka*), »Die Geschichte von Asmund
dem Kämpentöter« (*Ásmundar saga kappabana*), »Die
Geschichte von Ketil Hakenlachs« (*Ketils saga hængs*),
»Die Geschichte von Grim Zottelwange« (*Gríms saga
loðinkinna*), »Die Geschichte von An Bogenspanner«
(*Áns saga bogsveigis*), »Die Geschichte von Fridthjof dem
Kühnen« (*Friðþjófs saga ins froekna*), »Die Geschichte
von Hromund Gripsson« (*Hrómundar saga Gripssonar*),
»Die Geschichte von Pfeil-Odd« (*Örvar-Odds saga*).
Kennzeichnend für diese Sagas ist die fehlende (oder
doch zumindest stark abgemilderte) tragische Stimmung,
die für die vorige Gruppe charakteristisch ist. Auch hier
stehen Beutezüge und Kämpfe mit anderen Wikingern im
Zentrum, die Episoden sind locker aneinander gereiht. Einige Sagas mögen einen historischen Kern haben, der jedoch stark verdunkelt ist, und in einigen wird die Vorzeit-
geschichte bis in historisch belegbare Zeiten weitergeführt. Drei Sagas sollen exemplarisch für diese Gruppe
stehen.

»Die Geschichte von Asmund dem Kämpentöter« (*Ásmundar saga kappabana*) erzählt auf wenigen Seiten die

Geschichte der zwei Halbbrüder Asmund und Hildibrand und ihren Abenteuern, bis sie schließlich im Kampf aufeinander prallen, ohne von ihren verwandtschaftlichen Beziehungen zu wissen, wobei Hildibrand durch die Hand seines Bruders fällt. Doch endet die Saga nicht mit diesem tragischen Ereignis (obschon die beiden gegen Ende der Saga eingefügten eddischen Gedichte die Tragik des Bruderkampfes ausdrücken), sondern mit Asmunds Heirat mit Aesa der Schönen. Wie in der *Hervarar saga* spielt hier ein Zauberschwert eine spannungsfördernde Rolle: Es wird, da auf ihm der Fluch liegt, »den hervorragendsten Brüdern« den Tod zu bringen, in einen See versenkt, aber natürlich wird es wieder emporgeholt, das Verhängnis nimmt seinen Lauf und die Prophezeiung erfüllt sich.

Sicher stammt die Saga erst aus dem 14. Jahrhundert. Es muss aber eine Vorstufe gegeben haben, denn Saxo (um 1200) kennt die Geschichte ebenfalls (Buch VII seiner dänischen Geschichte).

Die neben der *Völsunga saga* wirkungsmächtigste Fornaldarsaga war »Die Geschichte von Fridthjof dem Kühnen« (*Friðþjófs saga froekna*), die dem 19. Jahrhundert das Ideal der Wikingerzeit zu verkörpern schien. Der schwedische Dichter Esaias Tegnér benutzte den Stoff für sein Versepos *Frithjofs Saga* (1820–1825), und dessen zahlreiche Übersetzungen ins Deutsche schwappten in die Bürgerhäuser. Die Begeisterung für diese Saga ging so weit, dass der deutsche Kaiser Wilhelm der Zweite die Norweger zu beglücken glaubte, als er ihnen am westnorwegischen Sognefjord eine gewaltige Statue von Fridthjof hinstellte – sie steht heute noch da. Am Sognefjord nimmt die Saga ihren Anfang. Ingebjörg, Tochter des alternden Kleinkönigs Beli, und Fridthjof, Sohn eines angesehenen Großbauern, verlieben sich und versprechen sich einander. Doch ihre Brüder, die nach Vaters Tod die Herrschaft übernehmen, wollen diese Verbindung nicht zulassen, da

ihnen der Rangunterschied zu groß dünkt. Sie bringen die
Schwester an einen heiligen Ort, der dem Gott Baldr geweiht ist, doch Fridthjof kümmert dies wenig, wacker be-
sucht er sie dort und scherzt mit ihr. Er wird von den
Brüdern auf die Orkneys geschickt, um Steuern einzutrei-
ben. Zurückgekehrt stellt er fest, dass sein Hof verbrannt
und Ingebjörg dem alten König Hring verheiratet worden
ist. Er begibt sich auf Wikingfahrten, auf denen er die Tu-
nichtgute tötet, aber die Bauern schont. Nach Jahren
kommt er unerkannt zu König Hring, doch Königin und
König erkennen ihn rasch. Da Fridthjof ihm treu ergeben
ist, verspricht ihm der König Reich und Frau nach seinem
Tod, der denn auch bald eintritt, und so findet die Liebesgeschichte ihren glücklichen Ausgang.

Die Saga ist straff komponiert und flüssig erzählt. An
typischen Zügen weist sie die obligatorische Abenteuerfahrt auf und den Kampf des Helden gegen wilde Kämpen, die hier, wie so häufig, im Dutzend auftreten. Ansonsten ragt sie aus dem Korpus dieser Sagagruppe dadurch heraus, dass sie trotz aller Kämpfe, die gar nicht so
ausführlich geschildert werden wie in anderen Sagas, und
aller Untaten eine mildere, fast romantisch zu nennende
Stimmung gestaltet, u. a. durch viele der eingestreuten
Verse. Von Liebe, insbesondere von unerfüllter Liebe handeln viele Sagas der altnordischen Literatur, aber das
glückliche Ende findet sich hauptsächlich in den originalen Rittersagas und ihnen schreibt man einen gewissen
Einfluss auf die »Geschichte von Fridthjof dem Kühnen«
zu. Sie wird wohl in das 14. Jahrhundert zu setzen sein.

Als Musterbeispiel der Wikingersaga kann die »Die Geschichte von Pfeil-Odd« (*Örvar-Odds saga*) gelten. Hier
findet sich all das, was diese Gruppe charakterisiert. Dem
Helden Odd wird frühzeitig von einer Zauberin geweis-
sagt, ihm sei ein sehr langes Leben beschert, er werde über
die Maßen berühmt werden und schließlich durch einen

Pferdeschädel den Tod finden – all dies tritt natürlich ein, obschon Odd den bezeichneten Pferdeschädel umgehend vergräbt. Mit seinem Ziehbruder Asmundr und seinem Schwurbruder Hjalmar durchstreift er auf seinen Wikingerzügen die ganze damals bekannte Welt: Bjarmaland, Schweden, Irland (wo Asmundr fällt und Odd eine Irin heiratet, die ihm ein unverwundbar machendes Hemd fertigt), Northumbria, Dänemark (wo Hjalmar im Kampf gegen Berserker sein Leben verliert), Gardariki (ein Wikingerreich im nördlichen Russland), Griechenland, Sizilien, Aquitanien, Palästina (wo Odd ein Bad im Jordan nimmt), Syrien, Ungarn (wo die Könige die wenig ungarischen Namen Vilhjalm und Knut tragen) und das schwer zu lokalisierende Hunaland (wo er die Königstochter Silkisif heiratet). Ein siegreicher Kampf reiht sich an den anderen, und den vielleicht größten Sieg erringt Odd bei einem Wettkampf-Trinken. Schließlich will er nach seinem norwegischen Erbe sehen und fährt nach Hause. Dort in Hrafnista erfüllt sich nach 300 Jahren sein Schicksal, denn er stolpert über einen Pferdeschädel, aus dem eine Schlange hervorschießt und ihm einen tödlichen Biss verpasst. Vor seinem Ende spricht er noch 71 Strophen seines »Sterbeliedes«, in dem er auf sein Leben zurückblickt.

In der Saga wimmelt es von Unholden, Riesenweibern, Berserkern und Trollen, die gar schrecklich anzuschauen sind:

Sie glaubten, noch nie solche Wesen [ein Riese und sein Trollweib] gesehen zu haben. Er war ganz schwarz, außer seinen Augen und Zähnen, die waren weiß; seine Nase war groß und krumm, sie reichte hinunter ganz bis zum Mund. Seine Lippen waren wie Torfsoden, und die untere hing hinab bis auf die Brust, die obere aber wölbte sich hinauf bis unter die Nase. Sein Haar war dick wie die Zotten an den Barten des Walfisches und hing hinunter über seine

ganze Brust; seine Augen waren wie zwei Teiche. Von
den beiden Ehepartnern wurde gesagt, dass sie einander sehr ähnlich waren.

Zauberschwerter, Grabhügel, wunderbare Hemden, Dra-
chenboote, von selbst zurückkehrende Pfeile (»der Pfeil
durchdrang die Hand und flog ihr ins Auge und kam am
Nacken wieder hinaus und zurück zum Bogen«) vervoll-
ständigen das Bild der Wikingerzeit, wie es von der isländischen Fornaldarsaga des 13. Jahrhunderts konstruiert
wurde.

Odd stammt aus dem norwegischen Hrafnista (im
nördlichen Tröndelag), sein Vater Grim Zottelwange ist
Held einer eigenen Saga (*Gríms saga loðinkinna*), und seinem Großvater Ketil Hakenlachs ist ebenfalls eine eigene
Saga gewidmet (*Ketils saga hœngs*). Übrigens stammt auch
Egill Skallagrímsson aus dieser Familie. Odd mag eine historische Person des 9. Jahrhunderts gewesen sein, aber das
geschichtliche Interesse ist in der Saga weitgehend ge-
schwunden, die unterhaltsamen Abenteuer sind in den
Vordergrund gerückt.

Eine noch wichtigere Rolle spielen die Abenteuer in der
dritten Gruppe, den Abenteuer- oder Märchensagas
(und wiederum ist der Hinweis angebracht, dass die Grenzen zur vorigen Gruppe wie zu den originalen Rittersagas
fließend sind). Man wird sie als Schemaliteratur bezeichnen dürfen, denn Handlungen und Personen sind stark ty-
pisiert, individuelle Züge sind weder bei den Helden noch
bei den Erzählern auszumachen. Die unterhaltsame Akti-
on ist wichtiger als die auf das Individuelle abzielende
Zeichnung der Handelnden, diese sind bis zur Austausch-
barkeit gleich. Wieder haben wir es zu tun mit Wikingerzügen und Kämpfen, mit bösen Stiefmüttern und Zaubereien, mit geraubten und wieder zurückgeraubten Königs-
töchtern, mit wundersamen Gegenständen und seltsamen

Tieren, mit liebreizenden Prinzessinnen und alten Zauberinnen, mit tapferen Kriegern und bösen Berserkern – und vor allem mit Brautfahrten, die alle glücklich enden. Das Heroische und das Tragische sind gänzlich abwesend. Auch wenn die Geschichten nordisches Gepräge haben, haben sie weit mehr als die anderen Sagagruppen internationale Erzählmotive angezogen und europäische Erzählstoffe verarbeitet. Die wichtigsten Sagas sind: »Die Geschichte von Gautrek« (*Gautreks saga*), »Die Geschichte von Hrolf Gautreksson« (*Hrólfs saga Gautrekssonar*), »Die Geschichte von Bosi« (*Bósa saga*), »Die Geschichte von Göngu-Hrolf« (*Göngu-Hrólfs saga*), »Die Geschichte von Egil dem Einhändigen und Asmund Berserkertöter« (*Egils saga einhenda ok Ásmundar saga berserkjabana*), »Die Geschichte von Hjalmther und Ölvis« (*Hjálmþérs saga ok Ölvis*), »Die Geschichte von Halfdan Eysteinsson« (*Hálfdanar saga Eysteinssonar*), »Die Geschichte von Halfdan Brönufostri« (*Hálfdanar saga Brönufóstra*), »Die Geschichte von Sturlaug dem Arbeitsamen« (*Sturlaugs saga starfsama*), »Die Geschichte von Illugi Gridarfostri« (*Illuga saga Griðarfóstra*), »Die Geschichte von Thorstein Vikingsson« (*Þorsteins saga Víkingssonar*).

Exemplarisch für diese Gruppe stehe die »Die Geschichte von Bosi« (*Bósa saga*), die das Typische der Gattung mit einem guten Schuss Humor durchwirkt. Der Bauernsohn Bosi und sein königlicher Schwurbruder Herraud erleben auf ihren Fahrten so manches Abenteuer: Sie erringen ein goldverziertes Ei eines grimmen Greifen, erobern Herraud eine Braut und verschaffen Bosi eine Königstochter samt Reich zur Gemahlin. Doch vor der die Saga beschließenden Hochzeit, die natürlich einen Monat lang dauert, steht noch ein gewaltiger Kampf, in dem sich einige Gegner in Gift speiende Flugdrachen und reißende Eber verwandeln – aber alles wird gut. Bosi wird Vater des Svidi, des Vaters von Vilmund vidutan, dem eine eigene Saga gewidmet ist. Diese wird den originalen Rittersagas zugerechnet, woran sich wieder einmal die Problematik der Zuordnungen erweist. Herrauds Tochter Thora wird später die Frau von Ragnar Lodenhose:

> Und beenden wir hier die Geschichte von Bosi, und möge Busla alle die segnen, die der Geschichte gelauscht, sie gelesen oder abgeschrieben oder ihr etwas hinzugefügt oder sie verbessert haben. AMEN.

Nicht nur durch ihre straffe Erzählweise sticht die Saga hervor, sondern auch durch ihren Humor. Sie spielt auf ihre Weise mit dem gesamten Literaturbetrieb, denn als Bosi einmal Zauberhilfe angeboten wird, erwidert er: »Er möchte nicht, dass in der Saga über ihn aufgeschrieben werde, dass er etwa mit Zauberei gewonnen habe, was er auch mit Tapferkeit erreichen könnte.« Oder: Bevor die Zauberin Busla zu ihrem »später weithin bekannten« Verwünschungsgedicht anhebt, heißt es: »Darin sind viele und hässliche Worte, die im Mund zu führen den Christen nicht nützt, doch dies ist der Anfang«, worauf sieben Strophen folgen. Kurz danach heißt es: »Busla trug das zweite Drittel vor, aber ich werde es nicht aufschreiben, denn es hat keinen Sinn, es zu bewahren. Aber vielleicht geht es ganz verloren, wenn es nicht aufgeschrieben wird, und dies ist der Anfang«.

Besonders humorvoll und für die gesamte isländische mittelalterliche Literatur einzigartig ist die Schilderung von drei saftigen erotischen Erlebnissen des Bosi mit drei Bauerntöchtern. Ihre nächtlichen Abenteuer sind ebenso drastisch wie witzig erzählt: »Ich will mein Fohlen in deinem Brunnen tränken«, und das Fohlen mit dem steifen Hals und der Mähne trinkt und trinkt, bis es sich übergibt ... Die *Bósa saga* ist eine gut komponierte und heitere Abenteuersaga. Oder doch vielleicht eher eine Wikingersaga?

Die Fornaldarsagas waren, wie die originalen Rittersagas, Lesefutter durch viele Jahrhunderte hindurch, was die große Zahl der Handschriften beweist. Sie sind darüber hinaus von literaturgeschichtlicher Bedeutung, da viele von ihnen in die neue, seit dem 14. Jahrhunderts aufkommende poetische Gattung der *rímur* umgedichtet werden, die es nur in Island gibt. Diese sind längere Verserzählungen in stabreimenden Strophen mit großer Vielfalt der Formen. In dem Maße, wie die Skaldendichtung außer Gebrauch kommt, nimmt die *rímur*-Dichtung zu, eine neue poetische Gattung löst eine ältere ab. Die Prosaerzählungen leben Seite an Seite mit den poetischen Umdichtungen. Viele skandinavische Volksballaden haben ihren Stoff aus den Vorzeitgeschichten bezogen.

Rittersagas

Es ist seit längerem zum guten Brauch geworden, auch die aus verschiedenen Sprachen ins Norröne übersetzte Literatur in eine Geschichte der altnordischen Literatur aufzunehmen – ein Verfahren, das in der Geschichte der modernen Literatur eher zur Ausnahme gehört. Dies hat zwei Vorteile: Zum einen spiegelt es das literarische Leben wirklichkeitsgetreuer ab, denn zu allen Zeiten schrieb, las und hörte man eben einheimische und fremde Literatur nebeneinander. Zum anderen relativiert es den Stellenwert der einheimischen Literatur, die lange Zeit aus ideologischen Gründen das besondere Interesse neuzeitlicher Wissenschaftler und Leser erregte, sah man doch einmal in Isländersaga und Edda das Phantom germanischer Literatur, die man als vom südlichen Christentum unbeeinflusst verstand. Die Wirklichkeit indes sah anders aus: Das Korpus der übersetzten Literatur – man bezeichnet sie oft als »Rittersagas« (*riddarasögur*) – und der im Anschluss daran entstandenen originalen Rittersagas ist groß, die handschriftliche Überlieferung reich, mitunter reicher als die der Isländersagas, und ihre Popularität hielt viele Jahrhunderte an. Beide Gruppen entstehen in derselben Zeit, in der die einheimischen Werke entstehen – und das ist das literarhistorisch Bemerkenswerte, das es nicht aus den Augen zu verlieren gilt: In der Zeit vom 13. bis zum 15. Jahrhundert blüht ein buntes Nebeneinander von Isländersagas und Edda, von Beschreibungen nordischer und europäischer Geschichte, von übersetzten kontinentalen Erzählungen und originalen Rittergeschichten.

Bei Letzteren mag man versucht sein, sie als Literatur im Sinne der reinen Fiktion zu betrachten. Sie hat keinen Anknüpfungspunkt an die Realgeschichte und bedient sich anderer literarischer Stilmittel. Freilich ist hinzuzufügen, dass die Unterscheidung von Literatur und Geschichte möglicherweise erst eine neuzeitliche ist.

Übersetzte Rittersagas

»Die Geschichte von Tristram und Isönd«
(Tristrams saga ok Ísöndar)

Unter der ausländischen Literatur war es besonders die französische oder anglonormannische, die in den Norden transportiert wurde, und beispielhaft soll hier die »Geschichte von Tristram und Isönd« genannt werden.

Der beliebte, in ganz Europa populäre Tristan-Stoff gelangte nach Skandinavien, insbesondere nach Norwegen, und das kam so: Nach bürgerkriegsähnlichen Zuständen während des 12. Jahrhunderts konsolidiert sich die Königsmacht in Norwegen unter der Herrschaft des Hákon Hákonarson (geb. 1204), der 1217 König wurde und dies bis zu seinem Tod 1263 blieb. Er wollte unter anderem auch den kulturellen Anschluss an das kontinentale Europa, organisierte seinen Hof nach internationalem Vorbild, und hierzu gehörte der Import ausländischer Literatur, insbesondere der französischen. Das erste Ergebnis dieser kulturpolitischen Aktivität ist die Veranlassung der Übersetzung der französischen Tristan-Geschichte des anglonormannischen Dichters Thomas im Jahr 1226, »als diese Saga nach der Aufforderung und dem Willen des ehrwürdigen Herrn König Hákon in norröner Sprache geschrieben wurde«, wie es im Vorwort der *Tristrams saga* heißt. Dies blieb indes nicht Episode. Während des 13. Jahrhunderts gelangt ein breiter Strom französischer Literatur nach Norwegen: Von Chrétien de Troyes werden drei Werke übersetzt: *Erec et Eneide* (= *Erex saga*), *Le cheva-*

lier au lion ou Yvain (= *Ívens saga*), der fragmentarisch
überlieferte *Le conte de graal ou Perceval* (= *Parcevals
saga* und *Valvers þáttr*); weitere Zeugnisse der arthurischen Literatur sind *Floire et Blancheflor* (= *Flóres saga ok
Blankiflúr*), *Parténopeis de Blois* (= *Partalopa saga*). Dazu
gesellen sich noch die *lais* der Marie de France (= *Strengleikar*) und das Fabliau *Le Mantel mautaillé* (= *Möttuls
saga*). Einige von ihnen (*Ívens saga*, *Möttuls saga*, *Strengleikar*) nennen ebenfalls »König Hákon« als Anreger,
und es spricht viel für die Annahme, dass es sich dabei
ebenfalls um Hákon Hákonarson handelt, und nicht um
Hákon Magnússon (1280–1299).

Dieser gewaltige Schub ist in mehrfacher Hinsicht bemerkenswert. Er reiht sich dergestalt ein in den sprung-
haften Modernisierungsprozess Norwegens, dass er nahezu alle einheimische, traditionelle Literatur verdrängt haben muss, denn von ihr existieren nur schwache Reflexe.
Dass es dagegen auch eigene historiographische Literatur
gibt, ändert den Befund nicht. Diese höfische, aus dem
Französischen übersetzte Literatur hat nach dem 13. Jahrhundert in Norwegen kaum mehr weitergelebt, wie die
äußerst bescheidene handschriftliche Überlieferung zeigt;
hingegen erlangte sie auf Island größte Popularität. Die Isländer tradieren diese Geschichten über mehrere Jahrhunderte hinweg und werden dabei so manche Änderungen
vorgenommen haben. Da viele der Geschichten erst in der
handschriftlichen Überlieferung seit dem 15. Jahrhundert
greifbar werden, soll davor gewarnt werden, allzu schnell
Rückschlüsse auf die Gestalt der urspünglichen Übersetzung zu ziehen, liegen doch manchmal mehrere Jahrhunderte zwischen Übersetzung und ältester erhaltener
Handschrift.

Der norwegischen *Tristram saga* kommt neben ihrem
Stellenwert für die norwegisch-isländische Literatur- und
Kulturgeschichte eine besondere Bedeutung zu. Sie ist die
vollständige Übersetzung der französischen Dichtung des

Thomas, die nur fragmentarisch erhalten ist. Zu ihrer Rekonstruktion ist die Saga die einzige Quelle, da auch
Gottfrieds mittelhochdeutscher *Tristan* unvollendet geblieben ist. Außerdem haben Gottfried und Thomas nur
rund 150 Zeilen gemeinsam. Der Übersetzer nennt sich im
Vorwort »Bruder Robert«, und da auch die *Elis saga* einen
»Robert« als Übersetzer nennt, diesmal einen »Abt Robert«, geht man allgemein davon aus, dass es sich um dieselbe Person handelt. Es ergibt sich damit auch, dass die
Elis saga der *Tristram saga* zeitlich nachgeordnet ist. Der
Name »Robert« ist im Nordischen recht selten, und so hat
man vermutet, dass es sich möglicherweise um einen Engländer handle, der des Norwegischen mächtig war. Mit
demselben Recht ist dann behauptet worden, es handle
sich um einen Norweger, der in einem englischen oder
französischen Kloster diesen Namen angenommen habe.
Wir kennen von ihm also nicht mehr als seinen Namen.

Wie nun ist Bruder Robert vorgegangen? Er hat einen
Versroman nicht in Versen wiedergegeben, sondern ihn in
Prosa übersetzt. Und dies hat zu vielen Spekulationen Anlass gegeben: Hat er sich einer bereits existierenden literarischen Form angepasst, die in der Literatur vielleicht
schon zu seiner Zeit gang und gäbe war, wie in Vorzeitgeschichten und Isländersaga, und sich somit in eine literarische Norm eingeschrieben? Oder hat er erst das Vorbild
für später entstehende einheimische Prosagattungen geschaffen? Oder hat er gar den Versroman in Prosa umge-
setzt, weil dies in Frankreich Mode geworden war?

Wie ist sein Verhältnis zur Vorlage zu beurteilen? Er
erzählt die Geschichte getreu nach Thomas, hat sie allerdings geändert. Lange Monologe und ausführliche Beschreibungen des Aussehens und der Gefühle der Handelnden hat er weggelassen. Er wollte nicht reflektieren,
nur den raschen Fluss der Begebenheiten und bemühte
sich, die Handlung, auf die es ihm besonders ankam,
wahrscheinlich zu machen. Er nimmt eher die Haltung ei-

nes objektiven Erzählers ein, wo Thomas als Erzähler immer anwesend ist, dessen Eingriffe und Einschübe er nachhaltig tilgt. Er interessiert sich weit weniger als Thomas dafür, was innerhalb seiner Personen vorgeht, und verzichtet nahezu ganz auf psychologisierende Darstellungen. Wichtig sind ihm Tristrams große Taten. Er hat der Thomas-Geschichte nichts hinzugefügt, lediglich das Gebet, das Isönd über des Geliebten Leiche spricht, geht auf sein Konto. Dass die Darstellung der Liebe, die sich über alle Grenzen der Konvention hinwegsetzt, keinen so großen Platz wie bei Thomas einnimmt, hängt möglicherweise damit zusammen, dass dergleichen der nordischen Literatur fremd war. Dies besagt freilich nicht, dass es dort nicht schon große Liebesgeschichten gab, man denke beispielsweise an den Kreis um Sigurd und Brynhild, der ja nicht nur eine Geschichte von Rache ist, oder an die Liebe von Helgi dem Hundingstöter aus der Edda.

Roberts Bearbeitung ist als schlecht gescholten worden. Man sprach von »stilwidrigen Verunstaltungen des Thomas-Gedichtes«; man meinte, Robert habe der Vorlage nichts genommen, außer der Poesie; man fand, Robert »has very nearly ruined that great love story«. Erst in jüngster Zeit hat man zu sehen gelernt, dass Robert durchaus einen eigenen Stilwillen entwickelte, nur eben einen anderen als man ihn aus der klassischen höfischen Literatur kennt. Zu seinen Stilmitteln gehören: Synonyme, gerne auch gehäuft, variierende Wiederholungen, Hendiadyoin, syntaktische Parallelismen, Kumulierungen, Aufzählungen, Antithesen, Stabreim. Einige Beispiele mögen dies beleuchten:

> Isönd verteilte große und gütige Almosen, so dass sie von allem, was sie an Gold und Silber, Zeug und Zubern besaß, einen großen Teil den Armen um der Liebe Gottes willen gab, ebenso den Kranken und Verwundeten, den Vaterlosen und den armen Witwen

[...]. Da weinten alle, Freunde wie Bekannte, Ausländer wie Einheimische, Reiche und Arme, Junge wie Alte. [...] Einige wollten sie in die Enge treiben und ängstigen, andere wollten ihr bei der Eidesformel helfen, aber die meisten wollten [...].

(Kap. 59)

Auf ein besonders eindringliches Beispiel ist zu verweisen, es muss hier isländisch zitiert werden, da die Übersetzung alle Feinheiten nur annähernd wiedergeben kann:

Hun óvitaðist optliga niðr fallandi, lá sem *dauð* ok kostaði með aköfum harmi at fyrirfara sér, hafnandi allri huggan; *dauð* er hennar gleði ok allt hennar gaman; heldr kaus hun nú at *deyja* enn *lifa,* svá segjandi: »Aum em ek yfir alla kvennmenn, hvernin skal ek *lifa* eptir svá dýrligan dreng? Ek var hans *líf* ok huggun, enn hann var unnusti mínn ok *líf* mítt, ek var hans yndi, en hann mín gleði; hversu skal ek *lifa* eptir hann *dauðan,* hversu skal ek huggast er gaman mín er grafit? Báðum okkr sómir saman at *deyja;* fyrir því at hann má ei til mín koma, þá verð ek gegnum *dauðann* at ganga, því at hans *dauði* drepr á mítt hjarta. Hversu skal ek hér mega lengr *lifa*? Mítt *líf* skal hans *lífi* fylgja!« (Von einer Ohmacht fiel sie in die andere, lag wie tot da und wollte in ihrem großen Kummer sterben, jeden Trost ablehnend. All ihre Freude und Fröhlichkeit waren dahin. Lieber wollte sie sterben als am Leben bleiben, und sie sprach: »Elend bin ich gegenüber allen Frauen, wie kann ich einen so herrlichen Helden überleben? Ich war sein Leben und Trost, er war mein Liebster und mein Leben, ich war seine Wonne, er war meine Freude; wie kann ich nach seinem Tod weiterleben, wie kann ich getröstet werden, da mein Geliebter begraben ist? Es geziemt uns beiden, dass wir zusammen sterben; da er nicht zu

mir kommen kann, muss ich durch den Tod hindurch
gehen, denn sein Tod klopft an mein Herz. Wie kann
ich hier noch länger leben? Mein Leben soll seinem
Leben folgen!«)

Der überbordende, nach den Regeln der Rhetorik ge-
wirkte Stil scheint Robert das rechte Mittel gewesen zu
sein, um die Verse der Vorlage adäquat in Prosa zu über-
führen. Die ablehnende Haltung, die seine Arbeit gefunden hat, geht von anderen literarästhetischen Maßstäben
aus, sei es die verinnerlichende, reflektierende Haltung eines Thomas oder eines Gottfried, sei es der Stilgestus der
Isländersaga, von dem sich in der Tat Bruder Roberts
Übersetzung nachdrücklich unterscheidet. Was diese ausmacht, fehlt jener gänzlich. Während die Isländersaga zur
Knappheit, zur Kürze drängt und Litotes und Untertrei-
bung geschickt einsetzt, ist die Übersetzung ausladend,
bedient sich gerne der Amplificatio.
Die *Tristrams saga*, die wohl die erste übersetzte Saga
gewesen sein dürfte, steht damit am Anfang einer Reihe
von Übersetzungen aus dem Französischen und bildet
auch (zusammen mit den anderen Erzählungen aus dem
arthurischen Kreis) den Ausgangspunkt originaler isländischer Ritter- und Märchensagas aus dem Spätmittelalter,
indem sie Motive und Situationen bereitstellt. Der Stoff
von Tristan und Isolde war beliebt, und kurz nach der
norwegischen Übersetzung tritt uns ein weiteres Zeugnis
für seine Popularität entgegen, die Erzählung vom »Geißblatt«.

»Saitenspiele« (Strengleikar)

Dieses kleine Prosastück *Geitarlauf* (»Geißblatt«), das
eine Episode aus dem Tristan-Stoff erzählt, entstammt der
Sammlung, die seit der ersten Ausgabe durch Unger und
Keyser (1850) unter dem Namen *Strengleikar* bekannt ist.

Im Vorwort der Handschrift wird sie indes als *ljóða-bók* (»Liederbuch«) bezeichnet. Allerdings lässt sich die neuere Bezeichnung durchaus rechtfertigen: *Strengleikar* kommt in der doppelten Bedeutung von »Saiteninstrument« und »Weise, die von einem Seiteninstrument beglei-tet wird« nicht nur mehrfach in dieser Sammlung vor (so am Beginn und am Ende des »Geißblattes«, wo es *lai* übersetzt), sondern auch in der *Tristrams saga* (Tristram weiß nicht nur, das Instrument vorzüglich zu schlagen, er versteht sich auf das Verfassen entsprechender Weisen). Um ein »Lieder«-Buch im eigentlichen Sinne handelt es sich dabei in der norrönen Version jedoch nicht, allerdings sind seine Vorlagen kleinere französische Verserzählun-gen, die sog. *lais*, die im Nordischen in Prosa übertragen werden, wie dies ja für alle nordischen Übersetzungen ty-pisch ist. Diese Sammlung enthält 21 aus dem Altfranzösi-schen übersetzte *lais*, von denen es an die fünf Dutzend gegeben haben dürfte. Es sind kurze epische Gedichte oder romantische Erzählungen, deren Stoff häufig dem Kreis um König Artus entstammt, viele spielen in einer keltischen Welt, aber es sind keine keltischen Vorlagen oder Originale bekannt.

Die norrönen *Strengleikar* enthalten insgesamt 21 Er-zählungen, davon werden die Vorlagen für elf von ihnen der Marie de France zugeschrieben, von der man aller-dings nicht viel weiß. Möglicherweise kann sie in Verbin-dung mit dem englischen Hof Heinrichs II. und seiner Frau Eleonore von Aquitanien gebracht werden, gelegent-lich wird vermutet, sie sei die Tochter Eleonores aus erster Ehe und daher mit Marie de Champagne identisch. Ihre zwölf *lais* werden um 1165 entstanden sein (das zwölfte ist nicht in die nordische Sammlung eingegangen).

Das Vorwort weist aus, dass »der ehrwürdige König Hákon das Buch aus der welschen [französischen] Sprache hat norrönisieren lassen« (dieses Verb zur Bezeichnung der Übersetzung kommt noch öfter in dieser Sammlung

vor). Übrigens hat eine französische Handschrift, die
zwölf *lais* der Marie de France enthält, von denen elf in
die *Strengleikar* übersetzt sind (British Museum, Harley
978), im Prolog die Bemerkung, dass diese Erzählungen
für einen König geschrieben seien; in diesem sieht man
wohl zu Recht Heinrich II. (1154–1189). Es besteht Einigkeit darüber, dass es sich bei dem »ehrwürdigen König
Hákon« um König Hákon Hákonarson (geb. 1204, König
1217–1263) handelt (wohl nicht um seinen Enkel Hákon
Magnússon, 1280–1299), der, wie gesagt, sein ganzes Streben darauf richtete, europäische, insbesondere französische Literatur an seinen Hof zu bringen. Somit stellt sich
die Sammlung der *Strengleikar* ganz in sein politisches
Programm, den norwegischen Hof nach kontinentalem
Vorbild zu organisieren und zu modernisieren. Der Zeitpunkt der Übersetzung wird häufig »nicht vor 1230« an-
gesetzt.

Die kleine Erzählung vom Geißblatt berichtet eine hübsche Episode von Tristrams unablässigen Versuchen, sich
der Geliebten zu nähern. Eine direkte Parallele in der *Tristrams saga* hat sie nicht. Die Nachricht, die Tristram
Isönd zukommen lässt, enthält die Essenz der großen Liebe: Nicht mehr von einem Zaubertrank ist die Rede, sondern vom Gleichnis von der Hasel und dem Geißblatt, die
nur zusammen leben können und, werden sie getrennt,
absterben. Die Liebe wird gedeutet als naturhaft, als
natürlich, als etwas, was jenseits gesellschaftlicher Kon-
ventionen steht. Die Vorlage ist der *lai Chievrefoil*
[= *Chievrefeuille*] der Marie de France, die diesen Stoff der
Estoire entnommen haben mag, aber das die Erzählung tra-
gende Bild von den Pflanzen, die nicht ohne einander existieren können, dürfte ihre eigene Erfindung sein. Ob von
hier wohl jenes Bild der *Tristrams saga* ausgeht, wie zwei
Bäume aus den Gräbern der Liebenden emporwachsen
und sich über dem Kirchendach vereinigen?

Die Übersetzung hält sich recht genau an ihre Vorlage,

was den Inhalt betrifft. Bei der Betrachtung des Stils zeigen sich indes signifikante Unterschiede zum französischen Original. Dabei tritt der Stilwille des Übersetzers – wie in der ganzen Sammlung – deutlich ans Licht. Er bevorzugt (ganz wie die norwegische *Tristrams saga*) als sprachlichen Schmuck die Alliteration und die Zwillingsformel, wie sie dem Französischen fremd sind: *sætt ok samræðe* (»Versöhnung und Vergleich«), *segia ok sanna* (»berichten und bezeugen«), *af þeim fagnaði er hann fec* (»Freude … erfahren«), *liva ok bera lauf* (»leben und tragen Laub«), *skorta skemtan* (»Vergnügungen fehlen«), *vilia sin ok fyst* (»Begehren und Verlangen«), *holl ok trygg* (»ergeben und treu«), *hirðliði sinu ok hofðingium* (»Gefolge und Fürsten«), *allir lendir menn ok hafðingiar* (»Lehnsmänner und Fürsten«). Letzteres Beispiel ist übrigens die Übersetzung des französischen Titels *Baron* (*li barun*), der sich in Norwegen erst Ende des 13. Jahrhunderts durchsetzt. Bis dahin musste man also mit einheimischem Wortmaterial auskommen.

Der Tristan-Stoff war also gut bekannt im Norden, und er blieb nicht ohne Einfluss. Man hat sogar vermutet, dass eine Isländersaga (*Kormáks saga*) über diesem Sujet gemodelt sei. Vielleicht hat ihre Liebesthematik auch einige Bedeutung für die romantischen Elemente der *Laxdœla saga*, der *Gunnlaugs saga* und der *Friðþjófs saga* gehabt. Deutlich sind die Spuren im letzten Teil der *Grettis saga*, dem *Spésar þáttr*, in dem der falsche, doppeldeutige Eid eine große Rolle spielt. Vier Frauen tragen in der *Þiðreks saga* den Namen der Heldin, ohne dass allerdings dabei eine Verbindung zu ihrer Geschichte deutlich wird. Viele spätere Märchensagas werden das eine oder andere Motiv der *Tristrams saga* entnommen haben. Doch die Problematik der Tristan-Liebe war in ihrer Schicksalsmächtigkeit für die nachfolgenden Zeiten zu gewaltig, wenngleich auch die Isländersaga die Unausweichlichkeit des Schicksals häufig zum Thema gemacht hat. Für den Tristan-Stoff bedeutet dies, dass es zu Reaktionen auf die (norwegische) *Tristrams saga* kommt. Die *Haralds saga hringsbana*, die zwar verloren, aber durch die auf ihrer Grundlage gedichteten *rímur* gut erkennbar ist, schildert einen durchaus ähnlichen Konflikt, führt aber dann zu einem sog. guten Ende. Und vielleicht ist auch die *Jarlmans saga ok Hermans* eine Art von Anti-Tristan. Noch deutlicher ist die Reaktion bei der neu geschaffenen isländischen *Saga von Tristram und Isodd*.

War man häufig geneigt, in ihr eine stümperhafte Nacherzählung der älteren Saga zu sehen, hat sich inzwischen die Ansicht Bahn gebrochen, dass es sich hierbei um eine Replik, vielleicht sogar um eine Parodie der norwegischen *Tristrams saga* handelt, da sie die Situation umkehrt. Einige Beispiele sollen hier genügen: Während Robert mit einer ausladenden prachtvollen Schilderung von Kanelangres anhebt, geht die isländische Version nach dem Muster der einheimischen Isländersaga vor, indem sie die Geschichte mit den Eltern Tristrams beginnen lässt und schon recht bald die weiteren Personen einführt. Hierbei wird der Akzent vom Vater Kanelangres auf die Mutter Blenzibly verlagert, die hier eine wesentlich bedeutendere und aktivere Rolle spielt. Dass sich beider sexuelle Aktivitäten ohne Unterlass über drei Jahre hinweg erstrecken, ist ebenso unhöfisch wie parodistisch. König Markis wirkt eher als ein gutgläubiger Tropf, und Tristram nimmt es mit der Unvermeidbarkeit einer schicksalhaften Liebe keineswegs so ernst wie sein französisch-norwegischer Vorgänger. Er heiratet ohne weitere Bemerkungen des Erzählers Isodd die Schwarze (die Benennungen Isodd die Schöne und Isodd die Schwarze gehen auf seine Rechnung, sie fehlten in der norwegischen Version), sie ist schließlich eine gute Partie und eine angemessene Belohnung für seinen Sieg gegen den König von Spanien. Beide haben einen Sohn, den sie nach seinem Großvater Kalegras nennen, und mit einem kurzen Ausblick auf seine glückliche Zukunft und seine Kinder ist die Wendung zu einem guten Ende vollzogen, von tragischer Liebe keine Rede mehr. Es ist bemerkenswert, dass die isländische Saga radikal auf alle die stilistischen und rhetorischen Mittel verzichtet, derer sich Bruder Robert in so reichem Maße bediente.

»Die Geschichte von Karl dem Großen« (Karlamagnús saga)

Aber auch *chansons de geste* sind in den Norden transportiert worden: *Elie de St. Gille* (= *Elis saga*) und *Boeve de Haumtone* (= *Bevers saga*). Die *Chansons de' Otinel, d'Aspremont, de Roland* und *Le pélerinage de Charlemagne* sind in die umfangreiche »Saga von Karl dem Großen und seinen Kämpen« (*Karlamagnús saga ok kappa hans*) eingeflossen, von der kurz die Rede sein soll. Die *Tristrams saga* weist einen einheitlichen Stil auf, sie stammt schließlich von einem einzigen Übersetzer. Dies ist bei der »Geschichte von Karl dem Großen und seinen Kämpen« nicht der Fall. Sie ist eine große Sammlung von hauptsächlich aus dem Französischen übersetzten Geschichten über Karl den Großen, der ja das große Herrschervorbild europäischer Könige war. Dies war wohl der Grund, Geschichten von ihm im 13. Jahrhundert nach Norwegen zu transportieren. Dabei hat der Redaktor der älteren Version (um 1250) sich bemüht, aus offenbar bereits vorliegenden Übersetzungen einzelner *chansons de geste* eine Karlsbiographie zusammenzustellen, und zwar nach dem einfachen lebensgeschichtlichen Muster: Jugend, Kämpfe in Spanien, Expeditionen nach Jerusalem und Konstantinopel, die Schlacht bei Ronceveaux (der Rolandstoff war in ganz Europa beliebt), seine letzten heldenhaften Kämpfe und sein Tod. Die Saga fügt sich ein in das Kulturprogramm König Hákons. Sie ist für Romanisten zur Rekonstruktion der französischen Quellen von Bedeutung, die nicht alle erhalten sind, von denen man aber annehmen darf, dass es sie gab.

Um 1400 wurden Teile der Saga, die Jerusalemfahrt und die »Rolandsschlacht«, in bearbeiteter Form ins Schwedische übersetzt, und eine dänische Version ist vom Ende des 15. Jahrhunderts überliefert.

Diese höfische Literatur hat natürlich der Unterhaltung gedient, aber sie half auch, die für Norwegen neue Ideologie der feudalen Gesellschaft zu implementieren. Im literarischen Gewande tritt hier eine Gesellschaft auf, die für das wirkliche Leben eine Vorbildfunktion abgeben kann. Damit hat diese Literatur ihren Platz in der gesellschaftlichen Oberschicht Norwegens.

»Die Geschichte Dietrichs« (Þiðreks saga)

Bei diesem Kulturimport, dem in Schweden und Dänemark wenig Vergleichbares an die Seite tritt, darf die Erwähnung der *Þiðreks saga* nicht fehlen, die niederdeutsche Dietrichgeschichten dem Norden vermitteln. Zum Modernisierungsprozess Norwegens gehört eben nicht nur die französisch-englische Literatur, sondern auch die Aufnahme von Literatur aus Niederdeutschland, zu dem Norwegen im 13. Jahrhundert intensive Verbindungen hielt. In Niederdeutschland waren natürlich die Geschichten bekannt, die im oberdeutschen Raum im *Nibelungenlied* Gestalt angenommen hatten, also die Geschichten von Siegfried, seinen Abenteuern, seiner Ermordung und dem sich anschließenden Untergang der Burgunden (diesen Stoff fand man im Altnordischen auch in den Liedern der Edda). Dazu kannte man in Niederdeutschland Geschichten von Dietrich von Bern, der auch in mittelhochdeutschen Epen viele Abenteuer erlebt und besteht.

Mitte des 13. Jahrhunderts wird in Bergen eine große

Sammlung zu Pergament gebracht, die die beiden Stoff-
kreise miteinander verbindet. Was die Forschung in besonderem Maße beschäftigt hat, ist der folgende Satz des
Prologes:

> Unsere Geschichte ist zusammengestellt nach der Er-
> zählung deutscher Männer, teilweise nach ihren Lie-
> dern, womit man große Herren unterhalten soll, und
> die gedichtet waren in heidnischer Vorzeit unmittel-
> bar nach den Geschehnissen, von denen in dieser Ge-
> schichte die Rede ist. Und nimmst du einen Mann aus
> jeder Stadt im Sachsenland, so werden alle diese Ge-
> schichten auf dieselbe Art erzählen. Das kommt von
> diesen ihren alten heidnischen Liedern.

Darf man daraus entnehmen, dass es in Niederdeutschland einen festen Bestand an Liedern gab, der so fest war,
dass er überall in derselben Weise lebte, obwohl nichts,
gar nichts erhalten ist? Der norwegische Übersetzer hätte
diese Lieder in sinnvoller Anordnung gereiht und sie in
Prosa übertragen, wie dies ja auch bei der *Tristrams saga*
und bei der *Karlamagnús saga* der Fall war. Die Saga ist
eine Art von Dietrich-Biographie, die aber weit mehr als
nur das Leben Dietrichs schildert. Neben dem Nibelun-
genstoff sind andere Stoffe der Heldensage aufgenommen,
von Wieland dem Schmied, von Widga (Witege), von
Thetleif dem Dänen, von Hilde, von Waltharius. Hat der
Sagamann hier eine Gelegenheit gesehen, alle ihm bekannten (in Liedform überlieferten?) Stoffe in den Kübel einer
Lebensbeschreibung zu werfen, wobei die einzelnen Teile
nur auf das Notdürftigste miteinander verbunden sind?
Dem hat man entgegengehalten, dass man in der *Þiðreks
saga* ein typisch mittelalterliches Erzählverhalten erkennt,
das sich hauptsächlich in literarischen und schriftlich fixierten Großformen findet: das *entrelacement*, das meint
das Erzählen und Verknüpfen mehrerer Erzählstränge, wo

mal dieser, mal jener Strang in schöner Abwechslung in den Vordergrund rückt; hinsichtlich der Erzählweise ist sie mancher modernen *soap* ähnlich.

In einigem ist die »Geschichte des Dietrich von Bern« der *Karlamagnús saga* verwandt, so insbesondere in der strukturellen Anlage: Ein bedeutender Herrscher steht im Zentrum, erzählt wird nach dem chronologischen, mitunter durchbrochenen Muster: Jugend, Erwachsensein, Alter und Tod (dies ist ja das übliche Verfahren einer Biographie bis in moderne Zeiten hinein).

Oder sollte es so sein, dass es bereits in Niederdeutschland eine festgefügte Großgeschichte über Dietrich gab, die dann als Ganzes ins Norwegische übertragen wurde? War also der Sagamann ein Kompilator oder (nur?) ein Übersetzer?

In jedem Fall ist der Dietrich-Stoff borealisiert worden, so erhalten beispielsweise die (nieder-)deutschen Namen nordische Formen: aus *Hagen* wird *Högni*, aus *Dietrich* wird *Þiðrekr*, aus *Sigfrit* wird *Sigurðr* usw. Dazu zeigen sich manche stilistische Anklänge an Isländersaga und Vorzeitsaga, d.h., der Sagamann muss die einheimische norwegisch-isländische Tradition gekannt haben, und dies im norwegischen Bergen. Das heißt, dass dort neben der importierten Literatur die einheimische noch durchaus bekannt war, bevor sie aus Norwegen verschwand und in Island überlebte.

»Eufemia-Epen« (Eufemiavisor)

Auch in Schweden hatte sich ab der Mitte des 13. Jahrhunderts ein Modernisierungsprozess vollzogen, vor allem unter der Herrschaft von Birger Jarl (1248–1266) und Magnus Ladulås (1275–1290). Die Anbindung an die höfisch-ritterliche Kultur, die im übrigen Europa schon im Sinken begriffen war, wird sichtbar in den mit neuerem Namen so bezeichneten *Eufemiavisor*, drei nach französischen und deutschen Vorlagen gewirkten Verserzählungen. Eufemia, die Gemahlin des norwegischen Königs Hákon V. Magnússon (1299–1319), gilt als Initiatorin dieser Übersetzungen ins Altschwedische, die sie aus Anlass der Verlobung (1302) und Heirat (1312) ihrer Tochter Ingibjörg mit dem schwedischen Herzog Erik Magnusson in Auftrag gab.

Herr Ivan Lejonridder ist die Wiedergabe des französischen *Yvain* von Chrétien, wobei sich der Übersetzer auch der altnorwegischen *Ívens saga* bediente. Die Erzählung *Flores och Blanzaflor* behauptet zwar im Text, die Geschichte sei aus dem Französischen übersetzt, und das Französische war eben das große Vorbild, jedoch ist sie ganz nach der altnorwegischen *Flóres saga ok Blankiflúr* geformt. Und ähnlich ist es mit der Erzählung vom *Hertig Fredrik av Normandie* bestellt. Hier wird ebenfalls eine französische Quelle erwähnt, die jedoch fiktiv ist. Vorlage dürfte wohl eher eine deutsche, indes verlorene Fassung gewesen sein.

Alle drei Epen spielen im ritterlich-höfischen Milieu, und ihnen ist das Thema der schließlich geglückten Werbung eines Ritters um eine Frau gemeinsam. Dass es dabei mitunter etwas derb, etwas weniger höfisch hergeht, zeigt der *Hertig Fredrik*. Die drei Erzählungen haben für die schwedische Literaturgeschichte einen besonderen Stellenwert. Sie sind die ältesten literarischen Werke Schwedens und transportieren das höfische Ideal der feudalen Gesellschaft nach Schweden. Im Gegensatz zu den nordischen Nachbarn sind sie nicht in Prosa abgefasst, sondern im Knittelvers, in dem übrigens auch die *Erikskrönikan* steht. Indes darf nicht vergessen werden, dass gerade in der Zeit, als diese Erzählungen gedichtet wurden, die politischen Verhältnisse alles andere als ritterlich-höfisch waren: es herrschten blutige Auseinandersetzungen unter den Söhnen des Magnus Ladulås, dessen zweiter Sohn eben jener Erik war, der mit Eufemias Tochter Ingibjörg verheiratet war.

Originale Rittersagas

Den hauptsächlich aus dem Französischen übersetzten Rittersagas in Norwegen, die die für das Land neue höfische Kultur verbreiteten, können auf Island die »originalen Rittersagas« an die Seite gestellt werden, die auch als »Märchensagas« bezeichnet werden. Hierbei handelt es sich um ein Korpus von etwa 30 Sagas, die im Großen und Ganzen aus der Zeit von 1300 bis 1500 stammen. Es sind dies: »Die Saga von Adonias« (*Adonias saga*), »Die Saga von Ali Flekk« (*Ála flekks saga*), »Die Saga vom schönen Bæring« (*Bærings saga fagra*), »Die Saga der Blumenfelder« (*Blómstrvallasaga*), »Die Saga von Damusti« (*Dámusta saga*), »Die Saga vom hochmütigen Dinus« (*Dínus saga dramblâta*), »Die Saga von Ector« (*Ectors saga*), »Die Saga von König Flores und seinen Söhnen« (*Flóres saga konungs ok sona hans*), »Die Saga von Gibbon« (*Gibbons saga*), »Die Saga von Grega« (*Grega saga*), »Die Saga von Hring und Tryggvi« (*Hrings saga ok Tryggva*), »Die Saga von Jarlmann und Hermann« (*Jarlmanns saga ok Hermans*), »Die Saga von Jon dem Spieler« (*Jóns saga leikara*), »Die Saga von Kirjalax« (*Kirjalax saga*), »Die Saga von Konrad dem Kaisersohn« (*Konráðs saga keisarasonar*), »Die Saga von Magus dem Jarl« (*Mágus saga jarls*), »Die Saga von Mirmann« (*Mírmanns saga*), »Die Saga von Nitida« (*Nitida saga*), »Die Saga von Remund dem Kaisersohn« (*Rémundar saga keisarasonar*), »Die Saga vom schönen Samson« (*Samsons saga fagra*), »Die Saga von Saulus und Nikanor« (*Saulus saga ok Nikanors*), »Die Saga vom kühnen Sigrgard« (*Sigrgarðs saga frækna*), »Die Saga von Sigrgard und Valbrand« (*Sigrgarðs saga ok Valbrands*), »Die Saga von Sigurd Fuß« (*Sigurðar saga fóts*), »Die Saga von Sigurd dem Turnierkämpfer« (*Sigurðar saga turnara*), »Die Saga von Sigurd dem Schweigsamen« (*Sigurar saga þögla*), »Die Saga von Feilen-Jon« (*Þjalar-Jóns saga*), »Die Saga von Valdimar« (*Valdimars saga*), »Die Saga von Viktor und Blavus« (*Viktors saga ok Blávus*), »Die Saga von Vilhjalm Geldbeutel« (*Vilhjálms saga sjóðs*) und »Die Saga von Vilmund Außerhalb« (*Vilmundar saga viðutan*). Doch ist diese Gattung um 1500 noch nicht ausgeschrieben, sie setzt sich bis in das 19. Jahrhundert hinein fort.

Für die zeitliche Einordnung fehlen bisher die entscheidenden Kriterien. Die Märchensagas sind teilweise in reichlicher handschriftlicher Überlieferung bis Anfang des 20. Jahrhunderts tradiert, erfreuten sich also großer Beliebtheit – allem Anschein nach waren sie populärer als die in neuerer Zeit so gehätschelten Isländersagas. Dieser Teil der Sagaliteratur neigte sich um 1300 allmählich dem Ende entgegen: Die isländische Identität war gezimmert. Die Isländersagas hatten ihren Sitz in der großbäuerlichen Godenschicht der alten Gesellschaft, die nach dem Verlust der Selbstständigkeit durch eine neue abgelöst wurde, deren führende Männer Mitglieder des königlichen Dienstadels waren. So entsteht ab 1300 eine neue Gattung, die – parallel zu den übersetzten Rittersagas – einen gänzlich fiktiven Charakter hat. Daher wird man um 1300 einen Übergang vom »realistischen« Erzählen zum »phantastischen« konstatieren dürfen. Die Sagas sind nicht mehr in einer bekannten Umgebung verankert. Sie spielen in weiten Fernen, oft in einem stereotyp bezeichneten »Süden«, und Entfernungen z.B. zwischen Frankreich und Indien können gänzlich unproblematisch überwunden werden. Die Protagonisten sind nicht mehr real aufgefaßte Isländer (auch wenn einige nordische Namen tragen), sie sind fiktive Angehörige aristokratischer Kreise und nicht mehr Bauern und Kaufleute wie in den Isländersagas. Die Sagas handeln nicht mehr von Ehre, Rache und Versöhnung als obersten Geboten in einer bäuerlichen Gesellschaft, sondern spielen im ritterlichen Milieu exotischer Szenerien, stellen höfisches Personal vor, sind schablonenhaft erzählt und ziehen internationale Handlungstopoi an.

Die Sagas mischen Elemente aus klassisch-antiker Tradition, aus höfisch-kontinentalen Ritterromanen und aus den einheimischen nordischen Vorzeitsagas, den *fornaldar sögur*. Die Abgrenzung zur letzteren Gruppe ist nicht immer leicht, da es hier viele Überschneidungen gibt, und zu den übersetzten Rittersagas gibt es ebenfalls manche Verbindungen. Es handelt sich bei diesen Sagas um Schema-Literatur, beliebtester Stoff ist das Brautwerbungs-Schema. Konstituierende Elemente sind: der Auszug des Helden, die Werbung um eine Frau, zumeist eine Königstochter, und die Heirat und Thronbesteigung. Da man es mit Stereotypen und festen Erzählschablonen zu tun hat, stellt sich eher der Gedanke einer Verwandtschaft mit dem Märchen ein (weshalb man eben die Bezeichnung »Märchensagas« findet) als einer Anlehnung an die realistische Erzählweise der Isländersagas. Indes muss sofort hinzugefügt werden, dass es trotz des Schemas und der festen Versatzstücke große Unterschiede gibt, so dass die Lektüre alles andere als eintönig erscheint.

Der Held zieht von zu Hause fort, um seine getöteten Verwandten zu rächen, um fremde Länder kennen zu lernen oder um eine Frau zu werben. Die Werbung kann sich unterschiedlich gestalten: Ihr kann durch Drohung und Kampf Nachdruck verliehen werden, oder eine betrügerische Jungfrau kann die Werbung zu torpedieren versuchen, indem sie den Werber auf mancherlei Weise überlistet (Zauber, Betrug, Gestaltwechsel, Schlafmittel). Aber schließlich wird alles gut, der Werbende und die Umworbene kommen zusammen. Im Gegensatz zu den Isländersagas münden diese Geschichten immer in ein Happy End, auch wenn dem Helden noch so viele Bösewichte sein Projekt zu verleiden suchen.

Zum literarischen Verfahren gehört die stereotype Schilderung der Personen. Der Held ist einfach schön, prachtvoll ausgestattet und zeigt dadurch seinen hohen sozialen Rang an:

Ein Kind, so schön und hübsch, wie es je von sünd-
haftem Samen geboren werden kann. Seinesgleichen
an allen Fertigkeiten, Wuchs und Schönheit würde in
diesem Land nie geboren werden. Dieser Prinz
Sigrgard war so schön geschaffen, dass es alle erstaun-
te, und sie konnten sich an ihm nie satt sehen, besonders die Frauen, denn sie achteten nicht auf ihren Anstand und ihr sittliches Benehmen, sondern wollten
gerne immer in seiner Nähe sein […], er hatte dann
alle Weisheit gelernt, die aus Büchern zu lernen ist; es
gab keinen Ritter, der gegen ihn hätte im Sattel sitzen
können […], er war mild und großzügig gegenüber
Jung und Alt.

(»Die Geschichte von Sigrgard und Valbrand«)

Die Prinzessinen sind ebenfalls von äußerstem Liebreiz:

[…] im nördlichen Weltteil gab es niemanden ihres-
gleichen, was Aussehen und weltliche Künste an-
langte. So war sie von feiner Art im Wuchs ihrer
Glieder, denn sie war wie gewachsenes Schilf von
geziemender Zartheit. Ihre Augen waren strahlend
wie Sterne bei klarem Wetter und aus ihnen schien
Licht zu scheinen. Der Kopf war rund wie Inseln,
die in ihrem leuchtenden Glanz eine goldene Farbe
haben, wie brennendes Feuer oder Sonnenstrahlen,
und mit ihrem schönen Haar konnte sie ihren ganzen Körper einhüllen. So waren ihre Wangen und
ihr schöner Mund und alles so lieblich geformt,
dass allen leicht ersichtlich war, dass hier die Natur
mit ihrer Glückskraft ihre ganze Sorgfalt aufge-
bracht hatte, um sie allen anderen Mädchen, die es
da auf der ganzen Welt gab, weit überlegen zu erschaffen.

(»Die Geschichte von Sigurd dem Schweigsamen«)

Und genauso stereotyp werden die bösen Gegner geschildert:

> Sigurd und Randver meinten noch nie so schreckliche
> Bösewichte gesehen oder davon gehört zu haben, wie
> Ermedon sie in aller Gestalt hatte. Zuerst Neger und
> Berserker, Zwerge und Unsichtbare, Riesen und Trolle. Er hatte Leute aus Indialand, die Cenoefali hießen.
> Sie bellten wie Hunde und hatten Hundsköpfe. Er
> hatte auch jene Männer, die nur ein Auge in der Mitte
> der Stirn hatten. Andere waren kopflos und hatten
> Mund und Augen auf der Brust. Es gab auch solche,
> die die Augen auf den Schulterblättern hatten. Diese
> Leute waren groß wie die Riesen und schwarz wie
> Pech.
>
> (»Die Geschichte von Sigurd dem Schweigsamen«)

Großes Vergnügen haben diese Erzählungen auch an der Beschreibung kostbarer Gegenstände in aller Ausführlichkeit:

> Dann setzten sie ihm den Helm auf das Haupt. Der
> war mit vielen teuren Steinen besetzt und vom härtesten Stahl gemacht. Alle Blattornamente und Bänder des Helmes waren aus gebranntem Gold. Aber
> oben auf dem Helm war der Stein, der Addimas heißt
> und der härter als jedes Geschöpf ist, denn das ist seine Beschaffenheit, dass er nur in Bocksblut weich
> wird.
>
> (»Die Geschichte von Saulus und Nikanor«)

Noch breiteres Ausmalen zeigt sich dann in ganz besonderem Maße in den Kampfschilderungen, die zu umfangreich sind, um hier zitiert zu werden.

Poetische Literatur

Edda

Ein kleines unscheinbares Büchlein, nur 19 mal 13 Zentimeter in den Maßen, das um 1270 in Island geschrieben wurde, gehört zum kostbarsten kulturellen Besitz des Landes. Vom Jahre 1643 an wurde es in der Königlichen Bibliothek in Kopenhagen aufbewahrt, weshalb es den Titel »Codex Regius« erhielt. Seine Rückführung am 19. April 1971 war so etwas wie ein zweiter nationaler Feiertag – eine Jahrzehnte lang dauernde Auseinandersetzung um die isländischen Handschriften war zu einem vorbildlichen gütlichen Ende gekommen. Was diesem Codex eine besondere Stellung verleiht? Er enthält auf 45 Blättern (die Handschrift weist eine Lakune von 8 Blättern auf) 11 mythologische Gedichte und 18 Heldenlieder und trägt seit 1643 die Bezeichnung »Edda«. Sie bildet zusammen mit der Skaldendichtung und den Isländersagas einen genuinen Beitrag zur Weltliteratur, in der Germania stehen diese drei Gattungen einzig da. Die Handschrift trägt keinen Titel. Ihn hatte der Bischof Brynjólfur Sveinsson (1605–1675) dem Codex gegeben, wohl nach dem Vorbild der Edda von Snorri Sturluson. Freilich glaubt er, als Verfasser Sæmundur fróði Sígfússon (1056–1133) ausmachen zu können, der als einer der frühen Gelehrten in isländischen Quellen erwähnt wird, von dem wir allerdings nur wenig Sicheres wissen. Daher erfand Brynjólfur den Titel *Edda Sæmundi multiscii*, und unter dieser Bezeichnung ist diese Sammlung lange Zeit registriert worden. Heute wissen wir dank eingehender paläographischer Untersuchungen, dass diese Handschrift zweihundert Jahre nach Sæmundr entstanden ist, und auch, dass die Vorlage, nach der der Codex Regius geschrieben wurde, nicht von Sæmundr

stammen kann. Es sieht so aus, als ob die hier versammel-
ten Gedichte und Lieder nach ihrer Aufzeichnung kaum
eine größere Rolle gespielt haben. Sie haben als poetische
Werke keine, als stoffliche Vorlage für eine Prosaversion
(vgl. *Völsunga saga*) gewisse Spuren hinterlassen. Wir
wissen auch nicht, woher diese Handschrift dem Bischof
zukam. Er jedenfalls machte dieses Buch dem dänischen
König Frederik III. zum Geschenk, nachdem er – sicher
ist sicher – eine Abschrift hatte anfertigen lassen (die indes verloren ist). Später gibt es einige Abschriften auf Pa-
pier.

In jüngerer Zeit hat sich die Bezeichnung »Lieder-Edda« durchgesetzt, daneben auch »Ältere Edda« (im Unterschied zu Snorris Lehrbuch, das häufig als »Jüngere Edda«
bezeichnet wird). Hier ist allerdings zu bedenken, dass die
Handschrift wohl ein halbes Jahrhundert nach Snorris
Werk geschrieben wurde, doch gibt es Anzeichen, dass die
meisten Gedichte und Lieder der Edda älter als Snorri
sind. Gelegentlich finden sich auch die Bezeichnungen
»Poetische Edda« für diese und »Prosaische Edda« für
Snorris Buch.

Der Codex Regius enthält die Hauptmasse der eddischen Gedichte, und daneben finden sich noch andere, die
man wegen gleichen Metrums, ähnlichen Stils und vergleichbaren Inhalts hierher stellt. Man nennt sie, seit der
Ausgabe von Heusler und Ranisch, *Eddica minora*, doch
verdienen sie diesen Titel keineswegs. Der Name »Edda«,
schon im Mittelalter für Snorris Poetik verwendet, ist
nicht eindeutig. Verschiedene Vorschläge zur Interpretation sind gemacht worden: Einmal wurde er mit *óðr*
(»Poesie«, »Dichtung«) zusammengebracht im Sinne von
»Buch der Dichtung«, ein andermal wurde er mit *Oddi*
(dem Namen des Hofes, auf dem Snorri den größten Teil
seiner Bildung erwarb) verbunden im Sinne von »das
Buch von Oddi«, dann wiederum mit *edda* (»Urgroßmut-
ter«) im Sinne von »Urmutter der Poesie« und schließlich

von lateinisch *edere* (»schreiben«, »publizieren«) abgeleitet, so wie sich *kredda* (»das kleine Credo«) zu *credere* stellt.

Die eddischen Gedichte unterscheiden sich in bezeichnender Weise von der Skaldendichtung. Während diese (von wenigen Ausnahmen abgesehen) auf ein Ereignis oder auf eine Person der jeweiligen Gegenwart bezogen, in gewisser Weise Gelegenheits- oder Situationsdichtung ist, handeln jene von Entstehung und Untergang der Welt, von Episoden aus dem Leben der nordischen Götter, bieten Lebensweisheiten an und erzählen von Helden vergangener Zeiten. Sind die Namen der allermeisten Skalden bekannt, so sind die eddischen Lieder anonym überliefert. Ihre Sprache ist einfacher als die der Skaldendichtung. So fehlen weitgehend die Kenninge, der poetische Hauptschmuck der Skaldik, und dort, wo sie gelegentlich vorkommen, hat man mit skaldischem Einfluss zu rechnen. Ursprünglich dürften sie ihr fremd sein. Auch das Metrum ist sehr viel einfacher, da es auf strenge Silbenzählung, auf End- und Binnenreim verzichtet.

Die eddische Metrik weist durchaus einen Zusammenhang mit älterer germanischer epischer Dichtung auf: Zwei Kurzverse mit je zwei Hebungen, die durch Alliteration miteinander verbunden werden, bilden eine Langzeile, dergestalt, dass in der a-Zeile ein bis zwei Stäbe und in den b-Zeilen ein Stab stehen (dieser zumeist auf der ersten betonten druckstarken Silbe); vier solcher Langzeilen (also acht Kurzzeilen) bilden eine Strophe:

> Sól tér sortna,   sígr fold í mar,
> hverfa af **h**imni   **h**eiðar sti**o**rnor;
> geisar **e**imi   við **a**ldrnara,
> leicr **h**ár **h**iti   við **h**imin siálfan.
>
> (*Völuspá*, Str. 57)

Die Sonne wird schwarz   Land sinkt ins Meer
es stürzen vom Himmel   die strahlenden Sterne;
es rast der Brandrauch   wider das Feuer;
die lodernde Lohe   spielt hoch in den Himmel.

(»Die Weissagung der Seherin«, Str. 57)

Dieses Versmaß heißt *fornyrðislag* (Heusler übersetzt
poetisch mit »Altmärenton«) und findet hauptsächlich
Verwendung in erzählenden Gedichten, sei es aus der Mythologie oder der Heldensage. Als eine leichte Variante
hierzu gilt das Versmaß *málaháttr* (»Spruchton«), das sich
von jenem nur durch eine höhere Zahl von Silben pro
Vers (gewöhnlich fünf statt vier) unterscheidet. Das zweite
wichtige Versmaß eddischer Dichtung ist der *ljóðaháttr*
(»Liedton«), der für die wissensvermittelnde Dichtung
kennzeichnend ist und keine Parallele in der übrigen ger-
manisch-sprachigen Dichtung hat. Er verbindet wieder
zwei Kurzzeilen zu einer Langzeile mit derselben Verteilung der Stäbe wie im *fornyrðislag* und bildet zusammen
mit einer in sich stabenden Vollzeile mit zumeist drei Hebungen eine Halbstrophe:

> Ór Ymis holdi   var iǫrð um scǫpuð,
> enn ór sveita sær,
> biǫrg ór beinom,   baðmr ór hári,
> enn ór hausi himinn.

(*Grímnismál*, Str. 40)

Aus Ymirs Fleisch   ward die Erde gemacht,
jedoch aus seinem Blut das Meer,
aus den Knochen die Berge   der Wald aus dem Haar,
jedoch aus seinem Schädel der Himmel.

(»Das Grimnir-Lied«, Str. 40)

Es ist deutlich, dass die Gedichte so, wie sie im Codex Regius angeordnet sind, eine redaktionelle Tätigkeit erkennen lassen. Hierfür spricht der Vergleich mit der anderen mittelalterlichen, allerdings nur fragmentarisch überlieferten Edda-Handschrift A (= AM 748 quarto). Es ist nicht geklärt, ob die beiden Handschriften auf dieselbe Vorlage zurückgehen. Die Anordnung der Gedichte in A ist keinem erkennbaren Prinzip verpflichtet, R dagegen beginnt die Abteilung der Götterlieder mit dem großen Visionsgedicht (»Die Weissagung der Seherin«, *Völuspá*), worauf drei Odinsgedichte folgen: »Gedichte des Hohen« (*Hávamál*), »Das Wafthrudnir-Lied« (*Vafþrúðnismál*), »Das Grimnir-Lied« (*Grímnismál*); es schließen sich an ein Freyr-Lied (»Skirnis Ritt«, *Skírnismál*) und vier Lieder, in denen Thor die Hauptrolle spielt (»Das Harbard-Lied«, *Hárbarðsljóð*; »Das Hymir-Lied«, *Hymiskviða*; »Zankreden Lokis«, *Lokasenna*; »Das Thrym-Lied«, *Þrymskviða*). Den Schluss bilden »Das Wölund-Lied« (*Völundarkviða*) und »Das Alwis-Lied (*Alvíssmál*). Die Zugehörigkeit der beiden letzten Lieder zur Götterdichtung ist umstritten.

Ist dies nur eine eher schattenhaft sichtbar werdende Gliederung, so ist die nachfolgende Anordnung der Heldenlieder deutlicher erkennbar. Hier stellt sich ein innerer Zusammenhang dar im Sinne einer biographischen, chronologischen Reihung. Am Anfang stehen die Lieder von Helgi, der hier zum Halbbruder von Sigurðr/Siegfried gemacht wird – und dieser ist der Hauptheld des Nordens, so wie Dietrich der Hauptheld des Südens ist. »Die Weissagung Gripirs« (*Grípisspá*) ist ein Übersichtslied über Sigurds Leben, es folgen Gedichte über dessen Jugendtaten, seine Heirat mit Guðrún, die der mittelhochdeutschen Kriemhilt entspricht, seine Ermordung, Gudruns Ehe mit Atli, der Untergang der Burgunden, Atlis Ermordung durch Gudrun und schließlich der heldische Tod ihrer beiden Söhne aus dritter Ehe, Hamðir und Sörli.

Dies darf nicht darüber hinwegtäuschen, dass im Codex
Regius sehr Unterschiedliches zusammengebracht worden
ist, in Gattung, Stil, Ton und Inhalt. So steht Ernst-Feier-
liches (*Völuspá*, »Die Weissagung der Seherin«) neben
Burleskem (*Lokasenna*, »Zankreden Lokis«), breit Ausge-
maltes (*Atlamál*, »Das grönländische Atli-Lied«) neben
knapp Wuchtigem (*Atlakviða*, »Das Atli-Lied«; *Hamðismál*, »Das alte Hamdir-Lied«), Wissensvermittlung (*Vafþrúðnismál*, »Das Wafthrudnir-Lied«; *Grímnismál*, »Das
Grimnis-Lied«) neben Elegischem (*Guðrúnarkviða in
fyrsta*, »Das erste Gudrun-Lied«; *Oddrúnargrátr*, »Oddruns Klage«), Überblickslieder (*Grípisspá*, »Die Weissagung Gripirs«) neben episodischen Gedichten (*Guðrúnarkviða in þriðia*, »Das dritte Gudrun-Lied«), Streitlie-
der (*Hárbarðslióð*, »Das Harbard-Lied«) neben Gedichten, die zur Rache auffordern (*Guðrúnarhvöt*, »Gudruns
Anstiftung«). Die Vielfalt zeigt sich auch durch die Titel,
die die Gedichte tragen: *mál* (»Gedicht«, z.B. *Grímnismál*), *spá* (»Weissagung«, z.B. *Völuspá* – Name nicht im
Codex Regius, aber in Snorris Edda; *Grípisspá* – Name
ebenfalls nicht im Codex Regius, aber in späten Papierhandschriften), *ljóð* (»Lied«, z.B. *Hárbarðslióð*), *senna*
(»Zankreden«, z.B. *Lokasenna*), *hvöt* (»Anstiftung«, z.B.
Guðrúnarhvöt), *grátr* (»Klage«, z.B. *Oddrúnargrátr* –
Name nicht im Codex Regius, aber in Strophe 34 und in
späten Papierhandschriften), *kviða* (z.B. *Þrymskviða*, *Atlakviða*). Es ist fraglich und nicht geklärt, ob diese Bezeichnungen unterschiedliche Gattungen markieren sollen. Nicht alle Gedichte des Codex Regius tragen eine
Überschrift.

Die redaktionelle Tätigkeit dürfte auch aus dem Umstand zu ersehen sein, dass hie und da Prosaabschnitte
einzelne Lieder einleiten (z.B. *Grímnismál*, *Skírnismál*,
Grípisspá, *Helreið Brynhildar*, Prosa vor *Guðrúnarkviða
önnur*) und Verbindungen zweier Lieder herstellen (Prosa
zwischen *Guðrúnarkviða in fyrsta* und *Sigurðarkviða in*

scamma) oder dass Prosa und Dichtung vermengt werden (z. B. *Helgakviða Hjörvarðssonar, Helgakviða Hundingsbana II, Reginsmál, Fáfnismál*). Es ist von Fall zu Fall zu entscheiden, wie sich Prosa und Poesie zueinander verhalten. Die am häufigsten gewählte Interpretation sieht darin das Wirken des Redaktors, der Gedichte durch Prosa miteinander verbindet, um einen Zusammehang des Disparaten herzustellen, und der durch Prosa ersetzt, was nur durch trümmerhafte Überlieferung auf ihn gekommen ist.

Damit gelangt man zu dem nahezu unlösbaren und ebenso heftig wie kontrovers diskutierten Problem der Datierung. Das Einzige, was unumstößlich feststeht, ist die Zeit der Niederschrift des Codex Regius um 1270. Dies bezeichnet aber nur den Endpunkt einer anscheinend langen Tradition, von der man annehmen muss, dass sie sich über mehrere Jahrhunderte erstreckte. Dafür spricht die teilweise bruchstückhafte Überlieferung. Bis weit in das 19. Jahrhundert hinein hielt man die Edda für sehr alt und gemeinskandinavisch, ein Bild, das in den letzten hundert Jahren gründlich revidiert wurde. Als Entstehungsort gilt heute Island, und als die am weitesten zurückliegende Grenze wird nun die Zeit der Synkope (8. Jahrhundert) angenommen, die die nordischen Sprachen so gründlich von ihren germanischen Schwestern getrennt hat. Diese Synkope dürfte die silbenzählende Dichtung im Gefolge gehabt haben, wie sie in der Skaldendichtung vorliegt und – wenn auch weniger rigide – in der eddischen Dichtung. Die freiere Versfüllung, wie sie in anderen germanischen Literaturen auftreten, ist aufgegeben. Und noch ein Unterschied zu ihnen sollte notiert werden: Der Norden bedient sich nicht der großen epischen Versform, wie man sie im altenglischen *Beowulf*, im altsächsischen *Heliand* oder in den mittelhochdeutschen Epen vorfindet. Seinen epischen Bedarf stillt der Norden durch teilweise lange Prosaerzählungen, die Sagas.

Der genannte Zeitraum eines halben Jahrtausends bietet immer noch reichlich Platz für Spekulationen über das Alter der einzelnen Edda-Gedichte. Darüber zu streiten, ob die Skaldendichtung oder die eddische Dichtung ein höheres Alter beanspruchen darf, ist indes gänzlich überflüssig, denn es fehlen uns Maßstäbe zur Beantwortung. Einfacher ist es, die Entstehung beider Gattungen als etwa gleichzeitig aufzufassen. Der älteste Skalde Bragi entstammt der zweiten Hälfte des 9. Jahrhunderts, und so ist häufig postuliert worden, dass beispielsweise das Alte Atli-Lied und das Hamdir-Lied ebenfalls in jenes Jahrhundert zurückreichen. Mitunter verwischen sich die Grenzen zwischen eddischer und skaldischer Dichtung, so gibt es etwa zwei Gedichte auf den Gott Thor, die im reinen skaldischen Versmaß *dróttkvætt* gedichtet sind, wie es auch skaldische Fürstenpreisgedichte in eddischen Metra gibt, z.B. *Haraldskvæði, Eiríksmál, Hákonarmál*).

Die Sammlung der Götterlieder beginnt mit dem großartigen Gedicht »Die Weissagung der Seherin« (*Völuspá*). Es gehört sicher zu den mächtigsten und eindrucksvollsten Gedichten nicht nur der Edda, sondern der germanischen Dichtung überhaupt. In einem gewaltigen Visions-Monolog berichtet die Seherin, die *völva*, dem Walvater, also Odin, von der Entstehung der Welt, und ihre Weissagung besteht aus großartigen Bildern. Am Anfang der Welt gab es nur den Urriesen Ymir, sonst nichts:

> Ár var alda,   þat er Ymir bygði,
> vara sandr né sær   né svalar unnir;
> iörð fannz æva   né upphiminn,
> gap var ginnunga,   en gras hvergi.

> (*Völuspá*, Str. 3)

In uralten Zeiten,   da hauste der Ymir,
keinen Sand, keine See gab's   noch kalte Brandung;

die Erde – nirgends,   kein Himmel darüber,
nur gähnender Abgrund   und gar kein Gras.

(»Die Weissagung der Seherin«, Str. 3)

Die Sonne wusste nicht, wo sie ihren Platz hatte, die Sterne wussten es ebenfalls nicht und auch nicht der Mond, bis die Götter kamen und den Dingen ihren Namen gaben und die Zeit einrichteten. Am Strand fanden sie die schicksalslosen Ask und Embla, denen sie Leben, Geist und Wärme eingaben. An der Esche, dem »Weltenbaum« Yggdrasill, leben die drei Nornen Urd, Verdandi und Skuld, die den Menschen das Leben erschaffen und ihnen die Lebenszeit zumessen. Krieg kommt in die Welt, er geht von den Göttern aus (»Es schleuderte Odin / den Speer in die Feinde; / da gab es den ersten / Krieg auf Erden«, Str. 24). Baldr, der strahlende junge Gott, wird ermordet und bald gerächt. Loki, der Anstifter, ist gefesselt. Unheil kommt über die Menschen:

> Brœðr muno beriaz   oc at bönum verðaz,
> muno systrungar   sifiom spilla;
> hart er í heimi,   hórdómr mikill,
> sceggöld, scálmöld,   scildir ro klofnir,
> vindöld, vargöld,   áðr verold steypiz;
> mun engi maðr   öðrum þyrma.

(*Völuspá*, Str. 45)

> Brüder schlagen dann,   morden einander;
> Schwestersöhne   verderben Verwandtschaft;
> wüst ist die Welt,   voll Hurerei; 's ist
> Beilzeit, Schwertzeit,   zerschmetterte Schilde,
> Windzeit, Wolfszeit,   bis einstürzt die Welt –
> nicht *ein* Mann will   den anderen schonen.

(»Die Weissagung der Seherin«, Str. 45)

Loki bricht die Fesseln, der Wolf heult, die Midgardschlange peitscht die Wellen, von Osten kommen die
Muspellsleute, von Süden der Feuerriese Surtr, Odin fällt.
Das Schicksal der Götter, das *ragnarök*, ist besiegelt.
Schließlich verdunkelt sich die Sonne, die Erde versinkt
ins Meer. Aber sie wird, sich neu begrünend, wieder her-
aufkommen. Die Götter treffen einander erneut, sie werden wieder die goldenen Tafeln im Gras finden, wie einst
in Urzeiten, und:

> Munu ósánir   acrar vaxa,
> böls mun allz batna,   Baldr mun koma;
> búa þeir Höðr oc Baldr   Hroptz sigtóptir,
> vel, valtívar –   vitoð ér enn, eða hvat?
>
> (*Völuspá*, Str. 62)

> Unbesät werden   hochwachsen die Äcker,
> es heilt alles Unheil,   und Baldur kommt wieder;
> Hödur und Baldur   bewohnen Walhallas
> heilige Mauern –   wisst ihr noch mehr?
>
> (»Die Weissagung der Seherin«, Str. 62)

Es ist in diesem Gedicht nicht alles erklär- und versteh-
bar, doch betrifft dies Einzelheiten, nicht in allen Zügen
besteht Übereinstimmung mit anderen kosmologischen
Erzählungen, wie man sie beispielsweise in den Edda-Ge-
dichten *Vafþrúðnismál* oder *Grímnismál* vorfindet oder in
Snorris Edda, der dieses Gedicht und auch die beiden erwähnten für seine ausführliche und systematische Darstellung der altnordischen Kosmogonie häufig zitiert. Er
überliefert auch den Titel *Völuspá*, der im Codex Regius
fehlt. Doch soll die *Völuspá* hier nicht als Zeuge für die
Rekonstruktion der paganen Religion aufgerufen, sondern
als poetisches Denkmal betrachtet werden. Zum poetischen Verfahren der *Völuspá* gehört einmal der Umstand,

dass die sprunghafte und andeutende Erzählung beim Zuhörer eine eingehende Kenntnis der Mythologie voraussetzte und es sich hier um eine mytholgische, keine religiöse Dichtung handelt. Der Form nach gehört die *Völuspá* sicher zu der im Mittelalter bis hin zu Dantes *Göttlicher Komödie* äußerst beliebten Gattung der Visionsliteratur, zu der man viele Parallelen finden kann bis hin zur Vision des Jesaja (Kap. 65).

Neben den eindrücklichen Bildern steht weiterhin die allerdings nicht systematisch wiederkehrende Wiederholung einzelner Zeilen: Vier Strophen (6, 9, 23, 25) beginnen mit: *Þá gengo regin öll / á röcstóla, // ginnheilog goð, / oc um at gættuz* – »Da gingen all / die hochheiligen Götter // hin zum Herrscher- / sitz – ratschlagten«. Einige Strophen enden mit dem kehrreimähnlichen *Vitoð ér enn, eða hvat* – »wisst ihr noch mehr?« (Str. 27, 28, 33, 35, 41, 48, 62, 63), und in dem Abschnitt über den Weltuntergang wird die folgende ganze Strophe mehrfach (44, 49, 58) verwendet:

> Geyr nú Garmr miöc   fyr Gnipahelli,
> festr mun slitna,   enn freki renna;
> fiölð veit hon frœða,   fram sé ec lengra
> um ragna röc,   römm, sigtýva.

> Laut heult der Wolf   vor Gnipahellir;
> es reißt die Fessel,   es rennt der Wolf;
> weit ist mein Wissen,   weithin erkenn' ich
> der siegreichen Götter   schlimmes Geschick.

Schließlich bedient sich die *Völuspá* auch hie und da der Kenninge (die allerdings einfacher sind als die der Skaldendichtung), z. B. *tungls tjúgari* – »Der Räuber der Sonne« (Str. 40).

Viel (und letztendlich ohne ein einheitliches Ergebnis zu erlangen) hat man über Entstehungszeit und -ort diskutiert. Hielten manche das Gedicht für den reinen Ausdruck paganen Denkens, waren andere der Überzeugung, das Christentum habe seine Spuren hinterlassen, was u.a. durch den Hinweis auf Strophe 65 begründet wird: »Dann kommt der Herrscher / in seine Herrschaft, / der starke, von oben, / der alles beherrscht.« Dies würde auf eine Entstehung um oder nach 1000 verweisen. Vielleicht spielt ja auch die Weltuntergangsstimmung der Milleniumswende eine Rolle. Umstritten ist außerdem, ob das Gedicht in Norwegen, Island oder gar in Nordengland entstanden ist. Man ist sich ebenfalls nicht sicher, ob es so, wie es vorliegt, die angenommene ursprüngliche Form beibehalten hat. Dies hängt damit zusammen, dass es neben dem Codex Regius noch in einer anderen Handschrift des 14. Jahrhunderts, der Sammelhandschrift *Hauksbók*, (nicht ganz vollständig) überliefert ist, allerdings in einer anderen Strophenfolge als im Codex Regius. Und Snorri, der das Gedicht auszugsweise zitiert, hatte möglicherweise eine andere Vorlage als der Codex Regius. Sei's drum: Die *Vǫluspá* bleibt mit ihren eindringlichen Bildern eine der imposantesten poetischen Schöpfungen der Weltliteratur.

Als eine wüst und willkürlich zusammengesetzt erscheinende Ansammlung von 164 Strophen sind häufig die »Sprüche des Hohen« (*Hávamál*), d.h. Odins, das zweite Gedicht des Codex Regius, aufgefasst worden. Doch hat die jüngere Forschung sich bemüht zu zeigen, dass hier ein bewusst arbeitender Redaktor am Werk war, der sich von den im Mittelalter weit verbreiteten und beliebten Lehrbuch *Disticha Catonis* hat anregen lassen. Dieses wurde unter dem Titel *Hugsvinnsmál* auch ins Altisländische übersetzt, und die ordnende Hand dürfte überkommenes Material arrangiert haben. Die Strophen 1–80 enthalten (im Versmaß *ljóðaháttr*) Lebensregeln, wie man sich den Mitmenschen gegenüber verhalten soll: Man benötigt Verstand; man berausche sich nicht am Bier und kenne das Maß seines Magens; man rede nicht zu viel; seinem Freund sei man treu; man stehe früh auf, so man etwas zu besorgen hat; man halte Maß; man bescheide sich; man sei tapfer, denn das Alter gebe keinen Frieden ... Auch hier gelingen mitunter großartige Bilder:

> Hrørnar   þǫll sú er stendr þorpi á,
>   hlýra henni bǫrcr né barr;
>   svá er maðr,   sá er mangi ann,
>   hvat scal hann lengi lifa?
>
> (*Hávamál*, Str. 50)

> Abstirbt die Föhre,   die einsam im Feld steht;
>   sie schützen weder Nadeln noch Rinde;
>   so geht's dem Manne,   den niemand liebt –
>   was soll er lange noch leben?
>
> (»Spruchdichtung«, Str. 50)

Die meisten Strophen sind im Ton von Sprichwörtern gehalten und daher sehr einprägsam:

> Byrði betri   berrat maðr brauto at,
>   enn sé manvit mikit;
>   vegnest verra   vegra hann velli at,
>   enn sé ofdryccia ǫls.
>
> (*Hávamál*, Str. 11)

> Eine bessere Bürde   nimmt man nie mit
>   auf seinem Weg als Lebensklugheit;
>   doch einen schlechteren Proviant   nimmt man nie auf
>   die Wanderung mit
>   als einen Bierrausch.
>
> (»Spruchdichtung«, Str. 11)

Dieser Abschnitt gipfelt in den viel zitierten – schon der Skalde Eyvindr skáldaspillir bedient sich ihrer in seinen *Hákonarmál* – Strophen 76 und 77:

Deyr fé   deyia frœndr,
deyr siálfr it sama;
ec veit einn,   at aldri deyr:
dómr um dauðan hvern.

(*Hávamál*, Str. 77)

Es stirbt Besitz   Verwandte sterben,
du selber stirbst einst ebenso;
jedoch ich weiß,   was niemals stirbt:
das Urteil über die Toten.

(»Spruchdichtung«, Str. 77)

Die nächste Abteilung (Str. 81–110) schlägt das eroti-
sche Thema an. Den Frauen traue man nicht, ihr Herz ist
wandelbar, da auf der Töpferscheibe gedreht, aber auch
die Männer sind den Frauen gegenüber treulos: »Am
schönsten reden wir dann, wenn wir am falschesten denken, denn das verführt auch besonnene Frauen« (Str. 91),
»Schön soll reden / Geschenke bieten, / wer die Liebe der
Frau will – / loben den Leib / der strahlend Schönen; / der bekommt sie, der schmeichelt!« (Str. 92). Dieses
wird durch eine Erzählung (Str. 96–102) von Odin be-
leuchtet, der von dem von ihm begehrten Mädchen genas-
führt wird. Die folgende zweite Odinsgeschichte (Str.
103–110) berichtet, wie Odin seinerseits die »leidenschaft-
liche Liebe« des Mädchens Gunnlöd schamlos ausnutzt.
Dem folgt mit gewaltigem Einsatz (Str. 111) eine Aufzählung von Lehren und Anweisungen an einen sonst nicht
belegten Loddfáfnir, die sich in Ton, ethischer und morali-
scher Haltung nicht wesentlich vom ersten Teil abheben,
lediglich mit dem Unterschied, dass hier die Ermahnungen imperativische Form haben, die den Konjunktiv des
ersten Teiles ersetzt. Die Strophen 138–145 enthalten
schwer verständliche sakrale Poesie, die von Odin handelt,
der neun Nächte am »Windbaum« hing, mit dem Speer

durchbohrt, »dem Odin geopfert, ich selbst mir selbst«
(Str. 138). Durch dieses Opfer erlangt er die Runen, das
heißt wohl Kenntnisse und Weisheit, und die Gabe der
Dichtkunst. Diese Strophen bilden den Übergang zum
sog. *Ljóðatal*, 18 Zauberstrophen, deren Wortlaut nicht
mitgeteilt wird, wohl aber deren Wirkung.

Es mögen auch in den *Hávamál* ältere vorchristliche
Vorstellungen durchscheinen (viele der mit Odin zusam-
menhängenden Stücke bleiben jedoch dunkel und sind un-
serem Verständnis entzogen). Aber so, wie sie im Codex
Regius vorliegen, dürften sie ein Produkt des 12., viel-
leicht sogar des 13. Jahrhunderts sein, von altgermanischer
Weisheit, die eine frühere Forschung sehen wollte, keine
Spur.

Wissensvermittlung in Dialogform – das war die im
Mittelalter am fleißigsten geübte Art der Weitergabe von
Kenntnissen. Sie hat eine lange und ehrwürdige Tradition,
die über Boethius, Augustin und Ciceros Dialoge bis zu
Platos sokratischen Gesprächen zurückreicht. Was dem
lateinischen Mittelalter recht war, musste dem volkssprachlichen Norden billig sein, und daher findet man diese Form der Didaxe reichlich im Altisländischen: Königsspiegel, Elucidarius und Snorris Edda sind gute Beispiele
dafür. Auch in eddischer Dichtung gibt es Zeugnisse:
Die beiden Gedichte *Vafþrúðnismál* (»Das Wafthrudnir-
Lied«) und *Grímnismál* (»Das Grimnir-Lied«) überliefern
mythologischen Stoff. Das »Wafthrudnir-Lied« bringt
zum Auftakt ein kurzes Gespräch zwischen Odin und seiner Gemahlin Frigg, der er seinen Entschluss mitteilt, den
Riesen Wafthrudnir aufzusuchen, freilich, wie das bei
Odin üblich ist, unter einem falschen Namen, dieses Mal
als Gagnráðr. Der Riese und der Gast-Gott streiten unter
Einsatz ihres Kopfes, wer der Klügere ist, wer mehr weiß.
Dies gibt dem Verfasser Gelegenheit, mythologisches Wissen darzustellen, der eine fragt, der andere antwortet, und
nach einiger Zeit werden die Rollen getauscht. Es geht

dabei hauptsächlich um die Entstehung der Welt und ihren Untergang. Mit Odins letzter Frage »Was sagte Odin / dem Sohn ins Ohr / bevor der stieg auf den Holzstoß« (will sagen: bevor der getötete Baldr verbrannt wurde, Str. 54), entlarvt sich der heimtückische Gott. Der Riese kann die Antwort nicht wissen (»Kein Mensch weiß, / was du in alter Zeit / dem Sohn in das Ohr sprachst«, Str. 55) – er wird wohl seinen Kopf verlieren.

In einer anderen Situation wird Odin im »Grimnir-Lied« (*Grímnismál*) gezeigt. Dieses Gedicht wird durch Prosastücke gerahmt, wieder beginnend mit einem Gespräch zwischen Odin und Frigg. Dieses Mal will Odin den Riesen Geirröðr besuchen, verkleidet und unter dem Namen Grimnir. Doch der Riese, übrigens von Frigg schon gewarnt, bereitet dem Gast einen höchst unfreundlichen Empfang und platziert ihn zwischen zwei Feuern, wo es ihm recht heiß wird. Nun hebt er seine Rede an und stellt seine eingehenden mythologischen Kenntnisse aus, Kosmologisches und Kosmogonisches wird mitgeteilt, ausführlicher als in der *Völuspá*. Dazu werden viele Strophen aufgeführt mit Namen, z.B. von Flüssen (über ein Dutzend in Str. 27–29), Pferden, auf denen die Götter zum Richtplatz reiten (zehn Namen in Str. 30), und Walküren, die den Einheriern Met kredenzen (ein gutes Dutzend in Str. 36). Schließlich zählt Odin über 50 Namen auf, die ihm selber beigelegt sind (Str. 46–50, 54), und gibt sich endlich zu erkennen. Geirröd stolpert in sein eigenes Schwert. An längeren Namenreihen hat die altisländische Literatur Vergnügen gehabt, so enthält die *Völuspá* in Str. 10–16 gut fünf Dutzend Namen von Zwergen, und lange Namenreihen liegen in den sog. *Þulur* vor, die als eine Art von Synonymenlexikon verstanden werden können.

Die beiden Gedichte mögen älteres religiöses Gut transportieren, indes verweist die vorliegende Gestalt beide in das 12./13. Jahrhundert, als man aus antiquarischem Interesse den Stoff der Altvorderen formte und aufschrieb, um ihn vor dem Vergessen zu bewahren. Ein ähnliches Interesse findet man auch in Snorris Edda. Wir haben es hier mit einer Form des kulturellen Gedächtnisses zu tun und nicht mehr mit dem Ausdruck von Glaubenswirklichkeit.

Den Odinsgedichten lässt der Redaktor ein Lied, das »Skirnir-Lied« (*Skírnismál*), so in Handschrift A (der Codex Regius hat »Die Fahrt Skirnis«), folgen, das einen liebeskranken Gott zeigt: Freyr sieht von der Götterwohnung aus das schöne, weißarmige Mädchen Gerd im Riesenheim und wird sofort von heftiger Liebessehnsucht überfallen. Er schickt seinen Diener aus, gerüstet mit einem Pferd, um den Feuerwall zu überwinden, und mit einem Schwert, damit er um sie werbe. Elf goldene Äpfel und ein Ring, von dem in jeder neunten Nacht acht ebenso schwere Ringe abtropfen, vermögen nicht, sie zum Liebesspiel mit Freyr zu überreden. Auch eine Drohung mit dem Schwert bringt die Werbung nicht voran. Darauf greift Skirnir zum Mittel der Zauberandrohung, die er ausführlich in Strophe 26–36 vorbringt: Abseits von Menschen solle sie hausen, Trolle werden sie plagen, immer werde sie ohne Mann sein, die Götter werden sie verabscheuen, »Geißenharn« werde ihr Trank sein, wenn sie nicht … Diese Drohung macht Eindruck, Gerd verspricht ein Stelldichein in neun Nächten. Skirnir hat seinen Auftrag mit Erfolg ausgeführt, Freyr kann die Stunde kaum erwarten: »Eine Nacht ist lang, / und länger sind zwei, / wie überstehe ich ihrer drei« (Str. 42).

Es ist nicht die Vermählung von Himmel und Erde, die hier besungen wird, sondern wir haben es mit einem Lied von Liebessehnsucht zu tun. Freilich hat es einen etwas rauen Charme, wenn Skirnir vor Drohungen nicht zurückschreckt, um die Umworbene seinem Herrn gefügig zu machen. Dass der Anblick einer schönen Frau bei Männern Reaktionen hervorruft, ist nichts Ungewöhnliches, auch in der mittelalterlichen Literatur nicht. So genügt mitunter schon der Blick auf die Füße, wie wir es

von Kormákr in der nach ihm benannten Saga erzählt bekommen. Vergleicht man das Skirnir-Lied mit der höfischen Poesie des Kontinents, werden Unterschied und
Abstand deutlich: hier ein nach Regeln ablaufendes, nahezu zeremonielles Umwerben, dort ein von Gewaltandro-
hung nicht freies Fordern. Allein die Sehnsucht, die auch
am Ende des Gedichts nicht erfüllt wird, ist hie wie dort
dieselbe. Es ist die unerfüllte Liebe, von der im Norden
häufig erzählt wird, man braucht dabei nur an die sog.
Skaldensagas zu denken. Von ihnen wurde behauptet, sie
seien von der französischen Troubadourdichtung geprägt
oder wenigstens beeinflusst. Ob auch die *Skírnismál* einen
fernen Anklang erkennen lassen? Allerdings fehlen die Be-
standteile höfischer Liebe, als die Andreas Capellanus die
folgenden identifiziert: *curialitas* (höfisches Wesen), *urba-
nitas* (elegantes Benehmen) und *probitas morum* (Feinheit
der Sitten). Es geht hier entschieden rustikaler zu. Auch
Snorri erzählt diese Geschichte in Prosa in seiner Edda
(Kap. 37). Wenn er Freyrs Sehnsuchtsstrophe zitiert,
kommt es ihm doch auf etwas anderes an: Freyr hat sein
Schwert weggegeben, es wird ihm im Endkampf, im Ragnarök, fehlen. Das Gedicht ist kein Monument heidni-
scher Poesie, sondern gehört in das späte 12. / frühe
13. Jahrhundert.

Rau und rustikal, derb und drastisch geht es in den
nächsten Liedern zu. »Das Harbard-Lied« (*Hárbarðslióð*),
teils letztes Odin-, teils erstes Thor-Gedicht, stellt diese
beiden Götter einander gegenüber. Die Szenerie ist ein
Fjord, auf dessen einer Seite der wieder einmal sich unter
falschem Namen, Harbard, verhüllende Odin als Fähr-
mann steht, von dem der aus dem Ostland anlangende
Thor Überfahrt begehrt. Es kommt zu gegenseitigen Beschimpfungen und Verhöhnungen, und es entwickelt sich
ein sog. »Männervergleich«, ein in der altisländischen Li-
tertur häufiger vorkommendes Rededuell (z.B. *Örvar-*

Odds saga), das nach dem Muster »Ich tat dies! – was tatst du derweilen?« abläuft. Odin brüstet sich mit seinen sexuellen Abenteuern und Erfolgen, sogar bei sieben Schwestern und Nachthexen, Thor prahlt mit seinen Siegen gegen Riesen und Riesinnen im Osten. Thor wiederholt Beschimpfungen und Drohungen, doch Odin bleibt hart, er will keine »Räuber und Rossdiebe« übersetzen und fordert Thor auf, sich dorthin zu trollen, »wo die Trolle dich holen!« Nun muss er sehen, wie er nach Haus kommt.

Das Gedicht hat eine eigenartige Form, indem es die Versmaße *ljóðaháttr* und *fornyrðislag* nach keinem erkennbaren Muster mischt. Dazu kommen einzelne selbstständige Zeilen. Es ist nicht wahrscheinlich, dass diese besondere Form, in der die Unregelmäßigkeiten kennzeichnend sind, auf ein hohes Alter deutet. Möglicherweise ist es ein sehr junges Gebilde, denn so, wie es vorliegt, widersetzt es sich der Memorierung und daher der mündlichen Überlieferung. Darf man an eine schriftliche Konzipierung denken? Auch an eine szenische Darbietung? Wir wissen es nicht. Das Gedicht dürfte wohl an den Anfang des 13. Jahrhunderts gerückt werden.

Thor ist die zentrale Figur des nächsten Gedichts, des »Hymir-Lieds« (*Hymiskviða*), in dem der Kraftmeier mit einem anderen Kraftmeier zusammenstößt. Es ist ein origineller Rahmen geschaffen (Rahmenerzählungen finden sich auch an anderen Stellen der Edda und bei Snorri): Die Götter kommen von der Jagd, sind zechlustig, suchen nach einem Wirt und erwählen sich Ægir. Dieser hofft, sich der Aufgabe dadurch entziehen zu können, dass er Thor bittet, einen Kessel herbeizuschaffen, groß genug, um alles Bier zu brauen. Und damit beginnt Thors Abenteuer. Er bricht auf zu Hymir, dem ungestalten Riesen, dem bei der Heimkehr der Bart wie Eiszapfen um die Wangen klirrt. Zum Nachtmahl verspeist er allein zwei Ochsen. Als Köder für den Fischfang am nächsten Tag

reißt er einem Ochsen den Kopf ab. Während Hymir zwei
Wale am Haken hat, zerrt Thor die Midgardschlange an
Bord und drischt mit seinem Hammer auf sie ein, doch sie
versinkt ins Meer. Hymir besitzt einen gewaltigen Kessel,
den niemand zu bewegen vermag – außer natürlich Thor,
der ihn sich einfach über den Kopf stülpt und damit von
dannen geht. Die ihn verfolgenden Riesen erschlägt er mit
seinem Wunderhammer Mjölnir. »Der Kraftkerl kam /
zum Thing der Götter / und brachte den Kessel, den Hymir gehabt«, und die Götter können endlich zechen.

Eine amüsante Geschichte, die zeigt, wie man mit mythologischen Bausteinen umgehen kann. Snorri erzählt in
seiner Edda die Geschichte von Thor und der Midgardschlange ausführlich (Kap. 48), jedoch ohne die dem Gedicht eigene Rahmung, und von der Herbeischaffung eines großen Kessels für ein göttliches Zechgelage weiß er
nichts. Hier wird die gut bekannte Mythe von Thor und
der Midgardschlange spielerisch umgestaltet. Dass die
Mythe gut bekannt war, dafür legt nicht nur Snorri Zeugnis ab, denn es gibt viele Anspielungen bei den Skalden
(schon bei dem ältesten, Bragi), und bildlich ist sie auf
zwei Steinen dargestellt. Allerdings hat die die Erde um-
schlingende Schlange im Gedicht nur die Funktion, Gegenstand eines Kraftbeweises von Thor zu sein, während
sie sonst (*Völuspá*, Str. 50; *Gylfaginning*) eine Hauptrolle
beim Weltuntergang spielt: Thor tötet die Natter, erliegt
aber selbst ihrem Gift. Für die Bekanntheit der Mythe
spricht auch, dass im Gedicht für Thor die Kenning »der
Töter der Schlange« (Str. 22) verwendet wird. Man wird
außerdem die Kenntnis der Mythe auch deshalb voraus-
setzen müssen, weil die Handlung sehr sprunghaft und
raffend erzählt wird, wie dies überhaupt ein Stil eddischer
Poesie ist, und das macht den Unterschied zwischen Lied
und Epos aus. So wird beispielsweise keine Forderung
Thors nach dem Kessel laut, sondern in Strophe 32 sagt
Hymir, nachdem Thor verschiedene Kraftproben bestan-

den hat: »Welch ein Juwel / ging mir dahin, / da ich den Kessel / entschwinden sehe!«

Stilistisch zeigt das Hymir-Lied einige Besonderheiten. Da sind einmal die hyperbolischen Ausdrücke: Der Kessel ist »meilentief« (Str. 5), die Großmutter hat 900 Köpfe (Str. 8), Thor trägt das Boot voll schwappenden Wassers samt beiden Walen allein nach Hause (Str. 27), Thor verspeist zwei Ochsen. Zum anderen exzelliert das Gedicht durch ein Übermaß an Kenningen: mit etwa drei Dutzend überragt es in dieser Hinsicht alle anderen Gedichte der Edda. Die Kesselholung ist außerhalb dieses Gedichtes im Norden unbekannt, lediglich der »Erste Grammatische Traktat« (Mitte 12. Jahrhundert) verweist in einer kurzen Anspielung auf diese Geschichte. Man darf sie für eine hübsche Erfindung eines Dichters halten, der keinerlei mythologische Bedeutung zukommt, und das Gedicht ins 12. Jahrhundert setzen.

Die Szenerie für ein Gelage ist gesetzt. Die einleitende Prosa zu »Lokis Zankreden« (*Lokasenna*) stellt die Verbindung zum vorigen Gedicht her: »Ægir hatte den großen Kessel bekommen, wie eben berichtet worden ist.« Alle Götter sind da, allein Thor ist schon wieder auf Ostlandfahrt, er muss ja andauernd Riesen bekämpfen. Zum Gelage verschafft sich auch der schillernde Loki Zutritt und hebt zu einer Kaskade von Beschimpfungen und Verhöhnungen der Götter an: Die Göttinnen seien samt und sonders liebestoll und lasziv, schreckten sogar vor Inzest nicht zurück. Die Götter erinnert er an für sie peinliche Ereignisse von einst: Bragi (gleichlautend, vielleicht identisch mit dem ersten bekannten Skalden) ist feige, Odin gab oft dem falschen Mann den Sieg, Njörd wurde als Geisel ostwärts geschickt, wo ihn Hymirs Mädchen als Nachttopf gebrauchten und ihm ins Maul urinierten, Freyr gab sein Schwert um Gerds willen aus der Hand (wir wissen es aus dem Skirnir-Lied), es wird ihm dereinst fehlen. So geht die Rede munter fort, bis endlich doch

Thor auftritt. Als Loki auch ihn anblafft, droht Thor, ihm mit seinem Wunderhammer das Maul zu stopfen. Während die übrigen Götter und Göttinnen versuchen, sich gegen Lokis Anwürfe zu verteidigen und ihn zu beschwichtigen, was wiederum zu neuen Schmähungen führt, weiß Thor nur dumpf die immer gleiche Drohung hervorzustoßen: »Schweig, du weibischer Wicht! / Dir wird mein Hammer, / Mjöllnir, die Sprache verschlagen!« Das zeigt Wirkung: »Vor dir Einzigem / räum' ich das Feld, / denn ich weiß, dass du dreinschlägst« (Str. 64). Die abschließende Prosa erzählt davon, wie Loki gefesselt wird.

Nicht zu allen Ereignissen, auf die Loki anspielt, gibt es parallele Zeugnisse. Anderes ist dagegen gut belegt, z.B. in Snorris Edda. Hier hat ein Dichter bekannten Traditionsstoff mit freien Einfällen kombiniert, um ein dramatisch-episches Feuerwerk abzubrennen, das nicht der Wissensvermittlung, sondern der grobsinnlichen Belustigung dienen sollte. Die *Lokasenna* ist ein schönes Beispiel für die Vielfalt eddischer Dichtung, wo das Derb-Heitere seine Berechtigung hat genau wie das Feierlich-Pathetische der *Völuspá*. Es mag ja sein, dass die literarischen Gestaltungen von Göttergelagen, wie sie in der Antike von Menippos (dessen Werk man nur rekonstruieren kann), Seneca oder Lukian als den bekanntesten Beispielen der sog. »Gelageliteratur« geschaffen wurden, auch den Norden erreicht haben. Dann wird man als Entstehungszeit die zweite Hälfte des 12. Jahrhunderts annehmen. Freilich sollte auch nachdrücklich auf den Abstand zwischen antiker Parodie und Satire einerseits und der *Lokasenna* andererseits hingewiesen werden. Hatten jene bei aller Heiterkeit immer noch einen ernsten Hintergrund (übertriebene Religiosität, Philosophendünkel), so ist diese eine reine Burleske. Wenn überhaupt, so ist nur die Form des Göttergelages übernommen. Für eine Satire etwa auf den Philosophendünkel fehlten dem Norden die Voraussetzungen. Streitgespräche außerhalb der göttlichen Sphäre sind indes der altisländischen Literatur nicht fremd, sie finden sich in den Helgi-Liedern der Edda und in Sagas, und man bezeichnet sie in der Forschung nach Vorbild dieses Liedes gerne als *senna*. Unter Freunden sind derartige Wortgefechte nicht schädlich: *vörm er vina senna* (1336 – DN VIII,99,11).

Eine sprudelnde Burleske ist auch das nächste Gedicht, das »Thrym-Lied« (*Þrymskviða*). Man höre: Thors Wunderhammer Mjöllnir ist vom Riesen Thrym gestohlen! Der will ihn nur wieder hergeben, wenn er die schöne Freyja bekommt, die dieses Ansinnen empört ablehnt. Heimdall hat den rettenden Einfall, Thor als Freyja verkleidet zum Riesen zu schicken. So beschlossen, so getan. Die »Braut« isst und trinkt gewaltig, einen Ochsen, acht Lachse und drei Fass Met. »Wo sah man Bräute / schärfer beißen? / Nie sah ich Bräute / breiter beißen / noch mächtiger trinken / ein Mädchen Met« (Str. 25), wundert sich der dumme, lüsterne Riese. Um die bevorstehende, erhoffte Hochzeit zu weihen, lässt er den Hammer holen und legt ihn der Braut in den Schoß: »Es lachte dem Thor / das Herz in der Brust, / als der harte Haudegen / den Hammer erkannte.« (Str. 31) Thor greift zu und erschlägt den Riesen und seine gesamte Sippe.

Von dieser Erzählung ist außerhalb des Codex Regius nichts bekannt, und da Vergleichsmöglichkeiten fehlen, ist die zeitliche Einordnung schwierig. Man tendiert allgemein zur ersten Hälfte des 13. Jahrhunderts. Dieses Gedicht hat als einziges der Götterlieder später eine Zahl von Balladen im ganzen Norden generiert, was vielleicht damit zusammenhängt, dass das Gedicht selbst balladeske Züge trägt, z.B. sich wiederholende sprachliche Versatzstücke. Ein Mann in Frauenkleider, insbesondere ein Kraftprotz wie Thor, diese altisländische literarische Transvestiten-Show ist bis in neuere Zeit hinein beliebt geblieben.

Das folgende Lied, das »Wölund-Lied« (*Völundar-*

kviða), macht der Forschung, die an der Ordnung oder an deren Konstruktion interessiert ist, erhebliches Kopfzerbrechen. Bis einschließlich der *Þrymskviða* konnte man eine gewisse Systematik erkennen, von den Odins- zu den Thorsgedichten oder vom Feierlichen zum Komischen oder von Überblicksliedern über Wissensvermittlung zu einzelnen mythologischen Episoden. Doch nun das Wölund-Lied, es fügt sich keiner Ordnung ein, von keinem Gott ist die Rede, keine Mythe wird erzählt, es ist vielmehr ein dunkles, grausames Lied von Sehnsucht, Goldgier, Demütigung und furchtbarer Rache. Worum geht es? Der Schmied Wölund und seine beiden Brüder leben mit drei Schwanenjungfrauen zusammen. Nach sieben Jahren fliegen die Mädchen davon, zwei Brüder machen sich auf die Suche, Wölund bleibt allein zurück und wartet auf seine »lichte Liebste« (Str. 5). König Nidud, gierig nach Wölunds Schätzen, nimmt ihn gefangen, lässt ihm die Kniesehnen durchtrennen, um die Flucht zu verhindern, gibt seiner Tochter Bödwild die »rotgoldenen Ringe« von Wölunds Liebster und setzt ihn an einen Ort am Meer, wo Wölund ihm Kostbarkeiten schmieden soll. Doch die Rache ist schrecklich: Er tötet die neugierigen Königssöhne, aus ihren Schädeln fertigt er silbergefasste Trinkschalen, aus den Augen Edelsteine und aus den Zähnen einen Brustschmuck für Bödwild. Diese sucht ihn auf, um sich einen gebrochenen Ring wieder zusammenfügen zu lassen. Wölund macht sie trunken und schwängert sie. Heimlich hat er sich ein Fluggewand gebaut, mit dem er sich lachend in die Lüfte erhebt, und nun dem König den Vollzug der Rache berichtet.

Was den Redaktor bewogen haben mag, das Wölund-Lied unter die Götterlieder zu stellen, kommt vielleicht daher, dass Wölund dreimal als Albe bezeichnet wird. Dies gäbe die Verbindung zum abschließenden »Alwis-Lied« (*Alvíssmál*), in denen ebenfalls ein nicht-menschliches Wesen, ein Zwerg, eine Hauptrolle spielt. So hätte man dann eine Reihe von Odin über Thor hin zu den Alben. Nach dem Thema der Rache stellt sich das Lied zu den Heldenliedern, denn Rache ist kein Gegenstand der Götterlieder, Rache ist etwas zutiefst Menschliches. Ist das Wölund-Lied vielleicht ein Lied über die Überheblichkeit des Königs und seine Goldgier, die bestraft werden? In welchem Verhältnis steht dann der erste, eher idyllische Teil dazu? Es sind hier zwei Erzählungen zusammengefügt, die nicht so recht zusammenpassen wollen, von den Schwanenjungfrauen und von Wölunds Rache. Jedoch gibt es dafür, dass beide Erzählungen schon früh zusammengehörten, noch andernorts Hinweise. Das Runenkästchen von Auzon (7./8. Jahrhundert) und ein Bildstein von Gotland (9./10. Jahrhundert?) zeigen Szenen, die man mit dem Stoff des Wölund-Liedes zusammenbringen kann, das sagt aber noch nichts darüber aus, ob es damals schon das Gedicht gab. Stoffliche Parallelen finden sich auch auf dem Kontinent: Die *Þiðrekssaga*, die in Niederdeutschland umlaufende Stoffe wiedergibt, erzählt die Geschichte von Wölund, der hier Velent (oberdeutsch: Wieland) heißt, im Großen und Ganzen ähnlich wie das Wölund-Lied, allerdings ohne das Motiv der Schwanenjungfrauen. Die Frage nun: Wer hat von wem? Oder soll man unabhängige Formungen eines alten traditionellen Stoffes annehmen? Es spricht viel dafür, dass dem Norden der Stoff aus dem Süden zugekommen ist. Schmiedesagen sind überhaupt weit verbreitet, klassische Muster sind der finstere Schmied Hephaistos und der technisch begabte Daidalos. Die Datierung des Wölund-Liedes ist schwer. Die stoffliche Unausgewogenheit kann, muss nicht ein Zeichen hohen Alters sein; sie kann, muss aber nicht auf eine jüngere Zeit verweisen, indem hier zusammengebaut wurde, was ursprünglich selbstständig bestand; sie kann, muss aber nicht ein Zeichen weniger guten Dichtens sein. Es gibt einige Wörter, die vor dem 12. Jahrhundert nicht belegt zu sein scheinen. Mit aller

Vorsicht darf man dieses Lied vielleicht in das 12. Jahrhundert setzen.

Den Abschluss der Götterlieder bildet »Das Alwis-Lied« (*Alvíssmál*). Erneut wird Wissen in Dialogform vermittelt, erneut wird um die Wissensvermittlung ein Rahmen gezimmert. Der Zwerg Alwis (»der Allwissende«) begehrt Thors Tochter zur Braut und muss sich ihm gegenüber durch Kenntnisse als geeignet ausweisen. Thor, dem hier die ungewohnte Rolle eines »Intellektuellen« zukommt, hält ihn listig wie sonst nur Odin hin – die Sonne geht auf, der üblicherweise unter der Erde hausende Zwerg zerspringt. Dies ist der Rahmen, dessen Inhalt mit einem Frage-und-Antwort-Spiel von Thor und Alwis darüber gefüllt ist, wie die Götter, die Riesen, die Alben und die Zwerge die menschlichen Benennungen »Erde, Himmel, Mond, Sonne, Wolken, Wind, Windstille, Meer, Feuer, Wald, Nacht, Saat, Bier« noch umschreiben können. Der Zwerg nennt für jeden Begriff fünf Umschreibungen in Form der *heiti* (z. B. »Versenger« für »Feuer«, Str. 26) oder der *kenning* (z. B. »Halden-Tang« für »Wald«, Str. 28). Diese Synonymenketten erinnern an die Zwergenreihen der *Völuspá* oder an die Aufzählungen der *Grímnismál*. Im Unterschied zu den anderen »Wissensgedichten« der Edda, in denen mythologische Kenntnisse weitergereicht werden, haben wir es hier mit einem Verzeichnis zur poetischen Sprache zu tun. Es ist denkbar, dass sich die *Alvíssmál* zu den voraufgehenden erzählenden Liedern verhält wie in Snorris Edda die *Skáldskaparmál*, die die Sprache der Dichtung behandeln, zur *Gylfaginning*, die Mythologisches erzählt. Auffällig ist der Unterschied zu Snorris Zusammenstellung von Umschreibungen. Das eddische Gedicht verzichtet gänzlich auf mythologiehaltige Synonyme und verbleibt ganz im Diesseitigen. Das Gedicht zeigt keinerlei alte Spuren, sieht man davon ab, dass die pagane Götterwelt narrative Elemente bereithält. Es besteht wohl Einigkeit darüber, dass es dem 12./13. Jahrhundert angehört. Das »Alwis-Lied« ist ein schönes Zeugnis für das poetologische Bewusstsein der Isländer.

Mit einer deutlich größeren Initiale markiert der Codex Regius – der ganze Text ist fortlaufend geschrieben – einen neuen Abschnitt. Es folgen Gedichte, in denen Götter keine Rolle mehr spielen. Ganz diesseitige, fiktive Menschen beherrschen die Szenerie, ohne auch nur den geringsten religiösen Bezug. Was mag den Redaktor bewogen haben, diese unterschiedlichen Welten zusammenzubringen? Die Gedichte dieses zweiten, umfangreicheren Teils stehen in der Forschung und der Rezeption unter der Bezeichnung »Heldenlieder«, das Altisländische kennt diesen Terminus nicht. Sie erzählen von Tod und Trauer, von Mord und Rache, von Überheblichkeit und Untergang, von Liebe und Schmerz, von Tapferkeit und Wagemut, von Freundschaft und Verrat. Dabei werden verschiedene Erzählstrategien angewandt, wie episch-dramatische Lieder, reine Dialog-Lieder, Mischformen aus Prosa und geformter Dichtung, Monologe, teils breit berichtend, teils knapp von Szene zu Szene springend, im Ton mal elegisch, mal nüchtern, dann wieder von Pathos getragen. Als Versmaß wird überwiegend das *fornyrðislag* (manchmal auch der etwas freiere *málaháttr*) verwendet. Die Grundstimmung ist gedämpft, deprimierend, nur das tapfere Aufsichnehmen des Unvermeidlichen appelliert an den Zuhörer. In manchem stehen diese Lieder den Isländersagas zur Seite, die zu einem Teil ebenfalls dunkel gefärbt sind. Zusammenstellung und Aufzeichnung der Lieder wie der Saga fallen in die zweite Hälfte des 13. Jahrhunderts, eine Zeit, die in Island von innerer Unruhe und Konflikten geprägt ist. Beide Gattungen, deren Verfasser wir im Gegensatz zur Skaldendichtung und historiographischen Literatur nicht kennen, spiegeln das Bewusstsein der Zeit wider. In dieser Literatur wird ein Sinn konstruiert: Die Geschichte, wenigstens die eigene, ist tragisch.

Identitätsstiftung und Bewältigung gegenwärtiger Konflikte durch Aufrufen einer großen Vergangenheit können den Anlass zur Niederschrift gegeben haben. Freilich mag auch antiquarisches Interesse eine Rolle gespielt haben, sinnvoll das zusammenzustellen, was in Gefahr ist, verloren zu gehen. Was im Codex Regius auf einen Nenner gebracht ist, entstammt verschiedenen Zeiten, so viel steht fest, wenn wir uns auch mit der Datierung der einzelnen Gedichte schwer tun.

So wie bei den Götterliedern gibt es auch Heldenlieder (teilweise sehr hohen Alters), die außerhalb des Codex Regius überliefert sind. Wenn sie nicht in diese Sammlung gerieten, fehlte dem Redaktor vielleicht eine familiäre Anbindung. Sein Prinzip war, die Heldenlieder, die er auswählte, durch familiäre Bande miteinander zu verknüpfen, was man »Ansippung« nennt, und so der Sammlung einen roten Faden einzuziehen. Er will aus vorhandenem Material eine chronologisch erzählte Familiengeschichte berichten. Aber nicht nur durch den Kniff der Ansippung zeigt sich der Sammler, er zeigt sich auch darin, dass er einen großen Bogen spannt. Am Anfang steht ein Lied über den strahlenden, siegreichen Helden Helgi (*Helgakviða* I), am Ende die absolute, im Untergang der letzten Familienmitglieder endende Katastrophe (*Hamðismál*), darin wird das pessimistische Weltbild deutlich.

Heldenlieder erzählen Heldensagen, doch ist das Verhältnis der beiden unterschiedlich bewertet worden. Es mag Heldensage außerhalb der Dichtung gegeben haben (wovon wir nur wenig wissen), doch wird sie fast ausschließlich in geformter Sprache tradiert. Es gibt sie nicht nur im Norden, sie ist eine überall anzutreffende Gattung, mag sie in einzelnen Liedern oder in langen Epen gelebt haben. Das *Gilgamesch-Epos*, die *Ilias* und die *Odyssee* gehören dazu wie das *Kalevala*, das *Hildebrandslied*, der *Beowulf* oder das *Nibelungenlied*. Die Helden verkörpern Werte einer bestimmten sozialen Gruppe und waren in einer noch schriftlosen Kultur eine Form der Existenzdeutung und Sinnkonstruktion. Sie scheinen ausnahmslos an bestimmte geschichtliche Ereignisse geknüpft zu sein, die im Laufe der Überlieferung verblassten: Dem dreifachen Auftakt der Helgi-Lieder folgen solche, die ihren Stoff vom Kontinent beziehen, wie er auch im *Nibelungenlied* gestaltet ist. Und so geht, nach nordischen Quellen, die Geschichte: Der junge Sigurd, der im Deutschen Siegfried heißt, besiegt den Drachen, dem er den Schatz abnimmt. Er brät sich das Herz des Drachens, verbrennt sich dabei den Daumen, den er sofort in den Mund steckt – und erfährt von den Vögeln im Baum deren Weissagung. Danach erweckt er die Walküre Sigrdrifa. Er wirbt um Brynhild, die getäuscht wird, denn sie glaubt, sie sei von Gunnar (deutsch: Gunther) besiegt. Es kommt zum Streit zwischen den Frauen Brynhild und Sigurds Gemahlin Gudrun (deutsch: Kriemhilt). Brynhild stiftet ihre Brüder Gunnar, Guthorm und Högni (deutsch: Hagen) an, ihren Blutsbruder Sigurd zu töten. Nach seiner Ermordung tötet sich Brynhild und will mit Sigurd verbrannt werden. Ihr Bruder Atli (deutsch: Etzel) wird Gudruns zweiter Mann, der die Schwäger Gunnar und Högni in hinterhältiger Absicht einlädt, um von ihnen den Schatz zu verlangen. Da ihm dieser verweigert wird, tötet er die Brüder. Gudrun nimmt grausame Rache an ihm, indem sie die gemeinsamen Kinder schlachtet, sie ihm zum Mahl vorsetzt und ihn schließlich umbringt. Gudrun heiratet erneut (»Ansippung«), und ihre gemeinsamen Söhne mit Jonakr, Hamdir und Sörli, sollen Svanhild, Gudruns Tochter mit Sigurd, an deren Mann Jörmunrekk rächen. Dabei kommen sie um, und nachdem Gudrun aus dem Leben geschieden ist, ist die gesamte Familie ausgelöscht.

Zur historischen Anknüpfung dieses Stoffes sei gesagt, dass er in die Völkerwanderungszeit zurückreicht. Aus dem Schutt der Geschichte sind noch deutlich erkennbar Atli, der historische Hunnenkönig Attila, der den Untergang der Burgunden herbeiführte und von einer germanischen Frau in der Brautnacht umgebracht wird, sowie Jörmunrekkr, der Ostgotenkönig Ermanarich. In der historischen Wirklichkeit haben sie in einem Abstand von hundert Jahren gelebt, in der Sagenüberlieferung werden sie zu Zeitgenossen. Für den Sigurd-Kreis hat man mehrfach auf Ereignisse und Zustände im Merowingerreich verwiesen. Dem Zuhörer um 1270 sind die Ereignisse vor 700–800 Jahren natürlich nicht mehr gegenwärtig, aus früherer Geschichtsdichtung und -deutung ist im Laufe der Enthistorisierung des Stoffes poetische Existenzdeutung geworden. Dass der Stoff im Norden schon vor der Aufzeichnung bekannt war, zeigt sich an bildlichen Darstellungen, wie dem schwedischen Ramsund-Stein oder den Schnitzereien an einigen norwegischen Stabkirchenportalen. Die Annahme ist berechtigt, dass die vorliegenden Lieder ein unterschiedlich hohes Alter haben, aber für die Datierung gibt es letztlich doch nur wenige Anhaltspunkte, und die angenommenen Vorstufen dieser Lieder bleiben im Dunkeln. Es gibt schon bei den ältesten Skalden Anspielungen auf diesen Stoff, aber dies lässt noch keine Rückschlüsse darauf zu, ob die Kenntnis der Sage oder ein bereits existierendes Gedicht diese Anspielung verursacht haben. Als Entstehungszeit bieten sich die vier Jahrhunderte von etwa 850 (als die Ausgliederung der nordischen Sprachen beendet ist) bis etwa 1270 an. Sigurd ist der überragende Held des Nordens (was auch an den vielen Volksballaden des späten Mittelalters deutlich wird), im Gegensatz zum Deutschen, bei denen Dietrich von Bern, der historische Ostgote Theoderich der Große, vorherrscht. Man darf sich weder vom mittelhochdeutschen *Nibelungenlied* noch von der altnorwegischen *Þiðrekssaga* täuschen lassen.

Drei Lieder von einem Helgi stehen am Anfang des Heldenliederteils. Dieser Stoffkreis ist sicher ein originär nordischer, und mehrere Ortsnamen scheinen nach Dänemark zu weisen. Helgis Vater ist Sigmund, damit ist er zu Sigurds Halbbruder geworden. Ein einheitliches Gepräge haben diese drei Lieder indes keineswegs. Das »Erste Lied von Helgi Hundingstöter« (*Helgakviða Hundingsbana en fyrri*) sticht durch seinen Stil von den beiden anderen besonders ab, denn stärker als alle anderen Gedichte der Edda verwendet es Kenninge, nahezu drei Dutzend zieren die 56 Strophen. Es ist als einziges aller Heldenlieder nicht düster gestimmt, und das ist vielleicht der Grund für seine Stellung am Anfang dieser Abteilung. »Urzeit war es, / als Adler schrien, / heilige Wasser strömten / von den Himmelsbergen«, als Helgi geboren wurde, die Nornen kamen und knüpften ihm sein Schicksal. Der rasch erwachsene Held zieht gegen Hunding, den er samt seiner Söhne tötet. Ihm begegnet die Walküre Sigrun, die ihn um Hilfe gegen Höddbrodd bittet, dem ihr Vater sie versprochen hat. Vor dem Kampf noch schnell eine gegenseitige Beschimpfung der Gegner (das gab's auch in den Götterliedern und kommt nochmals), der Sieg fällt natürlich Helgi zu wie auch die Walküre Sigrun.

Die nächsten beiden Helgi-Lieder wirken dagegen chaotisch, sie sind ästhetisch nicht befriedigend. Sie wirken fast wie eine Vorstudie zu einer Fornaldarsaga, Poesie und Gedichtfetzen scheinen unsystematisch gemischt wie auch die Versmaße. Motivlich ist hier viel zusammengeschüttet, und erzählerisch ist keine Einheitlichkeit zu erkennen, wenngleich es hie und da durchaus eindrucksvolle Szenen gibt. Das »Lied von Helgi Hjörwardssohn« (*Helgakviða Hjörvarðssonar*) erzählt, dass König Hjörward sich die schöne Sigrlinn raubt, mit der er den Sohn Helgi zeugt. Der zieht, ausgerüstet mit dem Schwert der Walküre Swawa, zu Heldentaten aus. Er und sein Gefolgsmann treffen auf die Riesin Hrimgerd, mit der sie prachtvolle Beschimpfungen und Beleidigungen austauschen und die sie so lange hinhalten, bis der Tag kommt und sie versteinert (wie schon im »Alwis-Lied«). Helgi und Swawa versprechen sich einander, aber Helgis Bruder Hedin gelobt im Übermut (und beim Biertrunk), Swawa für sich zu gewinnen, bereut dies sofort und sucht den Bruder auf. Helgi verzeiht, in Vorahnung seines Todes, dem Bruder. In einem Zweikampf wird er tödlich verwundet und bittet noch Swawa, dem Bruder Bett und Liebe zu schenken.

Das »Zweite Lied von Helgi Hundingstöter« (*Helgakviða Hundingsbana en önnur*) ist ebenfalls aus Prosa und Gedicht gemischt. Hier bittet die Walküre Sigrun Helgi, der nach dem Hjörwardssohn benannt ist, um Hilfe gegen den ungeliebten Hödbrodd, dem sie versprochen ist. Helgi tötet ihn und zugleich auch seinen Vater und ihre Brüder, mit einer Ausnahme. Dieser Bruder Dag schwört Helgi einen Treueeid, doch obliegt ihm die Pflicht zur Rache, und mit einem Speer Odins tötet er seinen Schwager. Als der tote Helgi des Nachts zu seinem Grabhügel reitet, sucht Sigrun ihn dort auf: »Zuerst will ich küssen /den toten König, / bevor du die blutige / Brünne abwirfst. / Dein Haar ist, Helgi, / mit Reif bedeckt, / ganz ist der Fürst / mit Leichentau benässt« (Str. 44). Sie bereitet ein Bett und verbringt mit ihm die Nacht. Doch der Morgen kommt, Helgi muss ins Reich der Toten zurück – er wird nicht wiederkommen.

Hier sind möglicherweise verschiedene Lieder in Fragmenten zusammengekommen, aber wie diese ausgesehen haben, wissen wir nicht. Durch die Prosa werden die letzten beiden Lieder miteinander verbunden. Das »Lied von Helgi Hjörwardssohn« endet mit dem Prosasatz: »Von Helgi und Swawa sagt man, sie wären wiedergeboren«, im »Zweiten Lied von Helgi Hundingstöter« heißt es von Sigrun, »sie war die wiedergeborene Swawa«, und dieses Lied endet mit der altklugen Bemerkung: »Es war der Glaube in der alten Zeit, dass man wiedergeboren würde, aber das wird jetzt alter Weiber Aberglaube genannt«, und schließt: »Von Helgi und Sigrun erzählt man, dass sie wiedergeborén wurden. Er hieß dann Helgi Haddingeheld und sie Kara, Halfdans Tochter, so wie es in *Lied der Kara* erzählt wird.« Dieses Lied ist nicht überliefert, es bildet aber den Stoff der spätisländischen Rimur *Griplur*.

Das kleine Prosastück »Von Sinfjötlis Tod« (*Frá dauða Sinfjötla*) verbindet den Helgi-Zyklus mit dem Sigurd-Kreis. Sinfjötli, wie Helgi ein Halbbruder von Sigurd, erschlug den Bruder seiner Stiefmutter und wurde von dieser vergiftet. Sein Vater Sigmund heiratete später Hjördis, die Mutter Sigurds, »von allen der Beste, und in alten Sagen nennt man ihn vor allen Männern und den Herrlichsten der Heerkönige«. Dass sich hinter diesen prosaischen Angaben ein ursprüngliches Lied verbirgt, ist denkbar, aber nicht nachweisbar. Vielleicht sind diese und ähnliche Prosastücke ein Zeichen für ungeformte Sagenüberlieferung.

Der junge Sigurd macht sich zum Bruder der Mutter auf, und in dem Gedicht »Gripirs Weissagung« (*Grípisspá*) berichtet ihm sein Onkel Gripir, der die Zukunft kennt, im Dialog von Frage und Antwort das Kommende bis zu Sigurds Tod. Sigurd wird »der berühmteste Mann / unter der Sonne sein« (Str. 7). »Gripirs Weissagung« ist ein Überblicksgedicht, eine Art poetischer Waschzettel, der das Was und nicht das Wie mitteilt, auf das es ankommt. Der Verfasser kannte beide Sagenkreise von Helgi und Sigurd, sein Gedicht gehört in das 13. Jahrhundert, vielleicht ist er ja mit dem Redaktor identisch.

In der einleitenden Prosa von »Das Regin-Lied« (*Reginsmál*) erzählt der zwergenhafte Schmied Regin, bei dem Sigurd Aufenthalt genommen hat, von dem Goldschatz, den die Götter Odin, Hoenir und Loki für einen mutwillig begangenen Mord als Buße bezahlt haben. Dieses Gold hatten sie dem Zwerg Andwari geraubt, der ihn mit einem Fluch belegt: »Er wird zwei Brüdern / den Tod bringen [...]. Mein Schatz wird / niemand nützen« (Str. 5). Regins Bruder Fafnir, der sich in einen Drachen verwandelt hat, nimmt den Schatz an sich und verwehrt dem Bruder den Anteil. Als erste seiner Jugendtaten vollzieht Sigurd (wie übrigens auch Helgi) die Vaterrache. Nahtlos schließt sich mit einigen Prosasätzen das nächste Gedicht (nur in späten Handschriften ist es vom vorigen und vom nächsten abgesetzt), das »Fafnir-Lied« (*Fáfnismál*), an. Regin fordert Sigurd auf, Fafnir zu töten – Sigurds zweite Jugendtat. Der Fluch Andwaris hat sich teilweise erfüllt. Die Warnung der Meisen im Baum macht Sigurd deutlich, dass Regin den Schatz für sich selber beansprucht, was zu seinem Untergang durch Sigurd führt. Der Fluch erfüllt sich ganz – Jung-Sigurds dritte Tat. Die Vögel weisen ihm den Weg zum Hindarfjall, einem von Feuer umlohten Berg, auf dem die »allerschönste Jungfrau schläft«. Mit dem Schatz beladen bricht Sigurd zu seiner vierten Jugendtat auf.

Er gelangt zum Hindarfjall und findet dort, wie das vom vorigen nicht abgesetzte nächste Gedicht, »Das Sigrdrifa-Lied« (*Sigrdrífomál*), berichtet, die in eng geschnürter Brünne schlafende Sigrdrifa. Nicht wie weiland der Prinz Dornröschen durch einen Kuss weckte, sondern, indem er mit seinem Schwert die Rüstung aufschneidet, erweckt Sigurd – seine vierte Jugendtat – die ruhende Walküre. Sigrdrifa hatte sich einem Gebot Odins widersetzt, wofür er sie mit einem Schlafdorn stach. Sie lehrt den jungen Mann manche Runenweisheit und erteilt ihm kluge Ratschläge: Er hüte sich vor Eidbruch, entgehe unsinnigem Streit, lasse sich nicht verleiten, »Frauen zu küssen«, betrinke sich nicht (»manchem raubt der Wein den Verstand«), meide den Ehebruch, nehme sich vor falschen Eiden in Acht, bestatte die Toten ehrenvoll.

Diese Lieder sind ästhetisch eher unbefriedigend, scharf geschnittene Szenen selten, und gerade diese machen ja das eigentlich poetische Verfahren der Heldendichtung aus. Mitten in der Unterweisung bricht das Lied ab, dem Codex Regius fehlen an dieser Stelle acht Blätter. Doch lässt sich die Lakune wenigstens inhaltlich füllen. Als die Handschrift noch vollständig war, diente sie als Vorlage einer Prosaauflösung. Gegen Ende des 13. Jahrhunderts erzählt die *Völsunga saga* (»Die Geschichte von den Völsungen«) die ganze Geschichte von Helgi an bis hin zu Hamdirs und Sörlis Ende neu, wobei sie sich an die Vorgabe des Codex Regius hält. Daher lassen sich anhand der Kapitel 22–32 der *Völsunga saga* die »Lieder der Lücke« rekonstruieren. Berechnungen machen wahrscheinlich, dass etwa 280 Strophen in der Lücke gestanden haben: Sigurd und Brynhild schwören einander die Treue. Während Brynhild ihre Wohnstätte mit einem Flammenwall umgibt und nur den zum Mann haben will, der die Lohe überwinden kann, reitet Sigurd an den Hof von Gjuki, wo ihm ein Vergessenheitstrank eingeflößt wird und er Gjukis Tochter Gudrun heiratet. Deren Bruder Gunnar will um Brynhild freien, doch nur Sigurd gelingt es, den Feuerwall zu überwinden. Er hat mit Gunnar die Gestalt getauscht und erreicht Brynhilds Zusage, worauf er drei Nächte mit ihr verbringt, doch legt er sein Schwert zwischen sich und sie. Wiederum tauschen die beiden Schwäger die Gestalt, und Gunnar heiratet Brynhild. Bei einem Streit zwischen Gudrun und Brynhild wird offenbar, dass Brynhild von Sigurd hintergangen worden ist. Sie will sich rächen und macht Gunnar weis, dass Sigurd seinen Eid gebrochen habe, da sie nun nicht mit zwei Männern zusammenleben wolle, müsse Sigurd sterben. Es sind manche Szenen vorstellbar, die sicher eine großartige Gestaltung erfahren haben.

Hier setzt der Codex Regius wieder ein. Nach der Lakune sind wir mitten im in den Ausgaben sog. »Fragment eines Sigurd-Liedes« (*Brot af Sigurðarkviða*). Sigurd wird getötet, und Gudrun wartet vergeblich auf ihn. »Wir haben Sigurd / mit dem Schwert erschlagen, / den Kopf hängt nun das graue Pferd / über den toten König« (Str. 7), bringt ihr Högni als Nachricht. Und Brynhild trium-

phiert ein zweites Mal, nun hält sie Gunnar den Bruch des
Eides vor, den er und Sigurd einander geschworen hatten,
prophezeit ihm den schrecklichen Untergang seines ganzen Geschlechts und klärt ihn über ihre Hinterlist auf.
Gegen Ende des Gedichts macht sich ein elegischer Ton
bemerkbar, der die nächsten sechs Lieder bestimmt. Es ist,
als ob der Redaktor hier eine Atempause einlegt, bevor er
zum nächsten Gipfel, dem »Atli-Lied«, kommt. Im Zentrum stehen nun die Frauen Gudrun und Brynhild. Im
»Ersten Gudrun-Lied« (*Guðrúnarkviða in fyrsta*) sehen
wir Gudrun wie versteinert an Sigurds Leiche sitzen, kein
Trost kann sie erreichen. Erst als ihre Schwester Gullrönd
das Tuch von Sigurds blutigem Körper zieht, kommen ihr
die erlösenden Tränen, und sie kann Schmerz und Trauer
äußern. Dem Bruder Gunnar sagt sie voraus, dass er Sigurds Gold nicht wird nutzen können, »diese Ringe werden dir / den Tod bringen« (Str. 21) – der Fluch wird sich
erfüllen. Auch Brynhild ist über Sigurds Tod aufgerührt
und wird freiwillig aus dem Leben scheiden, »wie es im
Kurzen Sigurd-Lied heißt« (so die Prosa am Ende des Gedichts). Dieses ist ein wohl erst im 13. Jahrhundert ent-
standenes Überblicksgedicht, in dessen Zentrum Brynhild
steht. Es wird nochmals die Geschichte vom Mord an Sigurd erzählt, und die zum Sterben bereite Brynhild sieht
die künftigen Ereignisse bis zum völligen Erlöschen von
Sigurds und Gunnars Familien voraus. Dann wird sie gemeinsam mit Sigurd verbrannt. Aus dem 13. Jahrhundert
stammt wohl auch »Brynhilds Helfahrt« (*Helreið Brynhildar*), das Brynhild auf dem Weg ins Totenreich zeigt.
Sie gibt einen Rückblick auf ihr Leben und versucht sich
zu rechtfertigen.

Von einem anderen Gesichtspunkt aus erzählt das auch
zu den Elegien gerechnete »Zweite Gudrun-Lied« (*Guðrúnarkviða önnur*). Hier ist Gudrun die Hauptfigur, die
auf ihr Leben und Sigurds Ermordung zurückblickt, auf
ihren Aufenthalt in Dänemark, auf den ihr von der Mutter

Grimhild gereichten Vergessenheitstrank und ihre Verheiratung mit Atli, Brynhilds Bruder. Der sieht in einem
Traum sein eigenes Ende und das seiner Söhne (so wie es
später im »Atli-Lied« berichtet wird). Zwei kleinere Elegien schließen sich an: Im »Dritten Gudrun-Lied« (*Guðrúnarkviða in þriðia*) rechtfertigt sich Gudrun durch ein
Gottesurteil vom Vorwurf des Ehebruchs; in »Oddruns
Klage« (*Oddrúnargrátr*) berichtet Oddrun, eine sonst
nicht bekannte Schwester Brynhilds und Atlis, rückblickend von ihrer unerfüllten Liebe zu Gunnar und davon,
dass sie ihn nicht aus der Schlangengrube retten konnte.
Man hat viel und heftig über diese sog. »heroischen Elegien« diskutiert, insbesondere danach gefragt, ob es sich
dabei überhaupt um eine eigene Gattung handelt, und
weiterhin, ob man es hier mit einer Fortsetzung einer altgermanischen Dichtungsform oder mit einer »isländischen
Spätblüte« zu tun habe, die vielleicht sogar von christlicher Marienklage beeinflusst sei. Wenn diese elegischen
Rückblicksgedichte Frauen zugewiesen werden, darf man
nicht übersehen, dass es, außerhalb der Edda, solche Lieder gibt, in denen Männer ihrer Klage Ausdruck geben,
wie etwa in »Hildebrands Sterbelied« (aus der *Ásmundar
saga kappabana*), in »Hjalmars Sterbelied« und in »Örvar-
Odds Sterbelied« (beide aus der *Örvar-Odds saga*). Übrigens hatte schon Prokop im 6. Jahrhundert berichtet, dass
germanische Männer ihren Schmerz in Klageliedern ausdrückten. Poetischen Ausdruck von Trauer und Schmerz
gibt es auch neben der eddischen Dichtung, denkt man
etwa an Egil Skallagrimssons großes Gedicht über den
Verlust seines Sohnes oder an diese oder jene Strophe eines Skalden, der den Tod seines Herrn betrauert. Dem
steht wiederum gegenüber, dass die meisten skaldischen
Preisgedichte auf gestorbene Fürsten keine Klagen enthalten, sondern nur der Rühmung dienen.

Zum Bedeutendsten und Eindrücklichsten, was die altnordische Dichtung hervorgebracht hat, gehört das »Atli-

Lied« (*Atlakviða*). Die einleitende Prosa deutet an, worum es gehen wird: »Gudrun, Gjukis Tochter, rächte ihre Brüder, so wie es berühmt wurde. Sie erschlug zuerst die Söhne Atlis und dann tötete sie Atli und verbrannte seine Halle und die ganze Gefolgschaft. Darüber ist dieses Lied gedichtet«. Atli lädt die Brüder seiner Frau Gudrun zu sich ein: »Schilde könnt ihr dort wählen / und glatte Eschenspeere, / vergoldete Helme / und eine Menge an Hunnen, / silberngoldene Satteldecken, / kostbare Brünnen, / Spieße, Speere, / gezäumte Pferde« (Str. 4). Gudrun kennt Atlis hinterhältigen Plan und lässt den Brüdern zur Warnung einen mit Wolfshaar umwundenen Ring zukommen. Gunnar schlägt jedoch diese und andere Warnungen in den Wind und bricht auf. Er und Högni werden bei der Ankunft im Hunnenhof sofort gefesselt, und es schließt sich die großartige, vor krassen Bildern nicht zurückschreckende Hort-Erfragungsszene an: Gunnar will die Antwort nach dem Verbleib des Schatzes erst dann beantworten, wenn ihm das Herz seines Bruders auf der Hand liegt. Man versucht, ihn zu täuschen, und schneidet dem Knecht Hjalli das Herz heraus. Doch Gunnar erkennt den Betrug: »Hier hab ich das Herz / Hjallis des Feigen, / ungleich dem Herzen / Högnis des Kühnen, / es zittert sehr, / da's auf der Schüssel liegt; / zitterte doppelt so viel, / als es in der Brust lag« (Str. 23). Högni lachte, als man ihm das Herz herausschnitt, und Gunnar erkennt es sogleich: »Hier hab ich das Herz / Högnis des Kühnen, / ungleich dem Herzen / Hjallis des Feigen, / es zittert wenig, / da's auf der Schüssel liegt; / zitterte noch weniger, / als es in der Brust lag« (Str. 25). Nun weiß er allein, dass der Schatz im Rhein verborgen ist, und wo, das wird er Atli nicht verraten: »Im rauschenden Wasser / glänzen die welschen Ringe eher, / als das Gold an der Hunnensöhne / Händen scheine« (Str. 27). Gunnar wird in die Schlangengrube geworfen. Der Fluch hat auch ihn und seinen Bruder eingeholt. Gudrun bewirtet den vom Mord heimkehrenden Gemahl mit Speis und Trank und verkündet ihm erst nach der Mahlzeit, dass er »die Herzen deiner Söhne voll Leichenblut / mit Honig gekaut« (Str. 36) hat. Lärm entsteht, die Hunnen weinen, »außer Gudrun allein, / die nicht ihre bärenkühnen Brüder / beweinte / noch die lieblichen Söhne, / die jungen, unerfahrnen, / die sie mit Atli zeugte« (Str. 38). Den besinnungslos berauschten Atli ersticht sie in seinem Bett und setzt die ganze Halle in Brand. »Darüber ist zu Ende gesprochen. / Keine Frau fährt seitdem / in die Brünne, / die Brüder zu rächen; / sie hat drei / Volkskönigen / den Tod gebracht, / die Glänzende, / eh sie starb« (Str. 43). Der Fluch hat nun auch den nach dem Schatz Gierenden erreicht. Knapp ausgeführte Szenen, die fast unvermittelt aneinander gereiht werden, schmückende Adjektive, konkrete Bilder und gewaltiges Pathos sind die Mittel, mit denen das Gedicht seine Wirkung erzielt. Es wird allgemein der ältesten Schicht der Edda-Lieder zugerechnet (9. Jahrhundert?).

Dieselbe Geschichte wird gleich noch einmal erzählt, die Handlung im großen Ganzen ähnlich wie im vorigen Lied wiedergebend, aber mit gravierenden Unterschieden in der Darstellung. Das »Grönländische Atli-Lied« (*Atlamál en grœnlenzku*) – vielleicht tatsächlich auf Grönland gedichtet – ist mehr als doppelt so lang wie das »Atli-Lied«. Die Szenerie ist auf bäuerliches Milieu zurückgeschnitten, das große Pathos ist durch Geschwätzigkeit gemildert. Es malt Szenen genauer aus, ja, es sieht so aus, als ob der Norden hier auf dem Weg zu einem Epos wäre, wie es etwa im Mittelhochdeutschen oder Altfranzösischen an der Tagesordnung ist, doch es ist nicht dazu gekommen: Episch-erzählende Dichtung hatte sich der Norden ja schon in den Sagas geschaffen.

Gudrun will sich nach ihrer Rache das Leben nehmen, wie wir aus der nachfolgenden Prosa erfahren. Doch ihr Schicksal hat sich noch nicht erfüllt. Sie gelangt zu Jonakr,

mit dem sie die drei Söhne Hamdir, Sörli und Erp hat. Am
Hof wächst auch Swanhild auf, ihre Tochter mit Sigurd.
Sie wird mit König Jörmunrekk verheiratet, der sie von
Pferden zertrampeln lässt, da er sie fälschlicherweise des
Ehebruchs mit seinem Sohn bezichtigt. Hier setzt das Gedicht »Gudruns Anstiftung« (*Guðrúnarhvöt*) ein. Es ist
einerseits eine Aufreizung der Söhne, die Halbschwester
zu rächen, andererseits ein elegischer Rückblick auf ihr
Leben und bildet den Auftakt zu dem gewaltigen »Alten
Hamdir-Lied« (*Hamðismál*). Gudrun ist »einsam geworden / wie eine Espe im Wald, / beraubt der Verwandten / wie eine Föhre der Zweige, / beraubt der Freude / wie ein Baum des Laubs, / wenn der Zweigschädliche
[Feuer?, Sturm?] / am warmen Tag kommt« (Str. 5). Von
ihr aufgereizt ziehen ihre Söhne gegen Jörmunrekk, auf
dem Weg erschlagen sie den Bruder Erp. Beim Kampf gegen den König schlagen sie ihm Arme und Füße ab und
werfen sie ins Feuer. Hätten sie jetzt ihren Bruder Erp zur
Stelle gehabt, hätte er dem König den Kopf abschlagen
können. Da sie gegen Eisen gefeit sind, befiehlt Jörmunrekk, sie zu steinigen. »Gut haben wir gekämpft, / stehn
auf gefallnen Goten, / auf Schwertmüden, / wie Adler auf
Zweigen. / Großen Ruhm gewannen wir, / sterben wir
auch jetzt oder morgen, / den Abend erlebt ein Mann
nicht / nach dem Spruch der Nornen« (30). »Dort fiel
Sörli / an der Wand des Saales, / und Hamdir sank nieder / am Hausende« (Str. 31). Der Lauf der Erzählung
vom strahlenden, siegreichen Helgi bis zum endgültigen
Untergang ist an sein Ende gekommen. Parallelen zum oft
tragischen Verlauf der Isländersaga bieten sich an.

Nach dem Prinzip der Ansippung – Gudrun ist Jonakrs
Frau – ist es gelungen, diesen Sagenkreis, der ja mit dem
Sigurd-Atli-Kreis nichts zu tun hat, anzugliedern. Für die
Kenntnis der Stoffe gibt es in der altnordischen Literatur
noch weitere Zeugnisse: Die *Þiðrekssaga* erzählt davon in
Prosa, und Snorri verwendet in seinen *Skáldskaparmál* ei-

nige Strophen aus den Heldenliedern, um Gold-Kenninge zu erklären, die in der Skaldendichtung häufig vorkommen. Das literarische Ereignis der Heldenlieder der Edda ist, dass ein bekannter Stoff durch Jahrhunderte hindurch mehrfach und immer wieder neu gestaltet wurde. Geht man davon aus, dass die ältesten Lieder (Atli-Lied, Hamdir-Lied) vielleicht in das 9., die jüngsten in das 13. Jahrhundert gehören, kann man daraus folgern, dass einerseits die ältesten Lieder durch mehrere Jahrhunderte (mündlich) überliefert wurden und dass sie andererseits die Produktion neuer Gedichte angestoßen haben – Literatur reagiert auf Literatur. Dabei werden unterschiedliche Akzente gesetzt. Der Redaktor hat das Unterschiedliche, vielleicht zum ersten Mal, in eine ihm sinnvoll erscheinende Ordnung gebracht, seine Sicht des Daseins ist tragisch.

Für seine tragische Weltsicht hätte der Redaktor noch andere Heldengedichte heranziehen können, denn außerhalb des Codex Regius sind Lieder tradiert, die sich zu diesem Korpus stellen. Paradigmatisch soll hier das nur trümmerhaft erhaltene »Hunnenschlachtlied«, das auch unter dem Namen *Hlöðskviða* geführt wird (beide Namen sind neuere Bezeichnungen). Es ist in die »Saga von Herwör und König Heidrek« (*Hervarar saga ok Heiðreks konungs*) einmontiert und ganz der Verfahrensweise der Saga angepasst, will sagen, die erzählende Prosa ist mit Strophen des Liedes durchsetzt. Es erzählt von zwei Halbbrüdern, der eine, Hlöd, ist der Sohn einer hunnischen, der andere, Angantyr, der einer gotischen Mutter. Nach dem Tod des Vaters Heidrek fordert Hlöd vom Bruder: »Ich will die Hälfte von allem, / das Heidrek gehörte, / von Kuh und Kalb, / von knirschender Mühle, / von Ahle und Speer, / vom ganzen Schatz, / von Magd und Knecht / und deren Kind« (Str. 8). Doch Angantyr will den Bruder zwar reichlich beschenken, aber nicht Land und Herrschaft teilen: »Bersten wird eher, Bruder, / der blinkende Schild, / und kalter Speer / auf einen anderen stoßen, / und mancher Mann / ins Gras sinken, / bevor ich Tyrfing [d. h. das Land] / in zwei teile / und dir, Humlung [Hlöds Großvater ist Humli] / das halbe Erbe gebe« (Str. 10). Damit kann sich Hlöd nicht abfinden, es kommt zu einer gewaltigen Schlacht, in der er den Tod durch des Bruders Hand findet: »Ich bot dir, Bruder, / unbegrenzt Ringe, / Besitz und viele Kostbarkeiten, / was du begehrtest; / nun hast du / als Lohn des Kampfes / weder leuchtende Ringe / noch Land« (Str. 33). Ein Bruderzwist, der tödlich endet, und über dem Ende waltet ein schweres Schicksal: »Verflucht sind wir, Bruder / ich bin dein Totschläger geworden; / daran erinnert man sich lang: / Übel ist der Spruch der Nornen« (Str. 34).

In ihren Untergangsschilderungen hat die Heldendichtung durchaus etwas von der Endzeitstimmung der *Völuspá*, allerdings ohne den dort angebotenen metaphysischen Trost einer neu heraufkommenden Erde. Diese düstere Stimmung (man findet sie auch zu einem Teil in den Isländersagas) ist ein wesentliches Element in der isländischen Literatur während der zweiten Hälfte des 13. Jahrhunderts. Es ist dabei unerheblich, dass einige Gedichte einer wesentlich älteren Zeit als der Schreibezeit angehören. Sie haben in dieser Zeit gelebt und werden nicht nur aus antiquarischem Interesse aufs Pergament gekommen sein. Dass die eddische Dichtung eine im 13. Jahrhundert (und später) noch lebendige produktive, wenngleich allmählich verebbende Gattung war, geht auch aus den Götter-Liedern hervor, die außerhalb des Codex Regius überliefert sind, wie z. B. »Baldrs Träume« (*Baldrs draumar*), »Rigs Merkreihe« (*Rígsðula*), »Grottis Gesang« (*Grottasöngr*), »Odins Rabenzauber« (*Hrafnagaldr Óðins*).

Götterlieder scheinen eine Besonderheit des Isländischen zu sein, denn man findet keine Parallele im übrigen Norden. Heldenlieder dagegen muss es auch im Dänischen gegeben haben. Saxo Grammaticus gibt z. B. ein

Gedicht in 298 Hexametern (2. Buch) wieder, dessen Stoff ebenfalls im Altisländischen bekannt war, allerdings nur fragmentarisch in der *Heimskringla* und in der *Fóstbrœðrasaga* überliefert. Dieses »Bjarki-Lied« (*Bjarkamál*) wurde auf Aufforderung des Königs Olaf des Heiligen vor dem Beginn der Schlacht von Stiklastaðir 1030 von einem seiner Skalden vorgetragen. Dänischen Stoff bietet Saxo auch in den Erzählungen von Uffo, Starkad und Ingjaldus. Diesen Berichten mögen Lieder zu Grunde gelegen haben, die sich aber nicht mehr in ihrer Gänze rekonstruieren lassen. Verstreut überlieferte Gedichte in eddischen Versmaßen bezeichnet man auch als *Eddica minora*. Sie entstammen zumeist den »Vorzeitgeschichten« (*fornaldar sögur*).

Skaldik

Als eine der »unverfrorensten Verirrungen, die die Geschichte der Literatur verzeichnet«, bezeichnete der argentinische Dichter Jorge Louis Borges die altnordische Skaldendichtung, und in der Tat, in der an Überraschungen reichen Literatur des europäischen Nordens ist die Skaldendichtung wohl das überraschendste literarische Ereignis. Einzigartig ist sie in der germanischsprachigen Literatur vor allem deshalb, weil sie silbenzählend ist, und hierfür ist kein Vorbild erkennbar. Ihre Ursprünge liegen im Dunkeln, ihr erstes Auftreten im 9. Jahrhundert (wenigstens die isländische Tradition des 12. und 13. Jahrhunderts will uns glauben machen, dass die ersten Anfänge in der ersten Hälfte des 9. Jahrhunderts liegen) zeigt sie bereits in voller Blüte. Durch gut 500 Jahre hindurch führt sie ein reiches Leben, einige ihrer Elemente überdauern bis in das 19. Jahrhundert hinein. Der um 1000 eingeführte neue Glaube des Christentums kann ihr ebenso wenig anhaben wie die politischen Umwälzungen im Norden

oder neue literarästhetische, vom südlichen Kontinent her
kommende Richtungen es können. Viele Erkenntnisse hat
die Forschung gesammelt, viele Fragen sind noch offen.
Zu ihnen gehören die Probleme der Überlieferung: Es
gibt keine Originalhandschrift, manchmal liegen zwischen Entstehung eines Gedichtes und der ersten erhaltenen schriftlichen Fixierung mehrere Jahrhunderte, daher
macht auch die Chronologie erhebliche Schwierigkeiten.
Nahezu alle, auch die zusammenhängenden längeren Gedichte, leben nur als Zitate bei späteren Prosa-Schriftstel-
lern und Schreibern weiter. Lange Gedichte werden oft in
der umgebenden Prosa auseinander gerissen. Daher können die Strophen in verschiedenen Handschriften in unterschiedlicher Reihenfolge stehen, was die Rekonstruktion der ursprünglichen Gestalt erschwert. Hinzu kommt,
dass sich die altnordische, genauer altisländische Sprache,
in der alle Skaldengedichte überliefert sind, in der Zeit von
850 bis 1350 nur sehr wenig geändert hat, so dass sprach-
geschichtliche Kriterien nicht angewendet werden können. Dies behindert insbesondere eine literaturhistorische
Darstellung. Die rein ästhetische Seite ist ebenfalls noch
lange nicht hinreichend geklärt. Zwar wissen wir viel von
der produktionsästhetischen Seite – schließlich sind die
Regeln, wie ein Gedicht zu verfertigen ist, gut bekannt –,
aber über die rezeptionsästhetische Seite wissen wir ver-
hältnismäßig wenig. Wie konnten derart komplizierte Gedichte eigentlich verstanden werden?

In Skaldengedichten konnten lebende wie tote Herrscher gepriesen und Feinde lächerlich gemacht werden,
man konnte sich für Geschenke bedanken und den toten
Sohn betrauern, von Dichterstolz und Liebe, von Kämpfen und Freundschaft handeln die Verse, schildbeschrei-
bende und genealogische Gedichte sind überliefert, heid-
nisch-mythologischer Stoff wird ebenso gestaltet wie
christliche Lehre. Könige und Helden der Vorzeit konnten besungen werden, mit einem gut gemachten Gedicht

konnte man sein Leben retten, man drückte seine Träume aus, man gab politischen Rat. Es gibt lange, zusammen-hängende Gedichte und einzelne Strophen (*lausavísa*, pl. *lausavísur*), immer aus einem bestimmten Anlass gedich-tet, also »Gelegenheitsgedichte«, doch trifft diese Bezeich-nung nicht so recht, denn es gibt nichts anderes, keinen Gegenpol zum Gelegenheitsgedicht – und hierin unter an-derem unterscheidet sich die skaldische von der eddischen Dichtung. Ein weiterer Unterschied liegt darin, dass die eddische Dichtung anonym und unkompliziert, eher ob-jektiv erzählend ist, mythisch-heroische Stoffe behandelt und einen Umfang von etwa 4000 Zeilen hat. Die Skalden-dichtung hingegen umfasst rund 16 000 Zeilen und ist nachdrücklich nicht anonym (was nicht ausschließt, dass hie und da ein Vers anonym überliefert ist), wenigstens dem Namen nach kennen wir 250 Skalden. Sie ist hoch-gradig subjektiv, vielleicht elitär, über die Rezeptionsbe-dingungen und über das Publikum wissen wir allerdings nichts. Sie kann mitunter unnatürlich und gekünstelt wir-ken, ist immer an eine Situation gebunden und war an-scheinend ungewöhnlich populär. Die traditionelle Grenz-ziehung hat indes einige Modifikationen erfahren: Es gibt auch einige Skaldengedichte, die in einem eddischen Vers-maß verfasst sind, es gibt hie und da nicht-situations-gebundene Gedichte (z. B. Eilífrs *Þórsdrápa*), es gibt späte christliche Skaldengedichte, die Prophezeiungen und Weisheitslehren wie in der Edda enthalten (z. B. *Merlínús-spá, Solarljóð, Hugsvinnsmál*). Trotz dieser leichten Grenzverschiebungen gibt die obige Aufzählung eine erste Einteilung an die Hand.

Von dieser ausgehend kann man als Minimaldefinition der Skaldendichtung zugrunde legen: Es sind diejenigen strophischen Gedichte, die in skaldischen Versmaßen ab-gefasst sind. Unter ihnen ragt besonders das *dróttkvætt* heraus, das oft mit »Hofton« übersetzt wird, vor allem deshalb, weil es die bevorzugte Strophenform des Fürs-

tenpreises ist. Aber die Skaldendichtung ist weit mehr als
nur der Fürstenpreis. Werden in der formalen Hof-Poesie
mehrere Strophen zusammengebunden und durch eine
Art von wiederkehrenden Verszeilen oder Halbstrophen,
einen *stef* (eine Art Refrain), als zusammengehörig markiert, spricht man von einer *drápa*. Sie war die vornehmste
Form, einen Herrscher zu preisen. Diese Refrains mussten
jedoch nicht nach jeder Strophe stehen. Fehlte der Refrain, hat man es mit einem *flokkr* (Haufen) zu tun. Oft
kommen Strophen vereinzelt vor (insbesondere in den Is-
länder- und Fornaldarsagas), man spricht dann von *lausavísur* (losen Strophen). Dass die *drápa* das höhere Ansehen als der *flokkr* hatte, geht aus der Bemerkung der *Ólafs
saga helga* (Kap. 172) hervor: Der Dänenkönig Knut er-
grimmt, als der Dichter Þórarinn nur einen *flokkr* und
keine *drápa* auf ihn gedichtet hat, worauf der Skalde flugs
einen *stef*, einen Refrain, seinen Strophenhaufen beifügt
und sie so zu einer würdigen *drápa* macht. Die Form
spielte wohl eine größere Rolle als der Inhalt, denn der
war weitgehend stereotyp, da insbesondere von den vor-
züglichen Eigenschaften und den strahlenden Siegen des
gepriesenen Fürsten gehandelt wurde. Schmeichelnd
konnten diese Gedichte sein, indes durften sie keine historische Unwahrheit enthalten, da dies als Schmach und
nicht als Lob betrachtet wurde, wie Snorri im Prolog seiner selbstständigen *Ólafs saga helga* berichtet. Als Historiker betrachtet Snorri die Skaldenverse als eine vorzügliche Quelle, da Verse wegen ihrer Gebundenheit besser
überliefert werden als mündliche Berichte (vgl. Prolog zur
Heimskringla).

Das kennzeichnende literar-ästhetische Verfahren des
dróttkvætt ist ein vierfaches: 1. Strophenform, 2. Verwendung eines Reimes, 3. Verwendung des Stabreimes, 4. besondere poetische Umschreibungen. Die Terminologie
findet sich bereits im Altisländischen, Snorri Sturluson hat
(neben seinem historischen Werk) eine eigene Poetik ge-

schrieben, seine Edda. Am Anfang stehe eine Beispielstro-
phe, anhand derer die vier Elemente erläutert werden
(Glúmr Geirason, *Gráfeldardrápa*):

> [8]Dolgeisu [3]rak [7]dísar
> [12]*drótt* [13]*kom* [11]*mörg* [14]*á* [15]*flótta*
> [2]gumna [1]vinr [9]at [10]gamni
> [6]gjóðum [4]írskar [5]þjóðir;

> [2]foldar [3]rauð [8]ok [9]feldi
> [1]Freyr [5]í [6]manna [7]dreyra
> [4]sverð [13]*vas* [14]*sigr* [15]*of* [16]*orðinn*
> [10]seggi [12]*mækis* [11]eggjum

Der Inhalt ist einfach: Der Fürst hat die Iren vor sich her
getrieben, viele Männer getötet und den Sieg errungen.
Die Prosawortfolge könnte so lauten: *vinr gumna rak írs-
kar þjóðir gjóðum dísar dolgeisu at gamni, mörg drótt
kom á flótta – Freyr foldar rauð sverð í manna dreyra ok
feldi seggi eggjum mækis, vas sigr of orðinn* (»Der Freund
der Männer trieb vor sich her die irischen Männer, dem
Raubvogel der Göttin der Kampf-Flamme zur Freude;
viel [feindliches] Gefolge begab sich auf die Flucht – der
Freyr des Landes rötete die Schwerter in der Männer Blut
und fällte Männer mit den Schneiden des Schwertes, es
war ein Sieg geworden.«)

Durch die genannten poetischen Verfahrensweisen wird
ein »normaler« Satzbau nicht möglich. Es kann zu komplizierten Satzverschlingungen kommen wie im folgenden
Beispiel (Þorbjörn hornklofi, *Glymdrápa*):

> Háði gramr, þars gnúðu,
> geira hregg við seggi
> **rauð fnýsti ben blóði,**
> *bryngögl í dyn Sköglar,*

þás á r̲ausn fyr r̲ǽsi
r̲éð *egglituðr* seggir
ǽfr gall h̲jörr við h̲l̲ífar
h̲nigu fjörvanir *sigri*.

Diese kunstvoll gebaute Strophe ist von bescheidenem Inhalt: »Der Fürst siegte in einer (See-)Schlacht, viele Männer fielen«. Versucht man eine genaue Übersetzung, sähe
sie ungefähr so aus:

Es führte durch der Fürst, *dort wo lärmten*,
den Sturm der Speere gegen die Männer,
er blies die roten Wunden mit Blut,
die Brünnengänschen im Brausen der Skögull,

damals als auf dem Vordeck vor dem Herrscher,
es errang der, der die Schneide (blutig) färbt,
                    die Männer,
grimmig erklang das Schwert gegen die Schilde,
hinsanken leblos, *den Sieg*.

1. Das *dróttkvætt* besteht aus acht Zeilen zu je sechs Silben; und eben die Tatsache, dass die Skaldendichtung silbenzählend ist, ist eine literaturgeschichtliche Überra-
schung, ohne Beispiel in der altgermanischen Dichtung
und auch ohne Vorbild. Zwar bedient sich die lateinische
religiöse Dichtung der Silbenzählung, doch bleibt es pro-
blematisch, hier eine Verbindung herzustellen. Die Strophe
setzt sich aus zwei Halbstrophen (*helmingr*, pl. *helmingar*)
zusammen, die je eine syntaktische Einheit bilden. Varian-
ten dieser Strophenform sind das *tøglag*, in dem die Verse
nur vier Silben zählen, wodurch sie im Gegensatz zu den
dreihebigen Versen nur zwei Hebungen tragen, und das
hrynhent, das – ansonsten nach denselben Regeln wie das
dróttkvætt gebaut – acht Silben umfasst und dadurch vier-
hebig wird. Dieses Versmaß wird ab dem 11. Jahrhundert

immer beliebter, vor allem in der christlichen Dichtung ist
es bald das vorherrschende Maß. Die Grundmuster können
weiter variiert werden. So hat Snorri im dritten Teil seiner
Edda, dem *Háttatal*, einhundert Variationen gedichtet.

2. Die Skaldendichtung verwendet eine besondere Form
des Reimes (altisländisch *hending*, pl. *hendingar*), und
zwar des Binnenreimes. Sie sind in dem Beispiel durch
Unterstreichungen markiert. Jede Zeile enthält zwei Reime, der zweite hat in der vorletzten Silbe zu stehen, die
Position des ersten ist freier. Die ungeraden Zeilen 1, 3, 5,
7 haben einen Halbreim (altisl. *skothending*): 1 *dolgeisu* –
dísar, 3 *gumna* – *gamni*, 5 *foldar* – *feldi*, 7 *sverð* – *orðinn*,
die geraden Zeilen 2, 4, 6, 8 haben den Vollreim (altisl.
aðalhending): 2 *drótt* – *flótta*, 4 *gjóðum* – *þjóðum*, 6 *Freyr*
– *dreyra*, 8 *seggi* – *eggjum*. Auch für diese besondere
Form des poetischen Schmucks hat sich kein Vorbild ausmachen lassen. Strophen mit Endreim (dieses Vermaß
heißt *runhent*) sind ab etwa 1000 belegt und lassen wahrscheinlich einen kontinentalen Einfluss erkennen.

3. Ein weiterer poetischer Zug ziert die Skaldendichtung, allerdings ist es eine ganz traditionelle und die germanische Dichtung charakterisierende Eigenschaft: der
Stabreim. Seine Position in der Skaldik ist fest geregelt,
zwei Zeilen werden durch denselben Stab (altisl. *stuðill*, pl.
stuðlar) zusammengebunden. Die ungeraden Zeilen tragen
zwei Stäbe, die geraden einen: 1 *dolgeisu* – *dísar*, 2 *drótt*;
3 *gumna* – *gamni*, 4 *gjóðum*; 5 *foldar* – *feldi*, 6 *Freyr*;
7 *sverð* – *sigr*, 8 *seggi*. Binnenreim und Stabreim sind in
dieser Strophe exemplarisch und mustergültig angeordnet,
ganz in Übereinstimmung mit der altisländischen Poetik
des Snorri, doch ist diese strenge Einrichtung nicht in jedem Gedicht gleich sorgfältig beachtet: Es gibt poetische
Lizenzen und Strophen, die weniger gut gelungen sind.

4. Zum ganz besonderen Schmuck der Skaldik gehört
die poetische Sprache, und wohl darauf bezieht sich Borges' Bemerkung. Eine ihrer Besonderheiten liegt in ihrem

Vorrat an Substantiven und substantivierten Adjektiven; darauf kommt es in der Skaldik weit mehr an als auf die Verben. In unserer Strophe kommen von insgesamt 18 Substantiven sechs vor, die nur bzw. fast nur in der Skaldik (und teilweise auch in der Edda) erscheinen: *seggr* (Mann), *dolg* (Kampf), *drótt* (Gefolge), *gumi* (Mann), *gjóðr* (Raubvogel), *fold* (Land). Dies legt den Schluss nahe, dass neben der Prosa-Sprache, die wohl der Umgangssprache etwas näher stand, ein besonderer Wortschatz für die Poesie bereitstand. Diese beiden »Sprachen« laufen durch die Jahrhunderte parallel nebeneinander her.

Snorri unterscheidet in seinem Dichter-Handbuch zwischen *ókend* (»nicht bezeichnet«) *heiti* und *kenning* (pl. *kenningar*). Diese Zweiteilung lässt sich etwa so auflösen, dass die *heiti* Ein-Wort-Umschreibungen, also Synonyme, die Kenninge zwei- oder mehrgliedrige Umschreibungen, also Metaphern, darstellen. Die *heiti* stellen kaum ein größeres Verstehensproblem dar. In unserer Strophe finden sich beispielsweise als Synonyme für ›Mann‹ die Bezeichnungen *seggr* und *gumi, mækir* als Umschreibung für ›Schwert‹ (neben *sverð*), *fold* als Umschreibung für ›Land‹. Diese Art der Umschreibung ist nichts für die Skaldik Typisches, sie findet sich in allen Sprachen. Wortlisten mit vielen Synonyma/*heiti* zum Gebrauch für den Dichter sind in den sog. *Þulur* (»Wortlisten«) aufgezeichnet, die in den Handschriften zu Snorris Edda überliefert sind.

Typisch und charakteristisch dagegen ist die Kenning, die man auch als *kend heiti*, als »kenntlich gemachte Umschreibung«, bezeichnen kann. Der Bestand an Kenningen ist so reich, dass er hier nur in seinen Grundzügen angedeutet werden kann. Es handelt sich dabei um eine zwei- oder mehrgliedrige Metapher, die als Grundwort (*stofnorð*) plus genitivischem Bestimmungswort (*kenniorð*) oder als Zusammensetzung auftreten kann, wobei das Grundwort die syntaktische Stelle im Satz einnimmt. Man tut gut daran, eine weite Definition zuzulassen, um zwei unterschiedliche

Gruppen zusammenfassen zu können: 1. was man mit Wissen und Kenntnissen aufschlüsseln kann (z.B. *Óðins sonr* = *Þórr*; nun kann »Odins Sohn« nicht nur Thor meinen, sondern auch seine anderen Söhne, wie Baldr und Vali e tutti quanti, worüber unmissverständlich der Kontext entscheidet), und 2. jene, die eher bildbeschreibend sind und zu deren Auflösung es imaginativer Fähigkeiten bedarf, wobei viele Kenninge stereotyp und konventionalisiert geworden sind. Das Altisländische scheint zwischen diesen beiden Gruppen nicht zu unterscheiden. Für die erste Gruppe können aus dem Gedicht herangezogen werden: *vinr gumna* »Freund der Männer« = ›Fürst‹ oder *Freyr foldar* »der Freyr [der Gott, der Herrscher] des Landes« = ›Fürst‹. Für die zweite Gruppe mag stehen: *dolg-eisa* »Kampf-Flamme« = ›Schwert‹. Es mögen noch einige weitere Beispiele für zweigliedrige Kenninge das Verfahren deutlich machen. Besonders hübsch sind natürlich der *ketil-ormr* »Kessel-Wurm, Wurm des Kessels« = ›Wurst‹ oder die *haf-nýra* »Meeres-Niere, Niere des Meeres« = ›Klippe‹ oder *heilsa máls* »Beförderung des Gesprächs« = ›Met‹ oder *tefill orða* »Verzögerer der Worte« = ›Bier‹ oder *galli strúgs* »Verderben des Übermuts« = ›Wein‹ oder *kinna lá* »Woge der Wangen« = ›Erbrochenes‹. Grund- und Bestimmungswort können frei kombiniert werden, so ist *galli orms* »Verderben der Schlange« eine Umschreibung für ›Winter‹. Viele Kenninge setzen Kenntnisse der Mythologie oder der Heldensage voraus; wenn *galli Fáfnis* »Verderben Fáfnirs« ebenfalls ›Winter‹ bezeichnet, dann muss der Hörer wissen, dass Fáfnir der Name der Schlange ist, die den Nibelungenhort an sich gebracht hat und von Sigurðr/Siegfried getötet wird. Daher kann die Kenning *bani Fáfnis* – »Töter Fáfnirs« an einer Stelle Sigurd bezeichnen, an einer anderen sein Schwert ›Gramr‹ (Waffen tragen in der altnordischen Literatur häufig einen Namen), *láð Fáfnis* »Land Fáfnirs« meint ›Gold‹, da diese Schlange ja auf dem Gold-Schatz liegt, *láð* kann wiederum in einer anderen Kenning verwen-

det werden: *láð lundis* »Land des Gemüts« = ›Brust‹ – und
so kann man diese Kette weiterführen. Um Kenninge aus
dem Bereich des Mythos und der Heldensage verständlich
zu machen, hat Snorri in seiner Edda derartige Kenninge
zusammengestellt und erklärt.

Die einfachen zweigliedrigen Kenninge können nahezu
ad libitum erweitert werden, eine dreigliedrige Kenning
heißt bei Snorri *tvíkennt*, eine noch längere *rekit. láð laxa
fróns* »das Land der Lachse des Landes«. »Lachse des
Landes« umschreibt ›Schlange‹, das ›Land der Schlange‹
ist ›Gold‹. Ein Beispiel aus der christlichen Skaldik: *harri
láðs byrja* »der Herr des Landes der Winde«, ›Land der
Winde‹ ist der Himmel, sein Herr ist ›Gott‹.

Dem zitierten Gedicht kann eine viergliedrige Kenning
entnommen werden:

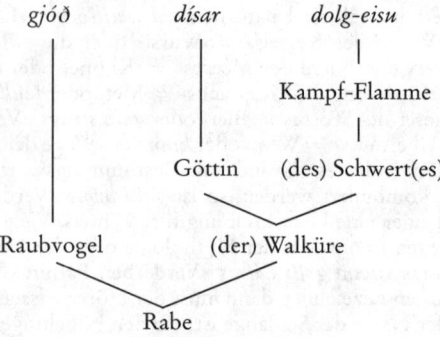

Hierbei muss man wissen, dass der Rabe als ein Leichen
fressender Vogel aufgefasst wird. Deshalb erfreut der Fürst
mit den von ihm erschlagenen Feinde die Raben, so wie er
auch die Wölfe (z. B. *grennir ulfa* »der Ernährer der Wölfe«) oder die Adler (z. B. *grennir ara* »Ernährer der Adler«)
erfreuen kann, und dass *dís* ein *heiti* für ›Göttin‹ sein kann.

Dieses System kann weitergeführt werden bis hin zu solchen Ungetümen wie dem folgenden, das allerdings Seltenheitswert hat. Eine Halbstrophe (Þórðr Særeksson, 11. Jahrhundert) aus einer *drápa* lautet (die Teile der Kenning sind fettgedruckt):

> ok [1]**gimsløngvir** ganga
> [3]**gífrs** [4]**hlémána** [2]**drífu**
> [6]**nausta** [5]**blakks** et næsta
> Norðmanna gram þorði.

Die Prosawortfolge der Kenning kann so aussehen:

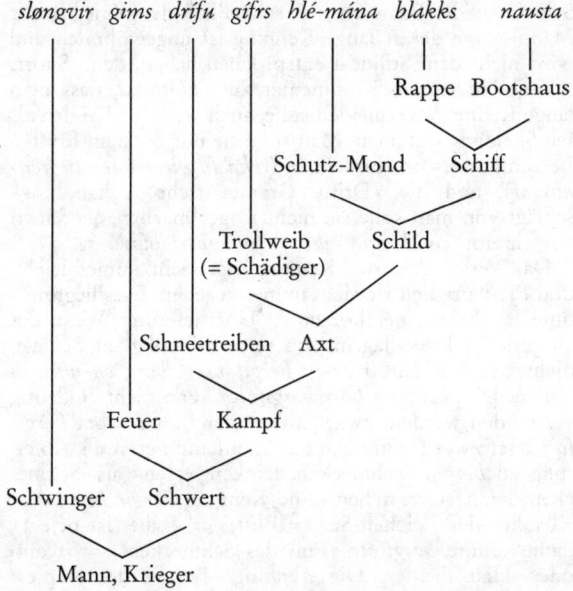

Bei *gim-sløngvir* liegt die sog. Tmesis vor, die in der Skaldendichtung nicht selten ist: *gim-* bildet keine Kenning mit *sløngvir*, sondern mit *drífu*. Für die Tmesis soll noch ein weiteres Beispiel hergesetzt werden: Der *hjalm-stýrandi sunnu* ist nicht der »Helm-Steuerer der Sonne«, sondern der *stýrandi hjalms sunnu*, also »der Steuerer des Helms der Sonne«, mithin »der Steuerer des Himmels« = ›Gott‹. Zurück zur Strophe also: der Rappe des Bootshauses ist das ›Schiff‹, die Schutzmonde des Schiffes sind ›Schilde‹ (denn auf den Schiffen brachte man während der Reise die Schilde an der Bordwand an), der Schädiger des Schildes ist die ›Axt‹, das Schneetreiben der Äxte ist der ›Kampf‹, das Feuer des Kampfes ist das ›Schwert‹, Schwinger des Schwertes ist schließlich der ›Krieger, der Mann‹. Eine derart lange Kenning ist ungewöhnlich und wird nicht dem Stilideal entsprochen haben, denn Snorri schreibt in seinem Kommentar zum *Háttatal*, dass man lange Kenninge vermeiden solle, auch wenn sie bei den alten Skalden vorkämen. Man solle sie nur bis zum fünften Bestimmungswort ausdehnen (*reka til hinnar femtu kenningar*), und die »Dritte Grammatische Abhandlung« schlägt vor, man solle sie nicht länger machen, als Snorri vorschreibt (*eigi lengra reknar enn Snorri lofar*).

Das Verständnis der Kenninge ist nicht immer leicht, und Eindeutigkeit ist nicht immer gegeben. Dies liegt mitunter auch an einer korrupten Überlieferung. Wenn der alternde Egill Skallagrímsson seine Hinfälligkeit beklagt, dichtet er u. a. *blautr erum bergifótar / borr, en hlust es þorrin*. Die Kenning *borr bergifótar* kann nicht eindeutig verstanden werden, zwar ist *borr* der Bohrer, aber *bergifótr* lässt zwei Deutungen zu: Man kann *bergir* als Ableitung zu *bergja* »schmecken, trinken, essen« als ›Schmecker, Trinker‹ verstehen (eine Kenning *bergir hræ-sævar* »Trinker der Leichen-See (= Blut)« = ›Rabe‹ ist belegt), dann könnte *bergifótr* »Fuß des Schmeckens« = ›Kopf‹ oder ›Hals‹ heißen. Die Kenning »Bohrer des Kopfes/

Halses« würde dann die Zunge bedeuten: ›die Zunge ist mir schlapp geworden‹. Versteht man indes *bergifótr* als »Fuß des Hügels/Berges«, dann ist dessen »Bohrer« das *membrum virile*, das ihm schlapp geworden ist.

Über die Verständlichkeit der Skaldendichtung hat es zu Zeiten erbitterten Streit gegeben, der nahezu weltanschaulichen bzw. nationalen Charakter annahm. Er verbindet sich hauptsächlich mit dem Schweden Ernst Albin Kock und dem Isländer Finnur Jónsson. Plädierte der Schwede für eine möglichst »natürliche« Wortstellung, trat der Isländer auch für sehr komplizierte Kombinationen ein. Dass dieser Streit möglich wurde, hat eben mit den besonderen Vorschriften (Silbenzahl, Stabreim, Reime) und der daraus erfolgenden »freien« Wortstellung zu tun, die verschiedene Verständnismöglichkeiten anbietet. Ein Beispiel möge dies verdeutlichen (Harmsól, Str. 41, 1. Halbstrophe; die Kenningteile sind fett gedruckt bzw. unterstrichen):

Finnur Jónsson	Ernst A. Kock
Kosti hverr við <u>harra</u>	Kosti hverr við <u>harra</u>
(hætt's ella mjök) sættask	(hætt's ella mjök) sættask
byrjar láðs (hvat bíðum)	<u>byrjar láðs</u> (hvat bíðum)
blakkvaldr **þrumu tjalda*!	***blikvaldr** þrimu tjalda!

Finnur Jónsson löst die eine Kenning folgendermaßen auf: *valdr* (»Herrscher«) *blakks* (»Pferd«) *láðs* (»Land«) *byrjar* (»Wind«) (wobei bei *blakkvaldr* Tmesis vorliegt) – *láð byrjar* »Land des Windes« = ›Meer‹, *blakkr* »Pferd«, das »Pferd des Meeres« = ›Schiff‹, der »Herrscher des Schiffes« = ›Mann‹. Die andere versteht er so (indem er das handschriftlich überlieferte *þrimu* durch *þrumu* ersetzt): *harri* (»Herr«) *tjalda* (»Zelt«) *þrumu* (»Donner«) = »Zelt des Donners« = ›Himmel‹ »der Herr des Himmels« = ›Gott‹. Kock kombiniert in folgender Weise (indem er *blakkvaldr* durch *blikvaldr* – Tmesis – ersetzt): *valdr bliks*

246

Poetische Literatur

(»Glanz«) *tjalds þrimu* (»Kampf«) = »das Zelt des Kampfes« = ›Schild‹, »der Glanz des Schildes« = ›Schwert‹, »der Herrscher des Schildes« = ›Mann‹. Die andere Kenning versteht er so: *harri láðs byrja* »das Land des Windes« = ›Himmel‹, dessen *harri* »Herr« ist ›Gott‹. Es ergibt sich bei den beiden Auflösungen kein inhaltlicher Unterschied, aber sie bezeichnen eben unterschiedliche Weisen des Verständnisses. Außerdem handelt es sich dabei auch um ästhetische Grundannahmen einer immer und überall gültigen natürlichen oder einer zu anderen Zeiten abweichenden Wortfolge. Die Kock'sche Lesung scheint einer ›natürlicheren‹ Wortstellung gerecht zu werden, die Jónsson'sche ist, wenigstens für den modernen Rezipienten, komplizierter. Wie man sieht, kommt keiner der beiden Lösungsvorschläge ohne Eingriffe in die überlieferte Textgestalt aus.

Das Bemerkenswerte bei dem System der Kenninge ist, dass es schon bei seinem ersten Auftreten, wahrscheinlich im 9. Jahrhundert, in voller Blüte vorliegt, so dass Entstehung und Herausbildung im Dunkeln liegen. Theorien über die Herleitung aus dem Irischen oder aus der Tabu-Sprache haben sich als nicht überzeugend herausgestellt. Parallelen aus der Weltliteratur wie »Schild des Dionysos« für »Trinkschale« aus dem Griechischen oder Wolframs *strîtes ruoder* für »Schwert« kommen doch zu selten vor, als dass sie eine Herkunftserklärung bieten könnten.

Eine der ältesten Kenninge ist *iljablað þjófs Þrúðar* (aus der *Ragnarsdrápa*, Str. 1, auch bei Snorri überliefert): »das Blatt der Fußsohlen des Diebes der Þrúðr« = ›Schild‹. Um diese Kenning zu verstehen, sind erhebliche mythologische Kenntnisse vonnöten, die bei den Rezipienten vorausgesetzt werden. Man muss wissen, dass der Dieb der Þrúðr der Riese Hrungnir ist, der sich, um einen Angriff von Thor von unten abzuwehren, auf einen Schild stellt, weshalb dann eben der Schild als »Fußblatt des Diebes der Þrúðr« bezeichnet werden kann. Den

Hrungnir-Mythos erzählt Snorri in seinem Dichterhandbuch (*Skáldskaparmál*) recht ausführlich, nur erwähnt er nicht, dass Hrungnir Þrúðr tatsächlich geraubt hat. Nicht alles, was an mythologischem Stoff in der Skaldendichtung vorkommt, wird auch von Snorri wiedergegeben. Dafür möge folgendes Beispiel stehen: Úlfr Uggason erwähnt in seiner *Húsdrápa* (Str. 2), die übrigens nur in Handschriften der *Snorra Edda* überliefert ist, dass der Gott Heimdall sich zusammen mit dem Gott Loki zu einem sonst nicht belegten Stein (Felsen?) *Singasteinn* begibt, den er, Heimdall, zuerst erhält. Diese mythologische Erzählung ist sonst an keiner Stelle überliefert. War sie damals so bekannt, dass Snorri sie nicht erzählen musste, da er ganz beiläufig Heimdall als »Besucher Singasteins« erwähnt? Oder war er auch Snorri bereits unbekannt, und er verwendete die Strophe nur, um ihr eine Kenning für Loki = Farbautis Sohn zu entnehmen? Es ergibt sich die Frage, weshalb er dieses erzählt, jenes unterdrückt oder verschweigt, und das lässt sich, wenn überhaupt, nur von Fall zu Fall entscheiden.

Kenninge, die auf dem Stoff der Heldensage aufbauen, kommen zwar vor, sind aber den mythologischen und den bildhaften an Zahl weitaus unterlegen. Indes muss man bei den Heldensagen-Kenningen den sagengeschichtlichen Hintergrund kennen. Wenn etwa das Gold mit *Rínar glóð* = »Glut des Rheins« bezeichnet wird, setzt dies die Kenntnis der Geschichte des Nibelungenhortes voraus, der im Rhein versenkt wurde. Wenn das Gold auch als *land Fáfnis* (»Land Fáfnirs«) oder als *látr linns* (»Lagerstätte des Lindwurms«) umschrieben wird, dann muss man wissen, dass der Nibelungenschatz von dem als Drache oder Lindwurm aufgefassten Fáfnir bewacht wird, bevor Sigurðr diesen tötet. Und wenn das Gold weiterhin als *fræ Fýrisvalla* (»die Saat von Fyrisvoll«) beschrieben werden kann, dann muss man die Geschichte von Hrólfr kraki kennen, der sich seiner Verfolger dadurch zu erwehren weiß, dass er auf Fyrisvoll aus seinem Horn Gold auf den Weg streut, nach dem sich die Feinde bücken.

Der teilweise sehr extensive Gebrauch der Kenninge ist wie der Gebrauch der Bilder überhaupt für den erzählerischen Fortgang einer Geschichte ungut, die Handlung droht zum Stillstand zu kommen, wird sistiert. Für die Skaldik dagegen eignen sie sich vorzüglich, da hier kaum Handlungen erzählt, sondern vorwiegend deren Ergebnisse referiert werden. Die Handlungen selbst werden allenfalls beschrieben, daher eignen sich Kenninge besser für die Lyrik als für die Epik.

Sehen wir uns das System der Kenninge noch ein wenig genauer an. In seiner großen und großartigen Arbeit über die Kenninge hat Rudolf Meissner eine genaue Beschreibung geliefert. Anhand von drei Bereichen, die die Dichtung in einem wesentlichen Grad charakterisieren (Mann-, Kampf- und Gold-Kenninge) soll dies dargetan werden:

»In der Ausbildung dieser Kenning [für ›Mann‹] erreicht die Skaldendichtung ihre charakteristische Vollendung«. Mit zu dem häufigsten Typ gehören Bildungen, die als Grundwort eine Baumbezeichnung enthalten. So sind 29 Baumnamen belegt, die mit unterschiedlichen Bestimmungswörtern kombiniert werden können, z.B. mit Waffen (*runnr malma* »Baum des Erzes«; *almr skjalda* »Ulme der Schilde«, *þollr hjörva* »Föhre der Schwerter«, wobei diese Bestimmungswörter ihrerseits auch mit anderen Grundwörtern kombiniert werden können, z.B. *Gauts malma* »der Gaut des Erzes«) oder mit Schiffen (*runnr unnviggs* »Baum des Wogenpferdes«) oder (auch erweitert) mit Schmuck (*hlynnr svella handar* »Ahorn des Eises der Hand« = ›Ahorn des Silbers‹). Noch zahlreicher sind Bildungen, die als Grundwort *nomina agentis* auf *-ir* aufweisen, 141 derartige Grundwörter hat Meissner zusammengestellt. Sie lassen sich kombinieren mit z.B. Tieren des Schlachtfeldes: *feitir hræ-geitunga* »Fett-

macher der Leichen-Zicklein« = ›Raben‹ oder *fyllir varga*
»Sättiger der Wölfe«, oder mit Waffen: *hristir skjalda*
»Schüttler der Schilde« oder *sløngvir hjörva* »Schleuderer
der Schwerter«, oder mit Gold/Reichtum: *þverrir hod-
da* »(durch Freigebigkeit) Verkleinerer des (eigenen)
Schatzes« oder *spillir bauga* »Verschwender der Armrin-
ge«, oder mit Schiffen: *stýrir brimdýra* »Steuerer des
Wogentieres« oder *stefnir stál-hrafna* »Lenker der Stahl-
Raben«. Hierher gehören auch die vielen Kenninge für
›Fürst, König‹ und später ›Gott‹, den ›Fürsten des Himmels‹. So kann *gramr Norðmanna* »Fürst der Norweger«
meinen, und *gramr mítru* »Fürst der Mitra« den Bischof,
und *gramr Jorðánar* »Fürst des Jordans« ›Gott‹.

Zahlreich sind auch die Kenninge für den Bereich
›Kampf‹, ›Waffen‹, ›Wunden‹, ›Blut‹, ›Leichen‹: *hljómr
darra* »Lärm der Speere«, *eldr ímu* »Feuer des Kampfes«
= ›Schwert‹, *spor eggja* »Spur der Schwertschneide« =
›Wunde‹, *bára bens* »Woge der Wunde«, ›Blut‹, *krás
hjaldrmás* »Festmahlzeit der Kampf-Möwe, des Rabens«
= ›Leiche‹.

Ebenfalls sehr zahlreich sind die Kenninge für Gold
und Silber. Hier verweist Meissner auf den bemerkens-
werten Tatbestand, dass Silber in den Kenningen kaum
vorkommt, obwohl es viel mehr als das Gold charakteristisch für die Wikingerzeit ist, während Gold, das in den
Kenningen so außerordentlich häufig auftaucht, die der
Wikingerzeit vorausliegende Epoche charakterisiert. Dies
muss nicht zwangsläufig den Schluss nahe legen, dass
Gold-Kenninge aus dieser Zeit stammen, es kann einfach
als literarisches Klischee transportiert worden sein. Ein
häufiger Kenningtyp für Gold ist »Feuer des Wassers«.
Für das Grundwort »Feuer« hat Meissner 39, für das Bestimmungswort »Wasser« 64 Belege beigebracht, d.h., die
möglichen Kombinationen von »Feuer« und »Wasser« ergeben 2496 verschiedene Kenninge, von denen nicht alle
möglichen auch verwirklicht worden sind. Nimmt man

noch andere Möglichkeiten hinzu, wie den Typ »Feuer des Arms«, »Stein des Arms«, »Lager der Schlange«, kann man sich in etwa eine Vorstellung machen, wie reich der poetische Schatz sein konnte, zumal zweigliedrige Kenninge ja auch erweitert werden konnten: »Sonne des Landes des Schiffes«, des Meeres, d. i. ›Gold‹. Es ist daher kein Wunder, dass die meisten Kenninge nur einmal vorkamen, der Vorrat war groß genug: _variatio delectat_. Die Kenninge aus diesen Bereichen ›Mann‹, ›Kampf‹, ›Schiff‹ und ›Gold/Reichtum‹ (alles im erweiterten Sinne) dürften etwa zwei Drittel des gesamten Kenningbestandes ausmachen. Sie spiegeln das gesellschaftliche Bild wider und geben die Konzepte an, auf die es ankam und die gesellschaftlich von Bedeutung waren.

Die historische Entwicklung der Kenning stellt sich so dar, dass die älteste Dichtung aus dem 9. und 10. Jahrhundert mit Kenningen überladen ist und dass um 1000 (insbesondere zu bemerken bei Sighvatr Þórðarson, gest. um 1020) die Tendenz zu weniger und kürzeren Kenningen Platz greift. Im 12. Jahrhundert wächst das Interesse für das Alte, vielleicht gefördert durch die europäische sog. »Renaissance des 12. Jahrhunderts«, und nun gelten die alten Dichter als Vorbilder, als _auctores_. Doch im 14. Jahrhundert wird das neue Programm einer einfacheren Sprache verkündet. In seinem christlichen Gedicht _Lilja_ (Lilie), das im Versmaß _hrynhent_ steht, dichtet Eysteinn Ásgrímsson: »Derjenige, der schwierige Dichtung liebt, / setzt gern in sein Gedicht so viele / dunkle Altertumsworte, dass sie kaum zu zählen sind. / Ich behaupte, dass er so die Verständlichkeit verhindert. / Da man hier gut die schlichten Worte verstehen kann, / mögen die Leute meinen klaren Willen begreifen, / diese unverschnörkelte Rede, mit Lust gegeben, / ich will, dass dieses Gedicht ›Lilie‹ heiße.«

Eine ästhetische Würdigung dieses poetischen Mittels fällt schwer. Nur gelegentlich können wir sehen, dass es sich um konventionelle oder konventionalisierte Kenninge handelt, wie etwa die vielen Mann-Kenninge, die mit dem Grundwort »Baum« gebildet sind. Was ist eine kühne Metapher oder Kenning? Das oben zitierte *borr bergifótar* ist, wie man es auch verstehen mag, sicher eine kühne Bildung. Überraschend war auch *gluggr geðveggjar* »Fenster der das Gemüt umhüllenden Wand«, also der ›Brust‹, dessen Fenster eine ›Wunde‹ ist. Aber wo lag die Grenze zwischen Kühnheit und Manierismus? Und wie haben die Kenninge eigentlich funktioniert? Eine zweigliedrige Kenning lässt sich imaginieren wie etwa *brá-máni* »Mond der Wimpern« = ›Auge‹ oder *brá-regn* »Regen der Wimpern« = ›Tränen‹. Wie aber steht es mit der extremen siebengliedrigen Kenning des Þórðr Særeksson, die oben zitiert wurde? Innerhalb einer Halbstrophe werden dort folgende Bilder aufgerufen: »Rappe des Bootshauses«, »Schutzmond des Schiffes«, »Schädiger/Trollweib des Schildes«, »Schneetreiben der Äxte«, »Feuer des Kampfes«, »Schwinger des Schwertes«. Betrachtet man nur die sechs Grundwörter, so ergibt sich ein sehr inkonsistentes Bildfeld. Handelt es sich um bildliche Vergegenwärtigungen oder um gedankliche Konstruktionen? Wenn auch diese Bilder keinen mimetischen Charakter haben, sondern die Gegenstände erst durch das Wort erschaffen, wird der moderne Rezipient doch in nicht geringes Erstaunen versetzt, vor allem wenn man sich vor Augen hält, dass die Strophen mündlich vorgetragen und verstanden wurden. An der Tatsache jedoch, dass diese Dichtung ein so reiches Leben über viele Jahrhunderte geführt hat und auch eifrig überliefert wurde, zeigt sich in wünschenswerter Deutlichkeit die Alterität des Mittelalters. Angesichts der Überfülle von Kenningen fällt besonders auf, dass es einige wenige Strophen gibt, die auf die Kenning verzichten und sich mit *heitis* begnügen, wie das folgende Beispiel von Óttarr svarti belegt:

> Örn drekkr, undarn
> ylgr fær af hræum, sylg;
> opt rýðr ulfr kjǫpt,
> ari getr verð þar.

Der Adler trinkt, eine Morgenmahlzeit
die Wölfin bekommt von den Leichen, einen Schluck;
oft rötet der Wolf die Kiefer,
der Adler erhält eine Mahlzeit dort.

Hier kann man fast von Kenning-Verweigerung sprechen,
vielleicht auch von Metaphern-Verweigerung, wenn man
»rötet die Kiefer« nicht als Metapher, sondern etwa als
Metonymie auffasst. Aber sind nicht die vier Bilder vom
Adler, der Blut trinkt, von der Wölfin, die ihre Morgen-
mahlzeit von den Leichen bezieht, vom Wolf, der seine
Kiefer (im Blut der Leichen) rötet, und vom Adler, der
hier seine Mahlzeit erhält, eine einzige Metapher für den
Sieg des Schwedenkönigs, zu dessen Ehren Óttarr seine
Ólafsdrápa sœnsku gedichtet hat? Denn Óttarr ist ansonsten durchaus ein Freund der Kenning, Snorri zitiert häufig
Beispiele aus seinen Gedichten. Die Verweigerung ist in
diesem Fall wohl als besonderes Stilmittel zu betrachten.
Aber dennoch: liegt hier eine gedankliche Konstruktion
oder eine bildliche Vorstellung vor? Um dies herauszufin-
den, müssten verschiedene Metapherntheorien herangezogen werden.

Weitere Beispiele für Passagen ohne Kenning sind die
folgenden: Sigvat spricht bei der Kunde von Olafs Tod:
»Die hohen, abfallenden Klippen ganz Norwegens schie-
nen mir zu lachen, so lange Olaf lebte; früher wurde ich
auf den Schiffen (des Königs) häufig gesehen; nun scheinen mir die Berghänge um vieles unfreundlicher seitdem;
so ist mein Schmerz; ich verlor die ganze Freundschaft des
Fürsten«. Der alternde Eyvindr, der seinem König Hákon
góði auch über den Tod hinaus treu bleibt, dichtet, als er

von dessen Nachfolger Haraldr gráfeldr bedrängt wird:
»Einen Herrn hab' ich gehabt, / teurer Fürst, früher als
dich / – es bedrückt mich, Herr, das Alter –, / ich erbitte
mir keinen dritten. / Treu war ich dem teuren Fürsten, / mit zwei Schilden spielte ich niemals. / Ich fülle deinen Heerhaufen, König, / (aber) das Alter fällt mir zur
Last«. Die letzten beiden Exempel können auch beleuchten, dass es neben den fahrenden Skalden, die ihre Dichtkunst in den Dienst verschiedener Auftraggeber stellten,
auch solche gab, die ihrem Herrn treu blieben, »niemals
mit zwei Schilden spielten«.

Es soll nun die Frage der Überlieferung kurz gestreift
werden. Das umfangreiche Korpus der Skaldendichtung,
bestehend aus den längeren Gedichten sowie einer Unzahl
von Einzelstrophen, ist in seiner Überlieferung trümmerhaft. Man kennt – wie gesagt – rund 250 Skalden (unter
ihnen sieben weibliche), wenigstens dem Namen nach,
aber nicht von jedem ist etwas überliefert. Zwei späte
Handschriften enthalten das *Skáldatal* (»Skaldenverzeichnis«) und nennen 146 Dichter, die an Höfen von Königen
und Fürsten gewirkt haben. Aber nicht von allen genannten Dichtern ist etwas überliefert, wie auch das *Skáldatal*
nicht alle Hofdichter nennt, von denen etwas erhalten ist.
Die defekte Überlieferung kann man daran sehen, dass gelegentlich erwähnt wird, dieser oder jener Dichter habe
eine *drápa* oder einen *flokkr* auf einen Fürsten gedichtet,
wovon mitunter nur der Titel oder einige Strophen zitiert
werden, d. h., Langgedichte leben bei späteren Schriftstellern nur als Zitate weiter. Sie sind in den Königsgeschichten auseinander gerissen, da sie als historische Quelle
dienten und nicht als literarisches Kunstwerk. Einige
Preisgedichte sind mitunter in verschiedenen historischen
Werken zitiert, aber in unterschiedlicher Strophenfolge.
Dies erschwert die Rekonstruktion der ursprünglichen
Form und deren ästhetische Würdigung. Nur sehr selten
wird ein Langgedicht als Ganzes überliefert, z. B. die

»Haupteslösung« des Egill Skallagrímsson oder die *Þórs-drápa* des Eilífr Goðrúnarson (drei Handschriften der *Snorra Edda*) – dies im Gegensatz zu den religiösen christlichen Gedichten, wie etwa der *Geisli* des Einarr Skúlason (Mitte 12. Jahrhundert) oder der *Plácítusdrápa* (etwa 1200) und den späteren Gedichten.

Nahezu die gesamte Skaldendichtung wird verstreut in Prosawerken überliefert, von denen es aber keine Originale gibt, sondern nur späte Abschriften. Für die Langgedichte nimmt man große historische Zuverlässigkeit an, anders stellt sich die Frage bei den losen Strophen. Diese werden insbesondere in den Isländersagas tradiert, die ihrerseits nur selten Langgedichte übermitteln. Die Ausnahme ist die *Egils saga*, die drei lange Gedichte enthält, von denen man annehmen darf, dass sie in der Tat von Egil stammen. Bei den *lausavísur* ist schwer zu sagen, ob sie von den Personen, denen sie in den Mund gelegt werden, auch wirklich gedichtet oder ob sie von späteren Verfassern hinzugefügt worden sind. Dies berührt die Frage nach der Entstehung der Isländersaga: Ist der Prosatext um eine bereits existierende Strophe herum komponiert, worden oder sind die Strophen in eine bereits vorhandene Geschichte, gewissermaßen als Wahrheitsbeweis, integriert worden? Generell lässt sich diese Frage nicht lösen, sie ist von Fall zu Fall zu beantworten.

Die in der altnordischen Literatur so häufig vorkommende Mischform aus Prosa und Strophen nennt man *prosimetrum*. Über dessen Herkunft im Altnordischen ist man sich bis heute nicht einig und das Bild ist einigermaßen unklar. Das frühe historiographische Werk *Ágrip* (um 1190) zitiert einige Strophen. Vom norwegischen König Harald dem Harten (gest. 1066), der selber als Dichter bekannt ist, wissen wir, dass er viele Hofdichter um sich scharte (sie sind im *Skáldatal* verzeichnet). Snorri zitiert einige Gedichte in seiner *Heimskringla*, hauptsächlich allerdings die königlichen Strophen, während die Gedichte seiner Skalden mitunter nur umschreibend zitiert werden (z. B. »da sprach Þjóðólfr eine Strophe darüber, dass er …«; Harald s. Kap. 91). Von König Sverrir (gest. 1202) wird berichtet, dass er 13 Dichter bei sich hatte, aber in der *Sverris saga* findet sich keine der Strophen. Der norwegische Historiker Theodoricus betrachtet die Skaldenstrophen als eine vorzügliche Quelle, zitiert aber keine einzige, was wiederum der ebenfalls lateinisch schreibende dänische Historiker Saxo Grammaticus tut. Und nicht alle Isländersagas weisen Strophen auf, die *Hrafnkels saga* etwa kommt ohne jede Strophe aus. Die sog. Skaldensagas überborden von Gedichten, was ja auch in der Natur der Sache liegt, behandeln sie doch das Leben eines Skalden.

Das *prosimetrum* war im lateinischen Mittelalter, insbesondere in Historiographie und Hagiographie, eine beliebte Darstellungsform, die ihre Anfänge im klassischen Altertum hatte. Der normannische Kirchenhistoriker Ordericus Vitalis (gest. 1142) hat sich dieser Form bedient wie auch der englische Historiker William von Malmesbury (etwa 1090–1143) oder Dudo von St. Quentin (etwa 960–1026) in seiner Normannengeschichte, um nur drei Historiker zu erwähnen. Auch in den altfranzösischen Trobador-Viten (*vidas*) und den Kommentaren dazu (*razos*) findet sich die Mischform aus Prosa und Strophen. Eine Verbindung zu dieser europäischen Tradition möchte man also nicht ausschließen.

Unter den Skalden darf man natürlich nicht Dichter aus Profession verstehen, diese Vorstellung ist dem Mittelalter recht fremd. Bei der Skaldendichtung wird es sich um eine weit verbreitete Kunstübung gehandelt haben, denn viele Sagahelden können Strophen aus gegebenen Anlässen dichten, auch wenn sie weiter nicht als Skalden bezeichnet werden« Hierbei ist es unerheblich, ob diese Strophen »echt« sind oder nachträglich aus literarischen Gründen den Protagonisten in den Mund gelegt werden, um die Narration lebhafter, eindringlicher, witziger oder glaubhafter zu gestalten. Hierfür ein Beispiel aus der *Egils saga*: Wenn der dreijährige Egil, der von seinem Vater nicht auf ein Festgelage mitgenommen wird, sich dennoch dorthin begibt und beim fröhlichen Umtrunk eine perfekte Skaldenstrophe abliefert, dann gehört diese Strophe bei aller Kunstfertigkeit der Isländer und der besonderen dichterischen Begabung des Saga-Helden nicht Klein-Egil, sondern dem Autor der Saga. Es ist auch unwahrscheinlich, dass, wie die *Fóstbrœðra saga* glauben machen will, der in der Schlacht von Stiklastaðir tödlich verwundete Gefolgsmann König Thormods im Augenblick seines Todes noch eine nahezu perfekte Strophe dichtet, die dann der spätere Köng Harald der Harte vollendet.

Die Bedeutung der Hofskalden liegt in ihrer politischen Funktion, denn die Preisung des Fürsten diente deren politischem Ansehen. Es kommt dabei entscheidend auf das gute Gedicht, den rühmenden Text an und nicht auf die Person des Dichters. Daher ist es verständlich, dass Skalden durchaus einander feindliche Füsten preisen konnten, der Text war wichtig, nicht die Gesinnung seines Verfassers. So dichtet beispielsweise Hallfreðr zwei *drápur* auf die Lade-Jarle, die Gegner des norwegischen Königs Olaf Tryggvason, dem Hallfreðr ebenfalls eine *drápa* widmet. Diese Auffassung von Dichtung führte auch zu der Erscheinung der »Haupteslösungen« (*höfuðlausn*), für die wenigstens drei Beispiele überliefert sind: Egill Skallagrímsson kann durch ein Preislied, das im endreimenden Versmaß *runhent* steht, auf seinen Feind Erich Blutaxt sein Leben vor dessen Rache bewahren. Óttar svarti, der den schwedischen, den dänischen und den norwegischen König in Gedichten pries, konnte sich durch eine »Hauptteslösung« aus dem Gefängnis retten, von der 20 Strophen und Halbstrophen bewahrt sind. Þórarinn loftunga (»Lobzunge«) hatte auf den Dänenkönig Knut den Großen nur einen *flokkr* gedichtet, worüber der König ergrimmte und ihm mit Hängen drohte, wenn er ihm nicht bis zum nächsten Tag eine *drápa* dichtete. Þórarinn fügt dem Gedicht einen Refrain (*stef*) und noch einige weitere Strophen bei, wofür er nicht nur das Leben erhielt, sondern auch noch mit 50 Mark Silber belohnt wurde. Von Þórarinns Gedichten überliefert Snorri, der diese Geschichte erzählt, lediglich den Refrain. Die Belohnung für ein gutes Gedicht wird häufig erwähnt. Der Situation und dem Alter des Dichters angemessen erhält der dreijährige Dreikäsehoch Egil für die oben erwähnten Strophen seinen Dichterlohn, drei Seeschnecken und ein Entenei, wofür er sich wieder mit einer perfekten Skaldenstrophe bedankt.

Der folgende Versuch eines literaturgeschichtlichen Überblicks ist mit vielen Fragezeichen zu versehen. Das liegt insbesondere an den Problemen der Überlieferung, die erst ab etwa 1200 einsetzt, was für einige Gedichte bedeuten kann, dass sie möglicherweise über 300 Jahre mündlich tradiert worden sind. Aber das straffe Korsett der Form hat die Gedichte vor dem »Zersingen« vermutlich besser bewahrt als ungeformte mündliche Überlieferung. Dies soll nicht darüber hinwegtäuschen, dass gleichwohl manches verloren gegangen ist und manches nur in korrupter Form vorliegt. Der Historiker Snorri misst im Prolog seiner *Heimskringla* den Gedichten einen hohen Quellenwert bei. Sie seien im Vergleich zur sonstigen Überlieferung zuverlässiger, »wenn man sie richtig vorträgt und sie in der rechten Weise deutet«, was man wohl dahingehend verstehen muss, dass die Auflösung der Kenninge auch schon für Snorri nicht immer einfach war. Die Hofdichtung, so Snorri, habe unter Harald Haarschön, also gegen Ende des 9. Jahrhunderts, angefangen. Der Fürstenpreis hält sich dann gut 400 Jahre, sein Vermaß lebt auch in der christlichen Dichtung weiter.

Überliefert ist die Skaldendichtung in den Sagas, vorwiegend den Isländersagas, in den Königssagas, der *Snorra*

Edda und der dritten und vierten »Grammatischen Abhandlung«. In den geschichtlichen Werken dienen die Strophen als historische Quellen, in Snorris Edda sind sie Beispiele für literarisches Verfahren. So zitiert Snorri in seiner Edda eine Strophe von König Harald dem Harten, um zu zeigen, dass man *hjörtr vengis* »Hirsch des Hinterstevens« als Kenning für ›Schiff‹ verwenden kann, dieselbe Strophe bemüht er in seiner *Heimskringla* (*Haralds saga harðráða*, Kap. 15) als historische Quelle.

Die ersten Skalden dürften in der Hauptsache Norweger gewesen sein, allerdings ist aus der Zeit um 1000 eine vollständig ausgebildete *dróttkvætt*-Strophe auf dem Karlevi-Stein auf Öland erhalten. Vielleicht sind auch einige Strophen von Dänen gedichtet worden, wie in einigen Isländersagas berichtet wird, doch bleiben diese Nachrichten unsicher. Die Skaldendichtung ist hauptsächlich eine westnordische und insbesondere eine isländische Angelegenheit. Der letzte bedeutende Skalde Norwegens ist Eyvindr skaldaspillir (zweite Hälfte des 10. Jahrhunderts), danach wird die Skaldendichtung in Norwegen in den nächsten Jahrhunderten noch verstanden, aber nicht mehr aktiv ausgeübt, sie verlagert sich ganz nach Island. Daneben gibt es noch einen aktiven Zweig auf den Orkneys, wo Rögnvaldr Kolsson (gest. 1158) und Bischof Bjarni Kolbeinsson (gest. 1222) diese Kunst ausüben.

Zum ältesten Bestand gehören bildbeschreibende Gedichte, insbesondere in der Form von Schildgedichten, wie man sie etwa auch bei Homer vorfindet. So dichtet der älteste Skalde Bragi (9. Jahrhundert) in seiner *Ragnarsdrápa* über Themen aus der Mythologie und aus der Heldensage, und ebenso beschreibt Þjóðólfr ór Hvini (9. Jahrhundert) in seinem Schildgedicht *Haustlöng* zwei Szenen aus der heidnischen Mythologie. Eine Bildbeschreibung finden wir auch bei Ulfr Uggason (Ende 10. Jahrhundert): Die *Laxdœla saga* (Kap. 29) erzählt, dass Ulfr anlässlich eines Festes ein Gedicht machte, in dem er »die Sagen, die im

Herdhaus dargestellt waren«, beschrieb. Es »wird Husdrapa genannt und ist gut gedichtet. Olaf gab reichen Lohn für das Gedicht«. Eigenartigerweise zitiert die Saga es nicht, nur in Snorris Edda ist es überliefert. Wenn auch die Herleitung dieser bildbeschreibenden Gedichte nicht geklärt ist, muss man doch den größeren Zusammenhang im Auge behalten. Sie sind eine Form der *ekphrasis*, poetische Beschreibungen eines Kunstwerkes, wie sie etwa im frühen 9. Jahrhundert am Karolingerhof populär waren. Theodulf von Orléans (gest. 821) und Ermoldus Nigellus seien hier als Beispiele genannt.

Dieser Zeit gehört auch die *Þórsdrápa* des Eilífr Goðrúnarson an. Sie nimmt indes eine Sonderstellung ein, da sie das einzige Langgedicht ist, das einen heidnischen Mythos erzählt, nämlich Thors Fahrt zum Riesen Geirröðr. Von seinem Inhalt her steht es der Edda nahe, von seinem poetischen Verfahren (es steht im *dróttkvætt* und bedient sich ausgiebig der Kenning) gehört es eindeutig zur Skaldik. Der erwähnte Þjóðólfr ór Hvini hat anscheinend als Erster ein genealogisches Gedicht verfertigt. Sein *Ynglingatal* zählt die Vorfahren des norwegischen Regionalkönigs Rögnvaldr zurück bis zum göttlichen Namengeber Yngvi auf, der wohl ein anderer Name für den Gott Freyr ist. In dem Gedicht nennt er die Namen der früheren Könige und deren Todesart. Man konnte also den Herrscher nicht nur durch die Erwähnung großer Taten und strahlender Siege, sondern auch durch ihre vornehme Abstammung rühmen. Auf dieselbe Weise verfuhr rund 150 Jahre später (um 990) Eyvindr skaldaspillir, der – nach dem Vorbild des *Ynglingatal* – in seinem *Háleygjatal* dem Jarl Hákon die Vorfahren herzählte und sie ebenfalls auf göttlichen Ursprung zurückführte. Wieder 200 Jahre später ließ sich der vornehme Isländer Jón Loptsson, dessen Großvater immerhin der norwegische König Magnus Barfuß war, nach diesen beiden Vorbildern ein ähnliches genealogisches Gedicht (*Nóregs konunga tal*) machen, dessen Verfasser unbekannt ist. Damit glaubte er wohl, in die Reihe der norwegischen Könige einrücken zu können – wieder ein Beispiel dafür, wie Literatur auf Literatur reagiert. Diese drei Gedichte sind im Versmaß *kviðuháttr* gedichtet, einer Mischung aus eddischen und skaldischen Elementen. Mit dem eddischen *fornyrðislag* teilt es die zweihebigen Kurzverse, mit dem *dróttkvætt* die Silbenzählung (Anvers dreisilbig, Abvers viersilbig), allerdings verzichtet es auf die skaldischen Binnenreime. (Neben diesen genealogischen Gedichten kommt dieses Versmaß nur noch in Egills *Arinbjarnarkviða* und Sturla Þórðarsons *Hákonarkviða* vor.)

In ihrer Form mögen diese Gedichte eine nordische Spezialität sein, in ihrer Intention entsprechen sie ganz dem europäischen Interesse für die Vorfahren. Sichtbar wird sie in den »Volksgeschichten« (*origo*), in mittellateinischer Historiographie und in angelsächsischen Königslisten, in denen die Abstammung der anglischen Könige auf einen Gott zurückgeführt werden, in irischer Tradition und schließlich auch in den Isländersagas sichtbar wird. In jedem Fall ist das Streben nach Legitimation von Herrschaft und nach Beglaubigung historischer Wahrheit sowie Pflege der Erinnerung/*memoria* der Grund für die Auflistung der Altvorderen.

Der Kern der Skaldendichtung ist der Fürstenpreis, Gedichte über die ruhmvollen Taten des lebenden oder des vor kurzem gestorbenen Fürsten oder Königs, wenngleich sie sich darin nicht erschöpfen. Möglicherweise ist die Verherrlichung des Fürsten eine gemeingermanische Angelegenheit: Priskos berichtet davon, dass zwei Barbaren (möglicherweise Goten) den Hunnenkönig Attila und seine Siege in Gedichten verherrlichten. Im altenglischen *Beowulf* (V. 867–874) wird der Held nach seinem Grendel-Kampf im anscheinend improvisierten Preislied gelobt. Das althochdeutsche *Ludwigslied* (881 oder 882) besingt den westfränkischen König Ludwig III. Am Hof von König Æthelstan wurde der König für seinen Sieg in der Schlacht von Brunanburh (937) gepriesen, an seinem Hof von Winchester gab es eine lateinische und volkssprachliche esoterische und lobpreisende Hof-Poesie. Mit zu den ältesten Preisgedichten gehört wohl das *Haraldskvæði* (»Haraldsgedicht«), das auch *Hrafnmál* (»Rabenlied«) genannt wird. Keine dieser beiden Bezeichnungen stammt jedoch aus dem Mittelalter, sie sind Benennungen aus dem 19. Jahrhundert. Exemplarisch kann man hier einen Teil unserer Problematik mit der Skaldendichtung erläutern. So, wie das »Rabenlied« heute in den wissenschaftlichen Ausgaben steht, ist es nicht tradiert worden: In verschiedenen historiographischen Werken des 13. Jahrhunderts finden sich verstreut u.a. 23 Strophen, die nicht demselben Verfasser zugeschrieben werden; einige Quellen nennen Þjóðólfr ór Hvini, andere Þorbjörn hornklofi als Autor. Diese Strophen wurden im 19. Jahrhundert als zusammengehörig erklärt, im Mittelalter fehlt ihnen aber eine sammelnde Bezeichnung; inhaltliche und formale Kriterien haben das nachträgliche Zusammenfügen bestimmt. Es handelt sich um eine Rühmung des norwegischen Königs Harald Haarschön, der – so will es die Tradition – etwa um 880 die Schlacht im Bocksfjord gewann und damit Norwegen zu einem Reiche einte. Der fiktive Dichter schildert ein Gespräch zwischen einer Walküre und einem Raben, in welchem Letzterer von der Schlacht erzählt. Außerdem enthalten diese Strophen noch die Erwähnung, dass Harald sich mit einer Dänin verheiratet hat. Gehörten diese 23 Strophen ursprünglich wirklich zusammen, oder hat man es mit Fragmenten eigentlich selbstständiger Gedichte zu tun? Sie stehen alle im eddischen Versmaß *málaháttr*. In eddischen Versmaßen stehen auch zwei weitere frühe Preisgedichte (Mitte 10. Jahrhundert), die *Eiríksmál* und die *Hákonarmál*. Ersteres (anonym überliefert) rühmt Erich Blutaxt, einen der vielen Söhne von Harald Haarschön, der von Odin nach

Walhall geholt worden ist, da Odin jeden guten und tapferen Kämpfer braucht, um gegen den Fenriswolf zu bestehen. Eiriks Bruder, König Hákon der Gute, wurde kurz darauf in einem Preisgedicht des hier schon einmal erwähnten Eyvindr skáldaspillir gepriesen. Eyvindr reagierte auf die *Eiríksmál* und benutzt dieselbe Szenerie: Hákons Einzug nach Walhall. Diese drei Gedichte (*Hrafnmál, Eriríksmál, Hákonarmál*) bilden eine Gruppe für sich, und man hat sie unter der Bezeichnung »eddische Preislieder« zusammengefasst. Sie verwenden eddische Versmaße und bedienen sich ausgiebig der Kenningtechnik. Die Anlehnung an die Edda ist keineswegs genetisch zu erklären – etwa damit, dass man hier den Übergang von Edda zur Skaldik sehen könne. Dagegen spricht ganz einfach, dass Þorbjörn hornklofi wohl zur selben Zeit wie sein anderes Preisgedicht ein weiteres Loblied auf König Harald dichtete, die *Glymdrápa* (»Kampflärm-Preislied«), die wegen ihrer schweren Kenninge nicht leicht zugänglich ist – das *dróttkvætt* ist im 9. Jahrhundert eben schon voll ausgebildet.

Mit Eyvindr ist die Zeit der norwegischen Skalden vorbei, und von nun an gibt es nur noch isländische Skalden. Warum das so kam, ist ungeklärt. Und es ist eigentümlich: die norwegischen Könige lassen sich gerne von Isländern besingen, eigene Dichter gibt es nicht. Es kommt eben mehr auf den Text an und nicht auf die äußeren Umstände, wie man dies auch folgender Szene aus der *Eiríkssona saga* (Kap. 1) der *Heimskringla* entnehmen kann: König Hákon ist durch die Eirikssöhne, also seine Neffen, gefällt worden. Ihr Anführer ist Harald Graumantel, dessen isländischer Skalde Glúmr Geirason in einer Strophe seiner Freude über den Tod Hákons Ausdruck gibt. Daraufhin erwidert Eyvindr, König Hákons treuer Skalde, in einer Strophe, in der er dem toten König ehrt. Dies ist für ihn am Hofe von Hákons Gegner lebensgefährlich, doch es kommt durch die Vermittlung von Freunden zur Aussöhnung. Eyvindr wird zum Skalden von Harald Graumantel, so wie er früher der Skalde von Hákon dem Guten war, und später schloss er sich dem Kreis um den Lade-Jarl Hákon an.

Der erste bedeutende isländische Dichter ist wohl Egil Skallagrimsson (10. Jahrhundert), dessen »Haupteslösung« (*höfuðlausn*) und dessen frühkindliches Schaffen schon erwähnt wurde. Er ist der Held der nach ihm benannten Saga, die neben vielen Einzelstrophen noch das Gedicht auf seinen Freund Arinbjörn, die *Arinbjarnarkviða*, und das bewegende Gedicht auf den Tod seines Sohnes Böðvarr, die *Sonatorrek* (»Söhneverlust«) überliefert. Ein Zeitgenosse Egils ist Glúmr Geirason, von dem Reste einer *Gráfeldardrápa* (»Graumantel-Preislied«) auf König Harald Graumantel, einen Sohn von Erich Blutaxt, existieren. Glúmr ist übrigens der Vater des zweiten Ehemanns von Guðrun, der Protagonistin der *Laxdœla saga*.

In das 10. Jahrhundert gehört weiterhin Kormákr Ögmundarson (gest. um 970), der ebenfalls auf Harald Graumantel ein (allerdings verlorenes) Gedicht gemacht hat. Besonders bekannt ist er als Liebesdichter, dessen Strophen in der *Kormáks saga* überliefert sind. Es ist indes nicht sicher, dass alle dort tradierten Strophen auch von ihm stammen, im Laufe der Zeit könnten sie hinzugefügt worden sein. Wichtig ist zu bedenken, dass es eine reiche Liebeslyrik gab, und Kormákr ist vielleicht ihr bedeutendster Dichter. Gegen Ende des 10. Jahrhunderts wirken noch andere Liebeslyrikdichter: Gunnlaugr ormstunga (Schlangenzunge) Illugason, Björn Arngeirsson Hítdælakappi und Hallfreðr vandræðaskáld Ottarson, die alle auch die namengebenden Helden von Isländersagas sind, welche ihre Lyrik überliefern. Bei der Einordnung dieser Liebeslyrik ergeben sich indes erhebliche Probleme. Die Sagas wollen uns glauben machen, dass diese vier Dichter, die vor dem und um das Jahr 1000 gelebt haben, ihre Gedichte auch in jener Zeit produziert haben. Da die euro-

päische Liebeslyrik erst um 1000 mit mittellateinischen
und altfranzösischen Gedichten einsetzt und da die Skaldensagas wohl von der Troubadourdichtung nachdrücklich beeinflusst sind, entstammen wahrscheinlich auch die
den vier Skalden zugeschriebenen Strophen nicht der Zeit
der Dichter, sondern der Entstehungszeit der Sagas –
wann immer die nun gewesen sein mag, wohl Anfang des
13. Jahrhunderts.

Dies ist dagegen anders bei ihrer Fürstenpreisdichtung,
und alle vier haben auch für norwegische Fürsten und Könige gedichtet, doch ist nicht alles erhalten. Am wichtigsten in diesem Zusammenhang dürften die Gedichte von
Hallfreðr sein. Er war nach einer Zeit beim heidnischen
Lade-Jarl Hákon zu König Olaf Tryggvason übergegan-
gen und hat sich taufen lassen. Dies mag der Grund dafür
sein, dass seine Kenninge etwas leichter sind. Sie gründen
nicht mehr im Heidnischen, das in der Dichtung erst wieder ab der Mitte des 12. Jahrhunderts beliebt wird. Am
Hof des Lade-Jarl Hákon, wo – nach dem *Skáldatal* – acht
isländische Dichter tätig waren, hielt sich auch der Isländer Einarr skálaglamm Helgason auf, dessen mit vielen heidnischen mythologischen Kenningen überladenes
Preisgedicht auf Jarl Hákon *Vellekla* (»Goldmangel«) in
37 Strophen überliefert ist.

Die Glanzperiode der nordischen Fürstenpreisdichtung
fällt in die erste Hälfte des 11. Jahrhunderts und verbindet
sich mit Sighvatr Þórðarson, Arnórr jarlaskáld Þórðarson
(die nicht miteinander verwandt sind) und Þjóðólfr Ar-
nórsson. Der Älteste von ihnen, Sighvatr, ist – der Überlieferung nach – der fleißigste, insgesamt sind etwa 160
Strophen von ihm erhalten. Er ist der getreue Dichter des
Königs Olaf des Heiligen, für den er verschiedene diplo-
matische Reisen unternimmt; eine von ihnen bildet den
Inhalt seiner *Austrfararvísur* (»Ostfahrt-Strophen«). Die
Víkingarvísur (»Wikinger-Strophen«) handeln von den Jugendtaten des Königs, die *Nesjavísur* (»Nesja-Strophen«)

handeln von Olafs Sieg in der Schlacht von Nesja. Für Olafs Sohn und Nachfolger Magnus dichtet er die *Bersöglisvísur* (»offenherzige Strophen«), in denen er den König auf Missstände hinweist. Kennzeichnend für Sighvatrs Schaffen ist, dass er weniger Kenninge verwendet, allem Anschein nach einem Stilideal der Zeit folgend, dem auch die beiden anderen verpflichtet sind. Arnórr, der einige Zeit den Jarlen der Orkneys gedient hatte (daher stammt sein Beiname), bedient sich des Versmaßes *hrynhent*, einer Variation des *dróttkvætt*, in dem dessen Verszeilen um zwei Silben auf acht erweitert werden. Sein Gedicht auf König Magnus trägt daher den Namen *Hrynhenda*. Sein Name taucht häufig in den Isländersagas und den Königssagas auf, aber viele Gedichte, die ihm in den Quellen zugeschrieben werden, sind nicht erhalten. Von Þjóðólfr sind immerhin 90 Strophen überliefert, unter ihnen die *Sexstefja* (»Sechs-Kehrreimige«), ein Huldigungsgedicht auf König Harald den Harten. Es enthielt anscheinend sechs Refrains, und die erhaltenen rund 35 Strophen sind nur der Rest eines wohl wesentlich längeren Gedichtes.

Im 12. Jahrhundert gab es eine reiche Fürstenpreisdichtung, die in den historiographischen Quellen erwähnt wird, doch das wenigste davon ist erhalten. Im Zeichen der Renaissance des 12. Jahrhunderts hat sich nun die Form der *memoria*, der Erinnerung, geändert. Wurde früher die Erinnerung an Fürsten und Könige im Preislied festgehalten, ist nun die schriftliche, die verschriftlichte Form in Prosa maßgeblich. Dies mag der Grund dafür sein, dass die Preislieder auseinander gerissen in den Geschichtswerken zitiert werden – sie sind eben nur eine Quelle unter mehreren. Der produktivste Dichter dieses Jahrhunderts ist Einarr Skúlason, und das Bild, das die Überlieferung abgibt, ist bezeichnend. Es sind von ihm immerhin 147 Strophen erhalten, doch unter den vielen in den Quellen genannten Preisgedichten auf verschiedene norwegische Könige sind nur spärliche Reste tradiert. Na-

hezu vollständig (71 Strophen im *dróttkvætt*) dagegen
existiert seine *Geisli* (»Lichtstrahl«). Sie ist eine Rühmung
des 1030 gefallenen Königs Olaf des Heiligen, wobei der
Akzent vor allem auf den Wundertaten des Königs liegt
und nicht auf seinen kriegerischen Erfolgen. Dies muss
wohl der Grund dafür gewesen sein, dass Snorri das Gedicht in seiner *Ólafs saga* nicht verwendet hat, das als historische Quelle nicht brauchbar war. Er beruft sich allerdings in der Darstellung der Geschichte des 12. Jahrhunderts häufig auf Einarr, allerdings ohne seine Preisgedichte
zu zitieren, und begnügt sich mit Hinweisen wie: »Das erzählt Einarr«, wie Snorri überhaupt, je näher ihm die ge-
schilderte Zeit rückt, umso weniger Strophen direkt zitiert. Durch die Hereinnahme christlicher Symbolik ist
Einarr der erste bedeutende christliche Skalde.

Das 12. Jahrhundert weist, neben der *Geisli*, eine Zahl
bedeutender religiöser Gedichte auf, die sich ganz in die
hergebrachte Form der Skaldendichtung einfügen und sich
der *drápa* im *dróttkvætt* bedient, so dass es unter dem formalen Aspekt keinen Traditionsbruch gibt. Unter ihnen
ragen aus der zweitem Hälfte des Jahrhunderts heraus:
Harmsól (65 Strophen, »Sorgensonne«), eine Darstellung
wichtiger christologischer Themen; *Plácítusdrápa* (fragmentarisch, »Placidus-Preisgedicht«), die die Legende
vom Märtyrer Eustachius wiedergibt; und die *Leiðarvísan*
(45 Strophen, »Wegweiser«), die von der Sonntagsheili-
gung handelt. Die religiöse Dichtung setzt sich in den alten Versformen und dem überkommen poetischen Verfahren bis ins 14. Jahrhundert hinein fort. Das *Sólarljóð*
(82 Strophen, »Sonnenlied«) von etwa 1200 behandelt verschiedene christliche Themen, doch ist es noch aus einem
anderen Grund höchst bemerkenswert. Es knüpft nicht
nur in der Wahl des Versmaßes (*ljóðaháttr*), sondern auch
durch Anspielungen an pagane Gedichte der Lieder-Edda
an, z. B. an *Hávamál* und die *Völuspá*. Die alten Gedichte
gehörten eben zum kulturellen, vielleicht zum nationalen

Erbe. Die *Líknarbraut* (»Gnadenweg«) von etwa 1250 erzählt vom Leidensweg Christi mit der Niederfahrt in die Unterwelt, der Auferstehung, der Himmelfahrt und dem Jüngsten Gericht. Der Augustinermönch Eysteinn Ásgrímsson (gest. 1361) dichtet Mitte des 14. Jahrhunderts seine *Lilja* (100 Strophen, »Lilie«) im *hrynhent*, das von der Erschaffung des Menschen bis hin zum Jüngsten Gericht handelt (auf sein Verhältnis zur poetischen Sprache wurde schon hingewiesen). Die Überlieferung dieser religiösen Gedichte ist aus nahe liegenden Gründen anders als die der Fürstenpreisgedichte; sie dienten nicht als historische Quelle und wurden daher unzerrissen als Ganzes tradiert.

Dass die alte vorchristliche Tradition durch die Einführung des Christentums nicht unterbrochen wurde, lässt sich weiterhin daraus ablesen, dass Mitte des 12. Jahrhunderts, wahrscheinlich auf den Orkneys, der *Háttalykill* (»Versmaß-Schlüssel«) gedichtet wurde, der alte Vorzeithelden Revue passieren lässt. Da es sich dabei jedoch vordringlich um eine Poetik handelt, ist er an anderer Stelle erwähnt worden. Von den Orkneys stammt auch die *Jómsvíkinga drápa* (»Jomswikinger-Preislied«) vom Anfang des 13. Jahrhunderts, die den Kampf der Jomswikinger, daneben aber auch die Liebe des Dichters für eine verheiratete Frau zum Inhalt hat. Einflüsse der Troubadourdichtung, möglicherweise auch der *folkevise* (»Volkslied«) sind anzunehmen. Unter dem Vorzeichen der Traditionsbewahrung steht auch die *Íslendingadrápa*, deren Datierung ungesichert ist (entweder Ende des 12. oder des 13. Jahrhunderts). In ihr werden Personen aus der Frühzeit der isländischen Geschichte, der Saga-Zeit, aufgelistet, die meistens aus den Isländersagas bekannt sind.

Die erstaunliche Geschichte der Skaldendichtung ist damit noch nicht ganz zu Ende. Das System der Zeilenbindung durch Stabreime und ein, wenn auch gemäßigteres Weiterleben der Kenning- und *heiti*-Kunst liegt in der nur

isländischen Erscheinung der *rímur* vor. Es sind dies lange
epische, in variationsreichen Versmaßen gedichtete Erzählungen, was einen entscheidenden Unterschied zur Skaldendichtung ausmacht, die so gut wie keine narrativen
Elemente kennt. Sie sind *cum grano salis* jener Gattung
vergleichbar, die gegen Ende des Mittelalters in Skandinavien verstärkt auf den Plan tritt: die *folkevise*, die Volksballade. Während die *rímur* auf Island bis in das 19. Jahrhundert hinein eine produktive Gattung sind, hat die
Volksballade dort nicht dieselbe Originalität wie in Norwegen und Dänemark erlangt.

Nachbemerkung

Die nicht synoptisch, sondern eher nach Gattungen angelegte Darstellung der altnordischen Literatur verdunkelt nur allzu leicht das Gleichzeitige. Stellt man sich den Norden um 1300 vor, so sieht man in Norwegen, Schweden und Dänemark die Literatur in einem betrüblichen Zustand, es gibt nicht viel, das die Lektüre lohnt. Wie anders auf Island! Die Sagaschreibung ist in vollem Gang, und dies in allen ihren Ausprägungen: die schon früher begonnene historiographische Literatur wird weitergeführt, Isländer- und Vorzeitgeschichten stehen in voller Blüte, die religiöse Erbauungsliteratur wird eifrig studiert, Ritter- und Märchensagas finden ihren Weg nach Island, die Lieder der Edda werden aufgeschrieben, die Gedichte der Skalden werden tradiert. Und all dies wird durch die kommenden Jahrhunderte hindurch nachdrücklich überliefert: gelesen, vorgetragen, abgeschrieben, erweitert, verkürzt, neu bearbeitet – eine lebendige und produktive Tradition.

Bibliographie

Allgemeines

Bautier, Robert Henri [u.a.]: Lexikon des Mittelalters. Bd. 1ff. München/Zürich 1980ff.

Boberg, Inger M.: Motif-Index of Early Icelandic Literature. Kopenhagen 1966. (Bibliotheca Arnamagæana. 27.)

Gippert, Stefan [u.a.]: Studienbibliographie zur Älteren Skandinavistik. Leverkusen 1991.

Kulturhistorisk leksikon for nordisk middelalder fra vikingetid til reformationstid. 22 Bde. Kopenhagen 1956–78.

Nordisk Kultur. Bd. 1ff. Stockholm 1936ff.

Reallexikon der germanischen Altertumskunde. Begr. von Johannes Hoops. 2., völlig neu bearb. Aufl. Hrsg. von Heinrich Beck [u.a.]. Bd. 1ff. Berlin / New York 1973ff.

Simek, Rudolf / Pálsson, Hermann: Lexikon der altnordischen Literatur. Stuttgart 1986.

***

Clover, Carol J.: The Medieval Saga. Ithaca (N. Y.) 1982.

– / Lindow, John (Hrsg.): Old Norse-Icelandic Literature: A Critical Guide. Ithaca (N. Y.) 1985. (Islandica. 45.)

Clunies Ross, Margaret (Hrsg.): Old Icelandic Literature and Society. Cambridge 2000.

Foote, Peter: Skandinavische Dichtung der Wikingerzeit. In: Neues Handbuch der Literaturwissenschaft. Bd. 6: Europäisches Frühmittelalter. Hrsg. von Klaus von See. Wiesbaden 1985. S. 317–357.

Gschwantler, Otto: Älteste Gattungen germanischer Dichtung. In: Ebd. S. 91–123.

Helgason, Jón / Nordal, Sigurður: Litteraturhistorie. Stockholm [u.a.] 1953. (Nordisk kultur. 8.)

Heusler, Andreas: Die altgermanische Dichtung. Potsdam 1941.

Jónsson, Finnur: Den oldnorske og oldislandske litteraturs historie. 3 Bde. Kopenhagen 1920–24.

Kristjánsson, Jónas: Eddas und Sagas. Die mittelalterliche Literatur Islands. Hamburg 1994.

Lindow, John [u.a.]: Structure and Meaning in Old Norse Literature. New Approaches to Textual Analysis and Literary Criticism. Odense 1986.

Pálsson, Hermann: Sagnaskemmtun Íslendinga. Reykjavík 1962.

Schier, Kurt: Sagaliteratur. Stuttgart 1970.

– Die Literaturen des Nordens. In: Neues Handbuch der Literaturwissenschaft. Bd. 7: Europäisches Hochmittelalter. Hrsg. von Klaus von See. Wiesbaden 1981. S. 535–575.

See, Klaus von: Mythos und Theologie im skandinavischen Hochmittelalter. Heidelberg 1989.

Sørensen, Preben Meulengracht: Saga og Samfund. En indføring i oldislandsk litteratur. Kopenhagen 1977.

Tómasson, Sverrir: Formálar íslenskra sagnaritara á miðöldum. Reykjavík 1988. (Rit Stofnunar Árna Magnússonar á Íslandi. 33.)

– [u.a.]: Íslenzk bókmenntasaga. Bd. 1. Reykjavík 1992.

Vries, Jan de: Altnordische Literaturgeschichte. 2 Bde. Berlin 1964–66.

Weber, Gerd Wolfgang: Die Literatur des Nordens. In: Neues Handbuch der Literaturwissenschaft. Bd. 8: Europäisches Spätmittelalter. Hrsg. von Klaus von See. Frankfurt a. M. [u.a.] 1978. S. 487–519.

Geschichtliches

Byock, Jesse L.: Medieval Iceland. Society, Sagas, and Power. Berkeley [u.a.] 1988.

Haastrup, Kirsten: Culture and History in Medieval Iceland. An Anthropological Analysis of Structure and Change. Oxford 1985.

– Island of Anthropology. Studies in Past and Present Iceland. Odense 1990.

– Nature and Policy in Iceland 1400–1800. An Anthropological Analysis of History and Mentality. Oxford 1990.

Heusler, Andreas: Die gelehrte Urgeschichte im altisländischen Schrifttum. Berlin 1908.

Imhof, Arthur Erwin: Grundzüge der nordischen Geschichte. 2. Aufl. Darmstadt 1985.

Jochens, Jenny: Old Norse Images of Women. Philadelphia 1996.

Jóhannesson, Jón: A History of the Old Icelandic Common-wealth: Íslendingasaga. Winnipeg 1974.

Kaufhold, Martin: Europas Norden im Mittelalter. Darmstadt 2001.

Kress, Helga: Fyrir dyrum fóstru. Konur og hynferði í íslenzkum fornbókmenntum. Greinasafn. Reykjavík 1996.

Kuhn, Hans: Das alte Island. Düsseldorf 1971.

Lárusson, Ólafur: Lov og Ting. Islands forfatning og lover i fris-tatstiden. Bergen 1969.

Miller, William Ian: Bloodtaking and Peacemaking. Feud, Law, and Society in Saga Iceland. Chicago 1990.

Nordal, Guðrún: Ethics and Action in Thirteenth-Century Ice-land. Odense 1999.

Pálsson, Gísli (Hrsg.): From Sagas to Society. Comparative Ap-proaches to Early Iceland. Reykjavík 1992.

Sigurðsson, Jón Viðar: Chieftains and Power in the Icelandic Commonwealth. Odense 1999.

Sveinsson, Einar Ólafur: The Age of the Sturlungs. Icelandic Civi-lization in the Thirteenth Century. Ithaca 1953.

Weibull, Lauritz: Kritiska undersökningar i Nordens Historia omkring år 1000. Kopenhagen 1911.

Religiöse Literatur

Ausgaben

Alkuin i norsk-islandsk overlevering. Hrsg. von Ole Widding. Ko-penhagen 1960. (Editiones Arnamagnæanæ. A 4.)

Barlaams saga ok Josaphats. Hrsg. von Magnus Rindal. Oslo 1981.

Birgitta: Revelaciones. 8 Bde. Stockholm 1967–2001. (Samlingar utg. av Svenska Fornskriftsällskapet.)

Duggals leiðsla. Hrsg. von Peter Cahill. Reykjavík 1983. (Rit Stof-nunar Árna Magnússonar á Íslandi. 25.)

Et fornsvensk Legendarium. Hrsg. von George Stephens. 3 Bde. Stockholm 1847–74. (Samlingar utg. av Svenska Fornskrift-Säll-skapet.)

Heilagra manna sögur. Hrsg. von Carl Richard Unger. 2 Bde. Christiania 1877.

Islendzk Ævintyri: Isländische Legenden, Novellen und Märchen. Hrsg. von Hugo Gering. Halle 1882–83.

The Life of St. Gregory and his Dialogues. Hrsg. von Hreinn Benediktsson. Kopenhagen 1963. (Editiones Arnamagnæanæ. B 4.)

Maríu saga. Hrsg. von Carl Richard Unger. Christiania 1871.

Miðaldaævintýri þýdd úr ensku. Hrsg. von Einar G. Pétursson. Reykjavík 1976. (Rit Stofnunar Árna Magnússonar á Íslandi. 11.)

Plácidus saga. Hrsg. von John Tucker. With an Edition of Plácitus drápa by Jonna Louis-Jensen. Kopenhagen 1998. (Editiones Arnamagnæanæ. B 31.)

Postola sögur. Hrsg. von Carl Richard Unger. Christiania 1874.

Reykjahólabók: Islandske helgenlegender. Hrsg. von Agnete Loth. 2 Bde. Kopenhagen 1969/70. (Editiones Arnamagnæanæ. A 15–16.)

Saga heilagrar Önnu. Hrsg. von Kirsten Wolf. Reykjavík 2001. (Rit Stofnunar Árna Magnússonar á Íslandi. 52.)

Siælinna thrøst. Hrsg. von Sam Henning. Stockholm 1954. (Samlingar utg. av Svenska Fornskriftsällskapet.)

Stjórn. Hrsg. von Carl Richard Unger. Christiania 1862.

Thómas saga erkikbyskups. Hrsg. von Carl Richard Unger. Christiania 1869.

Forschungsliteratur

Astås, Reidar: Et bibelverk fra middelalderen. Studier i Stjórn. Oslo 1987.

Cormack, Margaret: The Saints in Iceland. Their Veneration from the Conversion to 1400. Brüssel 1994.

Hofmann, Dietrich: Die Legende von St. Clemens. Frankfurt a. M. 1997. (Beiträge zur Skandinavistik. 13.)

Kirby, Ian J.: Biblical Quotations in Old Icelandic-Norwegian Religious Literature. 2 Bde. Reykjavík 1976–80. (Rit Stofnunar Árna Magnússonar á Íslandi. 9–10.)

Gelehrsamkeit

1. Elucidarius

Elucidarius in Old Norse Translation. Hrsg. von Evelyn Scherabon-Firchow und Kaaren Grimstad. Reykjavík 1989. (Rit Stofnunar Árna Mangússonar á Íslandi. 36.)

2. Physiologus

The Icelandic Physiologus. Hrsg. von Halldór Hermannsson. Ithaca 1938. (Islandica. 27.)

3. Prosper

Leifar fornra kristinna fræða íslenzkra. Hrsg. von Þorvaldur Bjarnarson. Kopenhagen 1878. [Darin befindet sich auch die Ausgabe.]

4. Hugsvinnsmál

Hugsvinnsmál. Handskrifter och kritisk text. Hrsg. von Birgitta Tuvestrand. Lund 1977.

5. Snorris Edda

Ausgaben und Übersetzungen

Edda Snorra Sturlusonar. Bd. 1–3. Hafniae 1848–87. Nachdr. Osnabrück 1966.
De Codex Trajectinus van de Snorra Edda. Hrsg. Willem van Eeden. Leiden 1913.
Edda Snorra Sturlusonar. Codex Wormianus Am 242 fol. Kopenhagen/Christiania 1924.
Edda Snorra Sturlusonar. Hrsg. von Finnur Jónsson. Kopenhagen 1931.

Two Versions of Snorra Edda from the 17th Century. Hrsg. von Anthony Faulkes. 2 Bde. Reykjavík 1977–79.
Snorri Sturluson: Edda. Prologue and Gylfaginning. Hrsg. von Anthony Faulkes. Oxford 1982.
Snorri Sturluson: Edda. Háttatal. Hrsg. Von Anthony Faulkes. London 1999.

***

Háttalykill enn forni. Hrsg. von Jón Helgason und Anne Holtsmark. Kopenhagen 1941. (Bibliotheca Arnamagnæana. 1.)

***

Häny, Arthur (Übers.): Snorri Sturluson: Prosa-Edda. Altisländische Göttergeschichten. Zürich 1991.
Krause, Arnulf (Übers.): Die Edda des Snorri Sturluson. Stuttgart 1997.
Neckel, Gustav / Niedner, Felix (Übers.): Die jüngere Edda mit dem sog. ersten grammatischen Traktat. Düsseldorf 1966.

Forschungsliteratur

Baetke, Walter: Die Götterlehre der Snorra Edda. Berlin 1952. Wieder abgedr. in W. B.: Kleine Schriften. Weimar 1973.
Beck, Heinrich: Snorri Sturlusons Sicht der paganen Vorzeit. Göttingen 1994.
Bragason, Úlfar (Hrsg.): Snorrastefna. Reykjavík 1992.
Clunies-Ross, Margaret: Skáldskaparmál. Snorri Sturluson's Ars Poetica and Medieval Theories of Language. Odense 1987.
– Prolonged Echoes. Old Norse Myths in Medieval Northern Society. Bd. 1: The Myths. Odense 1994. Bd. 2: The Receception of Norse Myths in Medieval Iceland. Ebd. 1998.
Fix, Hans (Hrsg.): Snorri Sturluson. Beiträge zu Werk und Rezeption. Berlin / New York 1998. (Beihefte zum Reallexikon der germanischen Altertumskunde. 18.)
Holtsmark, Anne: Studier i Snorres mytologi. Oslo 1964.
Lorenz, Gottfried: Snorri Sturluson. Gylfaginning. Texte, Übersetzung, Kommentar. Darmstadt 1984.
Strerath-Bolz, Ulrike: Kontinuität statt Konfrontation. Der Prolog der Snorra-Edda und die europäische Gelehrsamkeit des Mittel-

alters. Frankfurt a. M. 1990. (Texte und Untersuchungen zur Germanistik und Skandinavistik. 27.)

Tranter, Stephen N.: Clavis Metrica – Háttatal, Háttalykill and the Irish Metrical Tracts. Basel / Frankfurt a. M. 1997. (Beiträge zur nordischen Philologie. 25.)

Wolf, Alois (Hrsg.): Snorri Sturluson. Kolloquium anläßlich der 750. Wiederkehr seines Todestages. Tübingen 1993.

6. Grammatische Abhandlungen

The First Grammatical Treatise. Hrsg. von Hreinn Benediktsson. Reykjavík 1972.

Óláfr Þórðarson Hvítaskáld: Dritte Grammatische Abhandlung. Hrsg. von Thomas Krömmelbein. Oslo 1998.

The So-Called Second Grammatical Treatise. Hrsg. von Fabrizio D. Raschellà. Florenz 1982.

Den tredje og fjærde grammatiske afhandling i Snorres Edda. Hrsg. von Björn Magnus Ólsen. Kopenhagen 1884.

7. Königsspiegel

Ausgaben und Übersetzungen

Konungs Skuggsiá. Hrsg. von Ludvig Holm-Olsen. 2. Aufl. Oslo 1983.

Meissner, Rudolf (Übers.): Der Königsspiegel. Halle 1944.

Forschungsliteratur

Bagge, Sverre: The Political Thought of the King's Mirror. Odense 1987.

Schnall, Jens Eike: Didaktische Absichten und Vermittlungsstrategien im altnorwegischen Königsspiegel. Göttingen 2000.

– / Simek, Rudolf (Hrsg.): Speculum regale. Der altnorwegische Königsspiegel in der europäischen Tradition. Wien 2000. (Studia Medievalia Septentrionalia. 5.)

8. Schwedischer Fürstenspiegel

Ausgaben

Um styrilsi kununga ok höfdinga. Hrsg. von Robert Geete. Stockholm 1878.

Forschungsliteratur

Moberg, Lennart: Konungastyrelsen. En filologisk undersökning. Stockholm 1984. (Samlingar utg av. Svenska Fornskriftsällskapet.)

9. Harpestreng

Gammelnorsk fragment av Henrik Harpestreng. Christiania 1906. [Darin enthalten ist Ausgabe.]

10. Itinerare und Komputistik

Alfræði íslenzk. Hrsg. von N. Beckman und K. Kålund. 4 Bde. Kopenhagen 1914–16.

Historiographische Literatur

Ausgaben und Übersetzungen

Ágrip af Nóregskonunga sögum. Fagrskinna. Hrsg. von Bjarni Einarsson. Reykjavík 1984. (Íslenzk fornrit. 29.)
Alexanders saga. Hrsg. von Finnur Jónsson. Kopenhagen 1925.
Árna saga biskups. Hrsg. von Þorleifur Hauksson. Reykjavík 1972. (Rit Stofnunar Árna Magnússonar á Íslandi. 2.)
Böglunga sögur. Hrsg. von Hallvard Magerøy. 2 Bde. Oslo 1988.
Breta sögur. Hrsg. von Finnur Jónsson. In: Hauksbók. Hrsg. von F. J. Kopenhagen 1892–96.
Byskupa sögur. Hrsg. von Jón Helgason. 2 Bde. Kopenhagen 1938–78.

Danakonunga sögur. Hrsg. von Bjarni Guðnason. Reykjavík 1982. (Íslenzk fornrit. 35.) [Darin: *Skjöldunga saga, Knýtlinga saga, Ágrip af sögu Danakonunga.*]

Erikskrönikan. Hrsg. von Rolf Pipping. Stockholm 1963. (Samlingar utg. af Svenska fornskriftsällskapet. 68.)

Færeyinga saga. Hrsg. von Ólafur Halldórsson. Reykjavík 1987. (Rit Stofnunar Árna Magnússonar á Íslandi. 30.)

Flateyjarbók. Hrsg. von Carl Richard Unger und Guðbrandur Vigfússon. 3 Bde. Christiania 1860–68.

Guðmundar saga biskups. Hrsg. von Stefán Karlsson. Bd. 1 ff. Reykjavík 1983 ff. (Editiones Arnamagnæanæ. B 6.)

Gyðinga saga. Hrsg. von Kirsten Wolf. Reykjavík 1995. (Rit Stofnunar Árna Magnússonar á Íslandi. 42.)

Hákonar saga Hákonarsonar. Hrsg. von Marina Mundt. Oslo 1977.

Heimskringla. Hrsg. von Bjarni Aðalbjarnarson. 3 Bde. Reykjavík 1941–51. (Íslenzk fornrit. 26–28.)

Historia Norvegiae. Hrsg. von Gustav Storm. In: Monumenta historica Norvegiae. Hrsg. von G. S. Christiania 1880.

Hrafns saga Sveinbjarnarsonar. Hrsg. von Guðrún P. Helgadóttir. Oxford 1987.

Hrafns saga Sveinbjarnarsonar. B-redaktionen. Hrsg. von Annette Hasle. Kopenhagen 1967. (Editiones Arnamagnæanæ. B 25.)

Islandske Annaler indtil 1578. Hrsg. von Gustav Storm. Christiania 1888. Nachdr. Oslo 1977.

Íslendingabók. Landnámabók. Hrsg. von Jakob Benediktsson. Reykjavík 1968. (Íslenzk fornrit. 11/12.)

Jómsvíkinga saga. Hrsg. von Ólafur Halldórsson. Reykjavík 1969.

Kristni saga. Hungrvaka. Hrsg. von Bernhard Kahle. Halle 1905. (Altnordische Sagabibliothek. 11.)

Laurentius saga biskups. Hrsg. von Árni Björnsson. Reykjavík 1969.

Monumenta Historica Norvegiae: Latinske kildeskrifter til Norges historie i middelalderen. Hrsg. von Gustav Storm. Christiania 1880. Nachdr. Oslo 1973.

Morkinskinna. Hrsg. von Finnur Jónsson. Kopenhagen 1928–32.

Ólafs saga hins helga. Die *Legendarische Saga* über Olaf den Heiligen. Hrsg. von Anne Heinrichs [u. a.]. Heidelberg 1982.

Ólafs saga Tryggvasonar af Oddr Snorrason munk. Hrsg. von Finnur Jónsson. Kopenhagen 1932.

Óláfs saga Tryggvasonar en mesta. Hrsg. von Ólafur Halldórsson. 3 Bde. Kopenhagen 1958–2000. (Editiones Arnamagnæanæ. A 1–3.)

Orkneyinga saga. Hrsg. von Finnbogi Guðmundsson. Reykjavík 1965. (Íslenzk fornrit. 34.)

Otte Brudstykker af den ældste Saga om Olaf den hellige. Hrsg. von Gustav Storm. Christiania 1893.

Passio et miracula Beati Olaui. Hrsg. von Frederick Metcalfe. Oxford 1881.

Rómverja saga. Hrsg. von Rudolf Meissner. Göttingen 1915.

Saga Óláfs konungs hins helga. Den store saga om Olav den Hellige efter pergamenthåndskrift i Kungliga Biblioteket i Stockholm n2 4to med varianter fra andre håndskrifter. Hrsg. von Oscar Albert Johnsen und Jón Helgason. 2 Bde. Oslo 1941.

Saxonis Grammatici Gesta Danorum. Hrsg. von Alfred Holder. Strassburg 1866.

Scriptores minores historiæ danicæ medii ævi. Hrsg. von Martin Clarentius Gertz. Kopenhagen 1917–22.

Sturlunga saga. Hrsg. von Örnólfur Thorsson. 3 Bde. Reykjavík 1988.

Sverris saga etter Cod. AM 327 4to. Hrsg. von Gustav Indrebø. Oslo 1920. Nachdr. Oslo 1981.

Theodoricus: Historia de antiquitate rerum Norvagensium. Hrsg. von Gustav Storm. In: Monumenta historica Norvegiae. Hrsg. von G. S. Christiania 1880.

Trójumanna saga. Hrsg. von Jonna Louis-Jensen. 2 Bde. Kopenhagen 1963–81. (Editiones Arnamagæanæ. A 8–9.)

Veraldar saga. Hrsg. von Jakob Benediktsson. Reykjavík 1944.

***

Andersson, Theodore M. / Gade, Kari Ellen (Übers.): Morkinskinna. The Earliest Icelandic Chronicle of the Norwegian Kings (1030–1157). Ithaca 2000. (Islandica. 51.)

Baetke, Walter (Übers.): Geschichten vom Sturlungengeschlecht. Jena 1930.

– Die Geschichten von den Orkaden, Dänemark und den Jomsburg. Jena 1924.

– Islands Besiedlung und älteste Geschichte. Jena 1930.

Herrmann, Paul (Übers.): Erläuterungen zu den ersten neun Büchern der Dänischen Geschichte des Saxo Grammaticus. Tl. 1: Übersetzung. Leipzig 1901.
Niedner, Felix (Übers.): Norwegische Königsgeschichten. 2 Bde. Jena 1915–28.
– Snorris Königsbuch: Heimskringla. 3 Bde. Jena 1922–23.
Würth, Stefanie (Übers.): Isländische Antikensagas. München 1996. [Darin: *Die Saga von den Trojanern, Die Saga von den britischen Königen, Die Saga von Alexander dem Grossen.*]

Forschungsliteratur

Aðaljarnarson, Bjarni: Om de norske kongesagaer. Oslo 1937.
Bagge, Sverre: From Gang Leader to the Lord's Annoited. Kingship in Sverris saga and Hákonar saga Hákonarson. Odense 1996.
– Society and Politics in Snorri Sturlusons Heimskringla. Berkeley [u. a.] 1991.
Beyschlag, Siegfried: Konungasögur. Untersuchungen zur Königssaga bis Snorri. Kopenhagen 1950. (Bibliotheca Arnamagnæana. 8.)
Blöndal, Lárus H.: Um uppruna Sverris sögu. Reykjavík 1982. (Rit Stofnunar Árna Magnússonar á Íslandi. 21.)
Einarsdóttir, Ólafia: Studier i kronologisk metode i tidlig islandsk historieskrivning. Lund 1964. (Bibliotheca Historica Lundensis. 13.)
Ellehøj, Svend: Studier over den ældste norrøne historieskrivning. Kopenhagen 1965. (Bibliotheca Arnamagnæana. 26.)
Friis-Jensen, Karsten: Saxo Grammaticus as Latin Poet. Studies in the Verse Passages of the Gesta Danorum. Rom 1987.
Glendinning, Robert J.: Träume und Vorbedeutungen in der Íslendinga saga Sturlu Thordarsons. Eine Form- und Stiluntersuchung. Bern [u. a.] 1974.
Helle, Knut: Omkring Böglungasögur. Bergen 1959.
Jakobsson, Ármann: Í leit að konungi. Konungsmynd íslenzkra konungasagna. Reykjavík 1997.
Jørgensen, Jørgen H.: Bisepesagaer – Laurentius saga. Odense 1978.
Jóhannesson, Jón: Gerðir Landnámabókar. Reykjavík 1941.

Johannesson, Kurt: Saxo Grammaticus. Komposition och världsbild i Gesta Danorum. Stockholm 1978.

Koppenberg, Peter: Hagiographische Studien zu den Biskupa sögur. Bochum 1980.

Laugesen, Anker Teilgård: Introduktion til Saxo. Kopenhagen 1972.

Louis-Jensen, Jonna: Kongesagastudier. Kompilationen Hulda-Hrokkinskinna. Kopenhagen 1977. (Bibliotheca Arnamagnæana. 32.)

Pesch, Alexandra: Brunaöld, haugsöld, kirkjuöld. Untersuchungen zu den archäologisch überprüfbaren Aussagen in der Heimskringla des Snorri Sturluson. Frankfurt a. M. 1996. (Texte und Untersuchungen zur Germanistik und Skandinavistik. 35.)

Rafnsson, Sveinbjörn: Studier i Landnámabók. Kritiska bidrag till den isländska fristatstidens historia. Lund 1974. (Bibliotheca Historica Lundensis. 31.)

Sprenger, Ulrike: Sturla Þórðarsons Hákonar saga Hákonarson. Frankfurt a. M. 2000. (Texte und Untersuchungen zur Germanistik und Skandinavistik. 46.)

Tranter, Stephen N.: Sturlunga saga: The Rôle of the Creatice Compiler. Frankfurt a. M. 1987.

Würth, Stefanie: Elemente des Erzählens. Die Þættir der Flateyjarbók. Basel 1991. (Beiträge zur nordischen Philologie. 20.)

– Der »Antikenroman« in der isländischen Literatur des Mittelalters. Eine Untersuchung zur Übersetzung und Rezeption lateinischer Literatur im Norden. Tübingen/Basel 1998. (Beiträge zur nordischen Philologie. 26.)

Geschichtsdichtung

1. Isländersagas

Ausgaben und Übersetzungen

Íslendinga sögur. Hrsg. von Guðni Jónsson. 13 Bde. Reykjavík 1953.

***

Austfirðinga sögur. Hrsg. von Jón Jóhannesson. Reykjavík 1940. (Íslenzk fornrit. 11.) [Darin: *Vápnfirðinga saga, Ölkofra Þáttr, Hrafnkels saga Freygoða, Droplaugasona saga, Fljótdoela saga.*]

Borgfirðinga sögur. Hrsg. von Sigurður Nordal. Reykjavík 1938. (Íslenzk fornrit. 3.) [Darin: *Hœnsa-Þóris saga, Gunnlaugs saga ormstungu, Bjarnar saga Hítdœlakappa.*]

Brennu-Njáls saga. Hrsg. von Einar Ólafur Sveinsson. Reykjavík 1954. (Íslenzk fornrit. 12.)

Egils saga Skalla-Grímssonar. Hrsg. von Sigurður Nordal. Reykjavík 1933. (Íslenzk fornrit. 2.)

Eyfirðinga sögur. Hrsg. von Jónas Kristjánsson. Reykjavík 1956. (Íslenzk fornrit. 9.) [Darin: *Víga-Glúms saga, Svarfdoela saga, Valla-Ljóts saga.*]

Eyrbyggja saga. Eiríks saga rauða. Groenlendinga saga. Hrsg. von Einar Ólafur Sveinsson und Matthías Þorðarson. Reykjavík 1935. (Íslenzk fornrit. 4.)

Grettis saga Ásmundarsonar. Bandamanna saga. Odds Þáttr Ófeigssonar. Hrsg. von Guðni Jónsson. Reykjavík 1936. (Íslenzk fornrit. 7.)

Hallfreðar saga. Hrsg. von Bjarni Einarsson. Reykjavík 1977. (Rit Stofnunar Árna Magnússonar á Íslandi. 15.)

Harðar saga. Bárðar saga. Þorskfirðinga saga. Flóamanna saga. Hrsg. von Þórhallur Vilmundarson und Bjarni Vilhjálmsson. Reykjavík 1991. (Íslenzk fornrit. 13.)

Kjalnesinga saga. Víglundar saga. Króka-Refs saga. Þórðar saga hreðu. Finnboga saga. Hrsg. von Jóhannes Halldórsson. Reykjavík 1959. (Íslenzk fornrit. 14.)

Laxdæla saga. Halldórs Þættir Snorrasonar. Stúfs Þáttr. Hrsg. von Einar Ólafur Sveinsson. Reykjavík 1934. (Íslenzk fornrit. 5.)

Ljósvetninga saga með þáttum. Reykdæla saga ok Víga-Skutu. Hrsg. von Björn Sigfússon. Reykjavík 1940. (Íslenzk fornrit. 10.)

Vatnsdæla saga. Hallfreðar saga. Kormáks saga. Hrsg. von Einar Ólafur Sveinsson. Reykjavík 1939. (Íslenzk fornrit. 8.)

Vestfirðinga sögur. Hrsg. von Björn K. Þórólfsson und Guðni Jónsson. Reykjavík 1958. (Íslenzk fornrit. 6.) [Darin: *Gísla saga, Fóstbrœðra saga, Hávarðar saga Ísfirðings.*]

***

Nahezu alle Isländersagas finden sich übersetzt in der Sammlung Thule, an neueren Übersetzungen seien die folgenden genannt:

The Complete Sagas of Icelanders. Including 49 Tales. Hrsg. von Viðar Hreinsson [u. a.]. 5 Bde. Reykjavík 1997.

Beck, Heinrich (Übers.): Laxdoela saga. Die Saga von den Leuten aus dem Laxardal. München 1997.

Böldl, Klaus (Übers.): Die Saga von den Leuten auf Eyr. München 1999.

Gageik, Andreas (Übers.): Víglundar saga. Essen 1987.

Gottschling, Bernhard (Übers.): Die Vinlandsagas. Hattingen 1982.

Heller, Rolf (Übers.): Isländersagas. 2 Bde. Wiesbaden 1982. [Darin: *Grettis saga, Egils saga, Njáls saga, Laxdœla saga, Eyrbyggja saga.*]

Huth, Dirk (Übers.): Sagas aus Ostisland. Die Hrafnkels Saga und andere Geschichten von Macht und Fehde. München 1999.

Schier, Kurt (Übers.): Egils saga. Die Saga von Egil Skalla-Grimsson. München 1996.

Seelow, Hubert (Übers.): Die Saga von Grettir. München 1998.

Seewald, Franz (Übers.): Die Saga von Gisli Sursson. Stuttgart 1976.

– Skaldensagas. Frankfurt a. M. 1981. [Darin: *Die Saga von Kormak Ögmundarson, Die Saga von Hallfred dem schwierigen Skalden, Die Saga von Gunnlaug Schlangenzunge.*]

Simek, Rudolf (Übers.): Die Saga von Grettir Ásmundarson. Wien 1981.

Forschungsliteratur

Andersson, Theodore M.: The Icelandic Family Saga. An Analytic Reading. Cambridge (Mass.) 1967.

– / Miller, William Ian: Law and Literature in Medieval Iceland. Ljósvetninga saga and Valla-Ljóts saga. Stanford 1989.

Baetke, Walter (Hrsg.): Die Isländersagas. Darmstadt 1974.

– Die Entstehung der Isländersagas. Berlin 1956.

Beck, Heinrich / Ebel, Else: Studien zur Isländersaga. Festschrift für Rolf Heller. Berlin / New York 2000. (Beihefte zum Reallexikon der germanischen Altertumskunde. 24.)

Bouman, Ari C.: Observations on Syntax and Style of some Icelandic Sagas. Reykjavík 1956. (Studia Islandica. 15a.)

Bürling, Coletta: Die direkte Rede als Mittel der Personengestaltung in den Islendingasögur. Frankfurt a. M. 1983. (Texte und Untersuchungen zur Germanistik und Skandinavistik. 7.)

Byock, Jesse L.: Feud in the Icelandic Saga. Berkeley [u.a.] 1982.

Dronke, Ursula: The Role of Sexual Themes in Njáls saga. London 1980.

Einarsson, Bjarni: To skjaldesagaer. En analyse af Kormáks saga og Hallfreðar saga. Bergen 1976.

– Litterære forudsætninger for Egils saga. Reykjavík 1975. (Rit Stofnunar Árna Magnússonar á Íslandi. 8.)

Fechner-Smarsly, Thomas: Krisenliteratur. Zur Rhetorizität und Ambivalenz in der isländischen Sagaliteratur. Frankfurt a. M. 1996. (Texte und Untersuchungen zur Germanistik und Skandinavistik. 36.)

Gottschling, Bernhard: Die Todesdarstellungen in den Islendingasögur. Frankfurt a. M. 1986. (Texte und Untersuchungen zur Germanistik und Skandinavistik. 17.)

Heinzel, Richard: Beschreibung der isländischen Saga. Wien 1881. Nachdr. Hildesheim 1979.

Heller, Rolf: Die literarische Darstellung der Frau in den Isländersagas. Halle 1958.

– Die Laxdæla saga. Die literarische Schöpfung eines Isländers des 13. Jahrhunderts. Berlin 1976.

Heusler, Andreas: Das Strafrecht der Isländersagas. Leipzig 1911.

Kristjánsson, Jónas: Icelandic Sagas and Manuscripts. Reykjavík 1970.

Kristjánsson, Jónas: Um Fóstbræðrasaga. Reykjavík 1971. (Rit Stofnunar Árna Magnússonar á Islandi. 1.)

Lönnroth, Lars: Njáls saga. A Critical Introduction. Berkeley 1976.

Müller, Claudia: Erzähltes Wissen. Die Isländersagas in der Möðruvallabók. Frankfurt a. M. 2001. (Texte und Untersuchungen zur Germanistik und Skandinavistik. 47.)

Nordal, Sigurður: Hrafnkatla. Reykjavík 1940. (Studia Islandica. 7.)

Ólason, Vésteinn: Dialogues with the Viking Age: Narration and Representation in the Sagas of the Icelanders. Reykjavík 1998.

Pálsson, Hermann: Sagnaskemmtun Íslendinga. Reykjavík 1962.
– Art and Ethics in Hrafnkel's Saga. Kopenhagen 1971.

Pencak, William: The Conflict of Law and Justice in the Icelandic Sagas. Amsterdam/Atlanta 1995.

Poole, Russel: Skaldsagas. Text, Vocation, and Desire in the Icelandic Sagas of Poets. Berlin / New York 2001. (Beihefte zum Reallexikon der germanischen Altertumskunde. 27.)

Röhn, Hartmut: Untersuchungen zur Zeitgestaltung und Komposition der Íslendingasögur. Analyse ausgewählter Texte. Basel 1976. (Beiträge zur nordischen Philologie. 5.)

Sigurðsson, Gísli: Túlkun Íslendingasagna í ljósi munnlegrar hefðar: Tilgáta um aðferð. Reykjavík 2002. (Rit Stofnunar Árna Magnússonar á Íslandi. 56.)

Sørensen, Preben Meulengracht: Norrønt nid. Forestillingen om den umandige mand i de islandske sagaer. Odense 1980.
– Fortælling og ære. Studier i islændingesagaerne. Aarhus 1993.

Steblin-Kamenskij, M. I.: The Saga Mind. Übers. von Kenneth H. Ober. Odense 1973.

Sveinsson, Einar Ólafur: Njáls saga. A Literary Masterpiece. Lincoln 1971.

Toorn, Maarten Cornelis van den: Ethics and Moral in Icelandic Saga Literature. Assen 1955.

Zernack, Julia: Geschichten aus Thule: Íslendingasögur in Übersetzungen deutscher Germanisten. Berlin 1994.

2. Vorzeitgeschichten

Ausgaben und Übersetzungen

Fornaldar sögur Norðrlanda eptir gömlum handritum. Hrsg. von C. C. Rafn. 3 Bde. Kopenhagen 1829–30.

Fornaldar sögur Norðurlanda. Hrsg. von Guðni Jónsson. 4 Bde. Reykjavík 1954. Nachdr. 1981.

***

Bósa saga. Hrsg. von Otto Jiriczek. Leipzig 1893.

Friðþjófs saga frækna. Hrsg. von Ludvig Larsson. Halle 1901. (Altnordische Sagabibliothek. 9.)

Hálfs saga ok Hálfsrekka. Hrsg. von Hubert Seelow. Reykjavík 1981. (Rit Stofnunar Árna Magnússonar á Íslandi. 20.)

Hrólfs saga kraka. Hrsg. von Desmond Slay. Kopenhagen 1960. (Editiones Arnamagnæanæ. B 1.)

Orvar-Odds saga. Hrsg. von Richard Constant Boer. Halle 1892. (Altnordische Sagabibliothek. 2.)

The Saga of King Heidrek the Wise (Hervarar saga). Hrsg. und übers. von C. Tolkien. London 1960.

Völsunga saga ok Ragnars saga loðbrókar. Hrsg. von Magnus Olsen. Kopenhagen 1906–08.

Völsunga saga. Hrsg. von Uwe Ebel. Frankfurt a. M. 1983.

***

Strerath-Bolz, Ulrike (Übers.): Isländische Vorzeitsagas I. München 1997. [Darin: *Die Saga von Asmund Kappabani, Die Saga von den Völsungen, Die Saga von Ragnar Lodbrok, Die Saga von König Half und seinen Männern, Die Saga von Örvar Odd, Die Saga von An Bogsveigir.*]

Reifegerste, Matthias E. (Übers.): Die Hervararsaga. Eine komm. Übers. Leverkusen 1989.

Forschungsliteratur

McTurk, Rory: Studies in Ragnars saga loðbrókar and its Major Scandinavian Analogues. Oxford 1991.

Mitchell, Stephen A.: Heroic Sagas and Ballads, Myths and Poetics. Ithaca 1991.

Mundt, Marina: Zur Adaption orientalischer Bilder in den Fornaldarsögur Norðrlanda. Frankfurt a. M. 1993.

Pálsson, Hermann / Edwards, Paul: Legendary Fiction in Medieval Iceland. Reykjavík 1971. (Studia Islandica. 30.)

Reuschel, Helga: Untersuchungen über Stoff und Stil der Fornaldarsaga. Bühl-Baden 1933.

Schlauch, Margret: Romance in Iceland. London 1934.

Rittersagas

1. Übersetzte Rittersagas

Ausgaben und Übersetzungen

Bevers saga. Hrsg. von Christoph Sanders. Reykjavík 2001. (Rit Stofnunar Árna Magnússonar á Íslandi. 51.)

Elis saga ok Rósamundu. Hrsg. von Eugen Kölbing. Heilbronn 1881.

Erex saga Artuskappa. Hrsg. von Foster W. Blaisdell. Kopenhagen 1965. (Editiones Arnamagnæanæ. B 19.)

Flóres saga ok Blankiflúr. Hrsg. von Eugen Kölbing. Halle 1896. (Altnordische Sagabibliothek. 5.)

Ívens saga. Hrsg. von Foster W. Blaisdell. Kopenhagen 1979. (Editiones Arnamagnæanæ. B 18.)

Karlamagnús saga og kappa hans. Hrsg. von Carl Richard Unger. Christiania 1860.

Konráðs saga keisarasonar. Hrsg. von Otto Zitzelsberger. New York [u. a.] 1987.

Mírmanns saga. Hrsg. von Desmond Slay. Kopenhagen 1997. (Editiones Arnamagnæanæ. A 17.)

Möttuls saga. Hrsg. von Marianne Kalinke. Kopenhagen 1987. (Editiones Arnamagnæanæ. B 30.)

Norse Romance. Hrsg. von Marianne Kalinke. 3 Bde. Cambridge 1999. Bd. 1: Tristrams saga. Bd. 2: The Knights of the Round Table [*Möttuls saga, Ívens saga, Parcevals saga, Erex saga, Skikkju rímur*]. Bd. 3: Herra Iven.

Parcevals saga ok Valvérs Þáttr. Hrsg. von Eugen Kölbing. In: Riddarsögur. Hrsg. von E. K. Heilbronn 1872.

Partalopa saga. Hrsg. von Lise Prestgaard Andersen. Kopenhagen 1983. (Editiones Arnamagnæanæ. B 28.)

Strengleikar eða Ljóðabók. Hrsg. von Carl Richard Unger. Christiania 1850.

Þiðreks saga. Hrsg. von Henrik Bertelsen. Kopenhagen 1905–11.

2. Originale Rittersagas

Ausgaben und Übersetzungen

Late Medieval Icelandic Romances. Hrsg. von Agnete Loth. 5 Bde. Kopenhagen 1962–65. (Editiones Arnamagæanæ. B 20–24.)

Dínus saga dramblàta. Hrsg. von Jónas Kristjánsson. Reykjavík 1960.

Sigurðar saga þögla. Hrsg. von Mathew J. Driscoll. Reykjavík 1992. (Rit Stofnunar Árna Magnússonar á Íslandi. 34.)

Viktors saga ok Blávus. Hrsg. von Jónas Kristjánsson. Reykjavík 1964.

***

Cook, Robert / Tveitane, Matthias (Hrsg./Übers.): Strengleikar. Oslo 1979.

Erichsen, Fine (Übers.): Die Geschichte Thidreks von Bern. Düsseldorf/Köln 1967.

Glauser, Jürg / Kreutzer, Gert (Hrsg./Übers.): Isländische Märchensagas. Bd. 1: Die Saga von Ali Flekk, Die Saga von Vilmund Vidutan, Die Saga von König Flores und seinen Söhnen, Die Saga von Remund dem Kaisersohn, Die Saga von Sigurd Thögli, Die Saga von Damusti. München 1998.

Herrmann, Paul (Übers.): Isländische Heldenromane. Jena 1923.

Kölbing, Ernst (Hrsg./Übers.): Tristrams saga ok Isöndar. Mit einer literarhistorischen Einl., dt. Übers. und Anm. 2 Bde. Heilbronn 1878. Neudr. Hildesheim [u.a.] 1978.

Simek, Rudolf (Übers.): Die Saga von Iven. Hattingen 1982.

– Die Saga von Parceval und die Geschichte von Valver. Wien 1982.

– Zwei Rittersagas: Die Saga vom Mantel und die Saga vom schönen Samson. Wien 1982.

Forschungsliteratur

Glauser, Jürg: Isländische Märchensagas. Studien zur Prosaliteratur im spätmittelalterlichen Island. Frankfurt a. M. 1983. (Beiträge zur nordischen Philologie. 12.)

Gunnlaugsdóttir, Alfrún: Tristan en el Norte. Reykjavík 1978. (Rit Stofnunar Árna Magnússonar á Íslandi. 17.)

Halvorsen, Eyvind Fjeld: The Norse Version of the Chanson de Roland. Kopenhagen 1959. (Bibliotheca Arnamagnæana. 19.)

Kalinke, Marianne: King Arthur North-by-Northwest: The Matière de Bretagne in Old Norse-Icelandic Romances. Kopenhagen 1981. (Bibliotheca Arnamagnæanæ. 37.)

– Bridal-Quest Romance in Medieval Iceland. Ithaca 1990. (Islandica. 46.)

– / Mitchell, P. M.: Bibliography of Old Norse-Icelandic Romances. Ithaca/London 1985. (Islandica. 44.)

Kramarz-Bein, Susanne: Die Þiðreks saga im Kontext der altnorwegischen Literatur. Tübingen/Basel 2002. (Beiträge zur Nordischen Philologie. 33.)

– (Hrsg.). Hansische Literaturbeziehungen. Das Beispiel der Þiðreks saga und verwandter Literatur. Berlin 1996. (Erg.-Bde. zum Reallexikon der Germanischen Altertumskunde. 14.)

Kretschmer, Bernd: Höfische und altwestnordische Erzähltraditionen in den Riddarasögur. Studien zur Rezeption der altfranzösischen Artusepik am Beispiel der Erex saga, Ívens saga und Parcevals saga. Hattingen 1982.

Meissner, Rudolf: Die Strengleikar. Ein Beitrag zur Geschichte der altnordischen Prosalitteratur. Halle 1902.

Nahl, Astrid van: Originale Riddarasögur als Teil altnordischer Sagaliteratur. Frankfurt a. M. 1981. (Texte und Untersuchungen zur Germanistik und Skandinavistik. 3.)

Rossenbeck, Klaus: Die Stellung der Riddarasögur in der altnordischen Prosaliteratur. Eine Untersuchung an Hand des Erzählstils. Frankfurt a. M. 1970.

Tulinius, Torfi H.: The Matter of the North. The Rise of Literary Fiction in Thirteenth-Century Iceland. Odense 2002.

Poetische Literatur

1. Edda

Textausgaben und Übersetzungen

Bugge, Sophus: Norrøne fornkvæði. Christiania 1867.
Dronke, Ursula (Hrsg.): The Poetic Edda. 2 Bde. Oxford 1969–97.
Heusler, Andreas / Ranisch, Wilhelm (Hrsg): Eddica minora. Dortmund 1903. Nachdr. Darmstadt 1974.
Neckel, Gustav / Kuhn, Hans (Hrsg.): Edda. Die Lieder des Codex Regius nebst verwandten Denkmälern. Bd. 1: Text. 5. Aufl. Heidelberg 1985. Bd. 2: Kurzes Wörterbuch. 3. Aufl. Ebd. 1968.

***

Edda. Übers. von Felix Genzmer. 2 Bde. Jena 1912/19 [u. ö.].
Häny, Arthur (Übers.): Die Edda. Götter- und Heldenlieder der Germanen. 2. Aufl. Zürich 1987.
Krause, Arnulf (Übers.): Die Heldenlieder der Älteren Edda. Stuttgart 2001.
– Die Götterlieder der Älteren Edda. Stuttgart [i. Vorb.].

Forschungsliteratur

Acker, Paul / Larrington, Carolyne (Hrsg.): The Poetic Edda. Essays on Old Norse Mythology. New York / London 2002.
Fidjestøl, Bjarne: The Dating of the Eddic Poetry. A Historical Survey and Methodological Investigation. Kopenhagen 1999. (Bibliotheca Arnamagnæanæ. 41.)
Glendinning, Robert J. / Bessason, Haraldur (Hrsg.): Edda. A Collection of Essays. Manitoba 1988.
Kellogg, Robert: A Concordance to Eddic Poetry. Woodbridge 1988.
Klingenberg, Heinz: Edda – Sammlung und Dichtung. Basel/Stuttgart 1974. (Beiträge zur nordischen Philologie. 3.)
Lindblad, Gustaf: Studier i Codex Regius av äldre Eddan. Lund 1954.

Sävborg, Daniel: Sorg och elegi i Eddans hjältediktning. Stockholm 1997.

See, Klaus von: Germanische Heldensage. Frankfurt a. M. 1971.

– Kommentar zu den Liedern der Edda. Bd. 2: Heidelberg 1997. Bd. 3. Ebd. 2000.

Sprenger, Ursula: Die altnordische Heroische Elegie. Berlin / New York 1992. (Erg.-Bde. zum Reallexikon der germanischen Altertumskunde. 6.)

Tómasson, Sverrir (Hrsg.): Guðamjöður og arnarleir. Safn ritgerða um eddulist. Reykjavík 1996.

Uecker, Heiko: Germanische Heldensage. Stuttgart 1972.

2. Skaldendichtung

Textausgaben

Jónsson, Finnur (Hrsg.): Den norsk-islandske Skjaldedigtning. 4 Bde. Kopenhagen 1912–15. Neudr. Ebd. 1967–73.

Kock, Ernst Albin (Hrsg.): Den norsk-isländska skaldediktningen. 2 Bde. Lund 1946–49.

Kock, Ernst Albin / Meissner, Rudolf (Hrsg.): Skaldisches Lesebuch. Bd. 1: Lesebuch. Bd. 2: Wörterbuch. Halle 1931.

Turville-Petre, E. O. G. (Hrsg.): Scaldic Poetry. Oxford 1976.

Lange, Wolfgang (Hrsg.): Christliche Skaldendichtung. Göttingen 1958.

Forschungsliteratur

Almqvist, Bo: Norrön niddiktning. Traditionshistoriska studier i versmagi. 2 Bde. Uppsala/Stockholm 1965–74.

Árnason, Kristján: The Rhythms of Dróttkvætt and Other Old Icelandic Metres. Reykjavík 1991.

Engster, Hermann: Poesie einer Achsenzeit. Der Ursprung der Skaldik im gesellschaftlichen Systemwandel der Wikingerzeit. Frankfurt a. M. 1983.

Fidjestøl, Bjarne: Sólarljóð. Tyding og tolkningsgrunnlag. Bergen 1979.

– Det norrøne fyrstediktet. Øvre Ervik 1982.

Frank, Roberta: Old Norse Court Poetry. The Dróttkvætt Stanza. Ithaca 1978. (Islandica. 42.)

Gade, Kari E.: The Structure of Old Norse dróttkvætt Poetry. Ithaca/London 1995. (Islandica. 49.)

Nordal, Guðrún: Tolls of Literacy. The Role of Skaldic Verse in Icelandic Textual Culture of the Twelfth and Thirteenth Century. Toronto 2001.

Kock, Ernst Albin: Notationes norrønæ. Anteckningar till Edda- och Skaldediktning. Lund 1923–44.

Kreutzer, Gert: Die Dichtungslehre der Skalden. Meisenheim am Glahn 1977.

Krömmelbein, Thomas: Skaldische Metaphorik: Studien zur Funktion der Kenningsprache in skaldischen Dichtungen des 9. und 10. Jahrhunderts. Kirchzarten 1983.

Kuhn, Hans: Das Dróttkvætt. Heidelberg 1983.

Lange, Wolfgang: Studien zur christlichen Dichtung der Nordgermanen 1000–1200. Göttingen 1958.

Marold, Edith: Kenningkunst. Ein Beitrag zu einer Poetik der Skaldendichtung. Berlin / New York 1983. (Quellen und Forschungen N. F. 80.)

Meissner, Rudolf: Die Kenningar der Skalden. Bonn 1921.

Poole, Russel G.: Viking Poems on War and Peace. A Study in Skaldic Narrative. Toronto 1991.

Schottmann, Hans: Die isländische Mariendichtung. München 1973.

See, Klaus von: Skaldendichtung. Eine Einführung. München/Zürich 1980.

Werkregister

Personenregister

Nicht aufgenommen sind die Namen aus den einzelnen Sagas.

Zum Autor

Heiko Uecker, geboren 1939, Studium der Skandinavistik, Germanistik, Geschichte in München und Oslo. 1966 Dr. phil. 1977 Habilitation. 1977 Visiting Professor University of Chicago, seit 1985 apl. Professor für Nordische Philologie an der Skandinavistischen Abteilung des Germanistischen Seminars der Universität Bonn.

Publikationen: Germanische Heldensage. 1972. – Der Wiener Psalter. 1981. – Die Klassiker der skandinavischen Literatur. 1990. ²2002. – Fragmente einer skandinavischen Poetikgeschichte. 1997. – Opplysning i Norden. 1998. – Neues zu Knut Hamsun. 2002. – (Hrsg.) Festschrift für Heinrich Beck. 1994. – (Hrsg.) Texte und Untersuchungen zur Germanistik und Skandinavistik. 1981 ff. – Aufsätze zur skandinavischen Literatur.